新形态产教融合
创新能力系列教材

U0498545

跨境
电子商务运营实务

梁娟娟　段敬毅　林少华◎主编
任　婷　薛玲秀◎副主编

電子工業出版社
Publishing House of Electronics Industry
北京·BEIJING

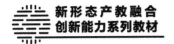

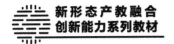

内 容 简 介

随着电子商务的飞速发展，以及国家政策的大力支持，近年来，跨境电子商务一直保持较快的增长态势，正成为推动我国经济增长的重要因素。本教材紧密围绕卖家的日常操作，详细介绍了跨境电商基础知识、相关操作和运营技巧，系统讲解了跨境市场分析、跨境电商选品、店铺开设及商品发布、跨境电商营销推广、跨境电商数据分析、跨境电商物流与支付、跨境电商客户服务与管理、跨境电商独立站等内容。

本教材可作为中职院校、高职和应用型本科院校的跨境电子商务、国际经济与贸易、国际商务、商务英语、电子商务等相关专业学生的学习用书，也可作为相关专业实施“课证融通”的配套教材，还可供跨境电商相关从业者和社会人士阅读使用。

图书在版编目（CIP）数据

跨境电子商务运营实务 / 梁娟娟，段敬毅，林少华主编. 一北京：电子工业出版社，2023.2
ISBN 978-7-121-45067-9

Ⅰ. ①跨…　Ⅱ. ①梁…　②段…　③林…　Ⅲ. ①电子商务一运营管理　Ⅳ. ①F713.365.1

中国国家版本馆 CIP 数据核字（2023）第 028331 号

责任编辑：宫雨霏
印　　刷：河北虎彩印刷有限公司
装　　订：河北虎彩印刷有限公司
出版发行：电子工业出版社
　　　　　北京市海淀区万寿路 173 信箱　　邮编 100036
开　　本：787×1 092　1/16　印张：16.75　字数：429 千字
版　　次：2023 年 2 月第 1 版
印　　次：2025 年 7 月第 6 次印刷
定　　价：59.00 元

凡所购买电子工业出版社图书有缺损问题，请向购买书店调换。若书店售缺，请与本社发行部联系，联系及邮购电话：（010）88254888，88258888。

质量投诉请发邮件至 zlts@phei.com.cn，盗版侵权举报请发邮件至 dbqq@phei.com.cn。

本书咨询联系方式：（010）88254694。

前　言

党的二十大报告指出："教育、科技、人才是全面建设社会主义现代化国家的基础性、战略性支撑。必须坚持科技是第一生产力、人才是第一资源、创新是第一动力，深入实施科教兴国战略、人才强国战略、创新驱动发展战略，开辟发展新领域新赛道，不断塑造发展新动能新优势。"这为推动当下和未来一段时间内我国科教及人才事业的发展、构建人才培养体系指明了基本方向。

在跨境电商快速发展的大趋势下，中国传统外贸企业需要转型升级，缺乏跨境电商运营人才成为企业最大的痛点。跨境电商运营从前期平台团队的搭建、选品、到后期的运营及物流管理等，都离不开专业的人才。

世界贸易组织（World Trade Organization，WTO）发布的报告显示，2020 年，全球货物贸易总额下降了 5.3%，但全球 B2C 跨境电商贸易总额不降反升。目前，中国是全球最大的 B2C 跨境电商交易市场，美国、英国、德国、日本则分别排列在第二到第五名。此外，印度、中东和俄罗斯的跨境电商交易份额也在迅速增长。在全球十大 B2C 跨境电商平台中，阿里巴巴等三家中国平台分别占据了第一、第三和第七的位置。

本教材详细介绍了跨境电商平台的相关操作和运营技巧，紧密围绕卖家的日常操作，详细介绍了跨境电商基础知识、相关操作和运营技巧，系统讲解了跨境市场分析、跨境电商选品、店铺开设及商品发布、跨境电商营销推广、跨境电商数据分析、跨境电商物流与支付、跨境电商客户服务与管理、跨境电商独立站等内容。课程内容设计有机融入思政元素，注重以学生为主体、以培养学生跨境电商职业素养和职业技能为核心、以真实项目为载体，结合"岗课赛证"机制，以创新思维构建跨境电商运营的核心知识和核心技能体系。与同类教材相比，本教材具有以下 4 个特点。

1. 根据工作过程构建教材体系

本教材对职业岗位所需知识和能力结构进行了恰当的设计安排，在兼顾教材理论内容"够用"的基础上，改变了传统教材从理论到理论的阐述方式，采用任务驱动教学模式编写，教材内容力求贴近实际工作。通过"情景案例""任务实施""任务小结""拓展练习"等栏目设计，把学生应用能力的培养融汇于教材之中，并贯穿始终，使学生在校时已具备跨境电商运营能力，毕业后能直接从事跨境电商运营相关工作。

2. 教材内容实用、与时俱进

本教材强调专业知识的前瞻性，将新知识、新案例、新规范、新标准等编入教材，同时融入跨境电商 1+X 证书考核知识点，使教材内容与当前社会、经济、科技保持同步发展。

以“管用、够用”为指导思想，注重培养学生的应用能力和创新能力，体现了“实用性”和“职业性”并举的教育特色。

3. 校企“双元”开发

本教材由跨境电商专业带头人、教学一线的骨干教师与企业人员共同完成，注重行业指导、企业参与，“双元”合作开发教材。专业教师经验丰富，有多年讲授本课程的经验，编写多部教材，主持及参与多项课题。此外，广州大洋教育科技股份有限公司作为本教材研发参与方，可为学习者提供理实一体的教学实训平台并引进企业真实项目供教学使用，使教材内容与跨境电商工作岗位要求高度匹配。

4. 配套资源丰富多样，提供优质教学服务

本教材结合当前高等教育教学改革的要求，为实现“互联网+教育”教材思路，由广州大洋教育科技股份有限公司提供酷校跨境电商教学实训平台供学习者免费使用（实训平台免费账号开通指引见教材附录）。酷校跨境电商教学实训平台配备了实训平台、课件、动画、视频、课程标准、试题库等免费的教学资源，实现了教学资源信息化、教学终端移动化和教学过程数据化，全面支持教师开展线上线下混合式教学需求；同时，也能拓宽学习者的学习维度，提升其学习的积极性与主动性，强化教材的使用效果。除此之外，本教材提供了丰富的课程配套资源，主要包括 PPT、教案、微课和视频、期末试卷及答案、课程大纲等。读者可以登录华信教育资源网（http://www.hxedu.com.cn）获取。

本教材由广东职业技术学院梁娟娟、佛山职业技术学院段敬毅、潮汕职业技术学院林少华担任主编；广东职业技术学院任婷、广州市信息技术职业学校薛玲秀担任副主编。

编写分工如下：项目一由薛玲秀老师编写；项目二、项目四、项目六由梁娟娟老师编写；项目三、项目九由段敬毅老师编写；项目五由林少华老师编写；项目七、项目八由任婷老师编写。此外，曾健青老师提供全书企业案例。隋东旭老师对书稿进行了细致的审校工作。合作企业中具有丰富跨境电商运营经验的高管对书稿进行了审核，使得教材更加具有实际应用价值。

本教材旨在帮助新手卖家快速学习在跨境电商平台开店的知识并熟悉店铺运营的技巧，针对性强，方法实用，具有易学、易懂、易操作的特点，是适合新手卖家使用的运营工具书。同时，本教材也可供在校学生、跨境电商相关行业从业者及其他对跨境电商运营有兴趣的社会人员阅读和使用。

由于作者水平有限，书中难免有疏漏和不当之处，敬请广大读者提出批评意见。

编　者

目　录

项目一　认识跨境电商

◇ 学习目标 ◇

知识目标

1. 了解跨境电商的概念、分类及特点。
2. 了解跨境电商企业的岗位划分及岗位职能。
3. 熟悉跨境电商主流平台。
4. 了解跨境电商相关法律法规。

技能目标

1. 能够辨析跨境电商的特点。
2. 能够根据跨境电商的岗位划分及岗位职能，调整自己的职业发展方向。
3. 能够掌握跨境电商主流平台及其操作流程。
4. 能够正确解读跨境电商相关法律法规。

素质目标

1. 在团队合作中，提高自身的沟通交流与合作能力。
2. 在任务完成过程中，培养自主探究和严谨分析的精神。
3. 树立与邻为善、以邻为伴的亲、诚、惠、容的大国外交理念。

【情景案例】 TikTok 海外布局战略

2020 年底，张一鸣将跨境电商定为字节跳动 2021 年重点新业务方向，掀起全球范围内兴趣电商浪潮。一年来，TikTok 电商积极进行各类业务模式的探索。2021 年 2 月，TikTok 电商率先在印度尼西亚开启了购物车功能内测，7 月启动了英国市场。到了 10 月，TikTok 电商又与 Shopify 合作，Shopify 美国卖家可以一键开通 TikTok App on Shopify。

与此同时，TikTok 电商也在默默布局生态，补足其在物流、支付等领域的短板。仅从物流领域看，2021 年 8 月，字节跳动关联公司北京量子跃动科技有限公司，入股福建纵腾网络有限公司。同年 11 月底，字节跳动又投资了总部位于迪拜的中东物流公司 iMile。

经过一年的低调生长，到了2021年12月22日，TikTok电商官方终于第一次正式发声，在广州举办了首次跨境商家私享会。Cloudflare公布的数据显示，TikTok已经超过Google，成为全球访问量最大的网站。TikTok电商能否成为中国跨境电商通往全球市场的新蓝海通道？

TikTok电商与Shopify、Shopee等平台的合作、在印度尼西亚和英国的试探等，都可以被看作TikTok在跨境电商领域的“热身”。

案例解析

近年来随着我国经济的不断发展，国家实力不断提升。在大国外交的背景下，我国跨境电商企业也充分认识到，只有创新经营管理模式才能增强企业的竞争力与生命力，让其焕发新时代所赋予的生机与活力，进而推动其发展，使其成为促进世界范围内国家与地区经济往来协作进程的有力工具。

面对经济全球化水平的日益提升，我们应当秉承与邻为善、以邻为伴的亲、诚、惠、容的大国外交理念。只有客观正视丝路外交背景下我国跨境电商企业的发展现状与不足，认真分析、查找原因并制定有针对性的解决策略，才能引领跨境电商企业乘借时代发展的东风扬帆远航，实现全方位推进跨境电商企业发展的时代目标，为我国经贸外交长远运行与发展奠定坚实的基础、提供制度与技术的有力保障。

任务一　初识跨境电商

任务背景

在全球电子商务迅速发展和国家政策大力支持的大环境下，跨境电子商务突破了传统贸易的时间与空间限制，打造了互联网上的交易平台，成为中国进出口贸易的新形式，进一步促进了进出口，提升了外贸企业的工作效率。

任务实施

（一）跨境电商概述

1. 跨境电商的概念

跨境电子商务（Cross-border E-commerce，简称跨境电商）是指分属不同关境的交易主体通过互联网及其相关电子商务平台实现交易、在支付平台实现结算、使用跨境物流运送货物、完成交易的一种国际贸易活动。跨境电商从狭义上讲就是跨境零售，交易主体分别属于不同国家，通过互联网达成交易、进行结算，并通过跨境电商物流及异地仓储运送商品；从广义上讲就是外贸电商，是传统进出口商通过电子商务的形式进行网上交易，通过国际物流运送、达成交易的一种国际贸易活动。

2. 跨境电商的特征

跨境电商是基于互联网发展起来的，网络空间是一个由网址和密码组成的虚拟但客观存在的世界，相对于物理空间来说不是一个空间，而是一个新空间。跨境电商被网络空间独特的价值标准和行为模式深刻地影响，表现出自己的特点，有别于传统的交易方式。跨境电商具有如下 6 个特征。

（1）全球性。

只要是有互联网的地方，在世界的任何一个角落就可以运用跨境电商，互联网用户可以跨越国界把优质商品和服务投放到市场中，这让跨境电商生来就具有了全球性的特征。然而由于各个国家文化、政治和法律的不同，全球性也给跨境电商带来了风险。

（2）无形性。

通过互联网，跨境电商交易会在很短的时间里完成，所发送的服务和商品可能只需要通过网络发送几个数据包就可以利用 TCP/IP 通信协议发送到消费者的手中，其形式是无形的。跨境电商的无形性使得有关部门很难掌握和监管其交易活动内容，也给税务和法律部门带来了如何界定交易的性质、如何监管等一系列问题。

（3）匿名性。

在跨境电商交易中允许匿名交易。在线交易的消费者往往不使用自己的真实身份和自己的地理位置，跨境电商又具有全球性和无形性，所以很难判断其地理位置和身份。隐匿身份的便利容易导致在虚拟世界里自由与责任的不对称。

（4）即时性。

跨境电商通过互联网完成订货、付款、交货等操作，可以即时完成、即时取消、即时变动。

（5）无纸化。

无纸化是跨境电商的主要特点之一。在电子交易中，电子合同、电子时间代替了传统贸易中的书面合同、结算票据等一系列的纸质交易文件。用户接收或发送电子信息以互联网为媒介，实现了无纸化。无纸化带来的积极影响是使信息传递摆脱了纸张的限制，提高了效率。然而，由于传统法律的许多规范是以纸质文件为依据的，因此，无纸化变更了原本的交易秩序，造成了一定程度的混乱。

（6）快速演进。

跨境电商的交易依托互联网的网络设施和相应的软件协议。数字化的商品千变万化，数字技术正以前所未有的速度快速演进。因此，跨境电商也在不断发生变化，快速演进。

3. 跨境电商的类型划分

（1）按照交易主体属性分。

按照交易主体属性的不同，可将交易主体分为企业、个人、政府 3 类，再结合买方与卖方属性，可将跨境电商划分为多种类型。通常，跨境电商可分为企业对企业（Business to Business，B2B）跨境电商、企业对消费者（Business to Consumer，B2C）跨境电商、消费者对消费者（Consumer to Consumer，C2C）跨境电商 3 类。其中，B2B 跨境电商中具有代表性的企业是阿里巴巴，B2C 跨境电商中具有代表性的企业是天猫国际、京东全球购、网易考拉、洋码头等，C2C 跨境电商中具有代表性的企业是阿里速卖通（成立之初为 C2C 模式，后于2016年向B2C主营方向转型）、美丽说、海蜜、易贝等。

（2）按照平台经营商品品类分。

按照平台经营商品品类划分，跨境电商有垂直型跨境电商与综合型跨境电商两类。其中，垂直型跨境电商专注于某些特定的领域或某种特定的需求，提供该领域或该需求全部的深度信息与服务，如定位服装的凡客诚品、专注于女性用品特卖的唯品会等；综合型跨境电商是一个与垂直型跨境电商相对应的概念，它不像垂直型跨境电商那样专注于某些特定的领域或某种特定的需求，所展示和销售的商品种类繁多，涉及多种行业，其代表性企业有淘宝网、京东商城等。

（3）按照商品流动方向分。

跨境电商的商品流动跨越了国家地理的空间范畴。按照商品流动方向划分，跨境电商可分为进口跨境电商、出口跨境电商。我国跨境电商交易仍以跨境出口为主，其中又以跨境 B2B 出口为主要形式。顾名思义，进口跨境电商指的是从事商品进口业务的跨境电商，具体指国外商品通过电子商务渠道销售到我国市场，通过电子商务平台完成商品的展示、交易、支付，并通过线下的跨境物流送达商品、完成商品交易的贸易活动，其代表性企业有天猫国际、京东全球购、洋码头、小红书等；出口跨境电商指的是从事商品出口业务的跨境电商，具体指将本国商品通过电子商务渠道销售到国外市场，通过电子商务平台完成商品的展示、交易、支付，并通过线下的跨境物流送达商品、完成商品交易的贸易活动，其代表性企业有亚马逊海外购、易贝、阿里速卖通、环球资源、大龙网、兰亭集势、敦煌网等。

（二）跨境电商基本流程

跨境电商简单来说就是商家通过跨境电商平台交易，将商品通过国际物流销往全球并完成支付结算的一种国际商业活动，基本流程如图1-1所示。

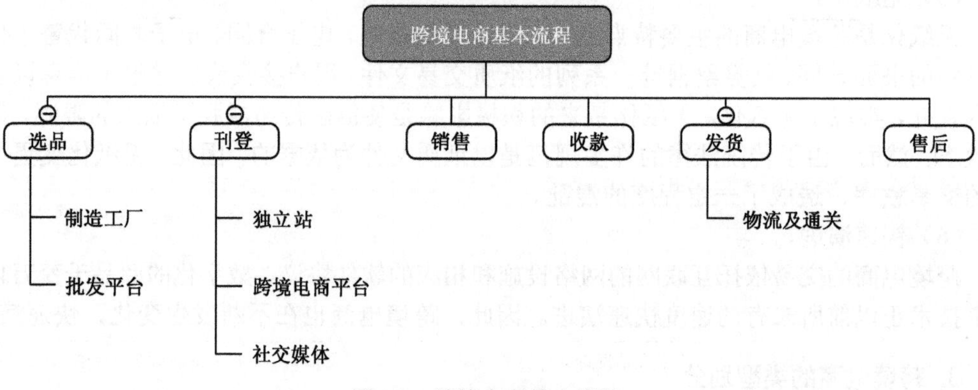

图1-1　跨境电商基本流程

1. 选品

选品即选择销售的商品，无论是制造工厂还是批发平台，选品是跨境电商运营中一个很重要的环节。选对了商品至少有50%成功的可能性，而选错了商品则一定会失败。

2. 刊登

刊登是指把商品发布在独立站、跨境电商平台或社交媒体上。其中，独立站是指基于软件运营服务（Software-as-a-Service，SaaS）技术平台建立的拥有独立域名，内容、数据、权益私有，具备独立经营主权和经营主体责任，由社会化云计算能力支撑，并可以自主、自由对接第三方软件工具、宣传推广媒体与渠道的新型官网（网站）。

3. 销售

销售是跨境电商基本流程的重要环节。跨境电商企业应运用基本的计算机操作和电商销售技能，主动开发新客户，不断提升业绩，完成基本的业绩指标。

4. 收款

跨境电商交易具有订单频率高、单个订单金额较低的特点。因此，在 B2C 跨境电商交易中，卖家通常通过线上渠道收款，最常用的收款方式包括信用卡支付、网络银行支付和使用第三方支付工具等。

5. 发货

跨境电商在选择物流时，可以根据商品的多少和贵重程度，选择既经济实惠，又对买家比较友好的物流。当前主要的发货方式有 3 种：国内发货、海外仓储发货、分销代发。

6. 售后

跨境电商平台的售后直接关系客户体验。通常情况下，售后处理的问题主要有修改地址、取消订单、咨询物流等。

（三）跨境电商工作岗位

1. 相关工作岗位

根据目前跨境电商企业对人才的需求，笔者对跨境电商典型岗位的工作内容进行提炼，得出了跨境电商 5 类岗位及工作内容，如表 1-1 所示。

表 1-1　跨境电商岗位及工作内容

岗　位	工作内容
跨境电商运营	制定跨境电商平台营销策略；网络渠道开发和业务拓展；维护账号各方面良好运营；建立完善的线上运营体系
跨境电商美工	负责店铺的整体风格装修和定期改版；协助团队兼顾行政协调工作；负责各种活动及专题页面的制作；负责商品图片的后期处理和编辑排版
跨境电商客服	在线解答顾客商品情况询问；良好地处理用户投诉或其他用户疑难反馈；帮助改进商品和市场政策；负责销售数据汇总；负责客户关系的长期维护
跨境电商销售	搜集市场信息；积极推广公司品和商品；反馈客户需求；善于从用户的视角，不断适应用户的浏览习惯和点击需求，提高点击率和优化店铺设计
跨境物流管理	主要负责海运、空运进出口的相关事宜；制作海运、空运单证及其他相关文件

2. 跨境电商典型岗位技能和素质要求

跨境电商典型岗位的工作内容不同，跨境电商 5 类岗位需要的技能和素质也有所不同。

（1）跨境电商运营岗位。

跨境电商运营岗位需要具备外语能力、活动策划能力、管理运营团队能力 3 种能力。

跨境经营者需要做到：熟悉跨境电商平台的平台活动，如利用阿里巴巴速卖通的限时限量、全店打折、满立减等活动来引流、促销；懂得通过客户数据分析，对客户进行有效果的持续开发，最终实现持续的客户采购；学习联盟营销等引流方式，还应该注重 TikTok、Facebook 和 Ins 等海外社交媒体工具；通过 Google 等主流搜索引擎推广。好的跨境电商运营者还会运用自己的资源策划一些类似事件营销的广告推广，更深层次的运营推广还包括视频营销和外媒广告等。

（2）跨境电商美工岗位。

跨境电商美工岗位需要具备外语能力、审美能力等，除了熟悉 PS 等工具，设计方案的延展执行设计能力、良好的创新思维和理解能力也很重要。

（3）跨境电商客服岗位。

跨境电商客服岗位需要具备外语能力、沟通和谈判能力以及表达能力。

（4）跨境电商销售岗位。

跨境电商销售岗位需要具备外语能力、谈判能力、数据整理和分析能力等，其中谈判能力最重要。另外，敏锐的行业分析能力、沟通能力、问题解决能力、掌握最新跨境电商趋势的能力也很重要。

（5）跨境物流管理岗位。

目前跨境电商最大的痛点就是跨境物流环节，如何确保货物从国内发到国外消费者手里，并使消费者拥有良好的客户体验是一个跨境电商企业能否成功的关键。目前国内跨境电商人才其实非常匮乏，跨境电商对于跨境物流的理解和熟悉程度较浅。好的跨境电商人才应熟悉国内主流跨境物流渠道，包括各种小包、大包运输，甚至海洋运输拼柜等渠道。

海外仓是跨境电商未来发展的主流模式。有一定实力的跨境电商企业一定要参与跨境电商海外仓计划。成熟的跨境电商运营者，应对海外仓有一定的了解，熟悉国内的海外仓渠道，并正确选择合作的海外仓。

任务小结

通过该任务的学习，大家对跨境电商的概念、分类、基本流程及对应的工作岗位有了一定的认知，为后续任务的学习打好理论基础。

拓展练习

登录智联招聘、58 同城等招聘网站，查找你所在城市或附近区域跨境电商企业工作岗位的招聘要求。对照自身的实际情况，你在哪些方面还存在差距？你认为自己还需要提升哪些方面的能力？

任务二 跨境电商主流平台

任务背景

我国跨境电商在20年间从无到有，从弱到强，在加速外贸创新发展的过程中，已然成为我国外贸发展的新引擎。跨境电商利好政策出台，电子商务全球化加快，加之中国制造的优势地位日渐凸显，这些都将持续促进跨境电商的蓬勃发展。随着跨境电商行业的迅猛发展，各大海外平台如雨后春笋般涌入，吸引中国卖家入驻。

任务实施

（一）跨境电商主流平台简介

1. 国内跨境电商主流平台

阿里巴巴国际站（简称国际站）是全球领先的B2B跨境电商平台，通过向海外买家展示、推广企业的商品，促使企业获得贸易商机和订单，帮助企业高效开拓外贸大市场。阿里巴巴国际站的主要服务有外贸推广、外贸综合服务和网商贷。企业可在平台通过购买平台会员、流量推广商品、旺铺装修等服务对企业进行推广。此外，阿里巴巴一达通为企业提供一条龙解决外汇结算、报关、退税、物流等服务。阿里巴巴国际站在全球范围内具有较高知名度，会员众多。平台开通增值服务，能够达到更好的推广效果。

我国跨境电商正式成型于2012年12月，发展与成长时间较短，但速度快，在短短几年的时间中已经形成初具规模的跨境电商平台体系。除了阿里巴巴国际站，我国还有以下跨境电商主流平台，如表1-2所示。

表1-2 国内跨境电商主流平台

	B2B跨境电商平台	B2C跨境电商平台	C2C跨境电商平台
自营	海集供应链	小红书、达令、蜜芽宝贝、唯品国际、网易考拉海购	美丽说
第三方平台	洋码头、敦煌网	天猫国际、京东全球购、贝贝	淘宝海购

2. 国外跨境电商主流平台

欧美国家互联网经济起步较早，国外跨境电商主流平台有以下3个，如表1-3所示。

表 1-3　国外跨境电商主流平台

分析维度	亚马逊	eBay	Wish
历史	1995 年，亚马逊成立于美国，从一家专门做书籍网购的网店，逐渐成长为一个综合性电商平台，现今已经成为世界上商品种类最丰富的网上零售商之一。2004 年亚马逊收购卓越网，打入中国市场。2014 年，亚马逊在上海自贸区设立国际贸易总部，通过“跨境通”平台，实现美国货物直邮中国	1995 年，eBay 成立于美国，从一家专门拍卖糖果盒的电子平台发展成为世界上最受欢迎的电商平台之一，2003 年收购易趣，进军中国市场，现如今已成为世界上最大的电子集市之一	2011 年，Wish 成立于美国硅谷，2013 年才转向跨境电商领域，3 年来获得飞速发展，2014 年在上海设立办事处。Wish 既重视丰富商品种类，也注意开发商品垂直 App，已经成为新兴跨境电商的重要代表
模式	自营为主，以 B2C 为主	第三方平台，起源于 C2C，现在以 B2C 为主	第三方平台，B2C
优势	渠道优势； IT 优势； 品牌优势	全球站点多； 品牌优势	新潮的移动端购物方式； 依托母公司的信息技术； 新兴公司的活力充足
劣势	在开拓海外市场时难以复制美国模式； 占领中国市场时间晚，市场占有率低	没有线上交流平台； 用户隐私泄露较频繁，信息安全性有待提高	企业品牌效应小； 在美国本土没有稳定的客户群； 公司规模小，抗风险能力弱

（二）跨境电商主流平台对比

截至 2022 年 12 月，我国开展跨境电商业务的企业超过 60 万家，大大小小的跨境电商平台超过 5 000 个，其中跨境电商进口平台达 600 多个，代表性跨境电商平台如亚马逊、eBay、Wish、速卖通占据主要位置。从全球范围看，跨境电商主流平台分为以下 4 种。

1. 美国跨境电商平台

亚马逊：美国最大的电商企业，站点有美国站、加拿大站、墨西哥站、英国站、德国站、法国站、意大利站、土耳其站、西班牙站、荷兰站、巴西站、澳大利亚站、中国站、日本站、印度站、新加坡站、越南站、中东站等。

eBay：线上拍卖及购物网站，平台优势有开店门槛较低、专业客服支持、定价方式多样化等。

Wish：全球 B2C 跨境电商，主打低价，有 90%的卖家来自中国，是北美和欧洲最大的移动电商平台。其优势包括全球覆盖高，销售有保障；商品曝光度高；可移动购物，买卖高效，复购率高达 75.5%；可智能推送，精准触达消费者。

Newegg：一家在线零售商，其商品包括计算机硬件和消费电子商品。

Walmart：美国的跨国零售企业，是世界上最大的零售商之一，其网站每月有超过 1 亿次独立访问。

Tophatter：美国新一代闪拍平台，专注于移动端，在全球 14 个国家拥有超过 2 500 万个忠实消费者。

Etsy：网络商店平台，以手工艺成品买卖为主要特色 ，被誉为“祖母的地下室收藏”。

OpenSky：美国新兴的一家小众电商平台，其用户主要为 35～65 岁的高收入女性群体。

Wayfair：主要销售家具和家居用品，是北美排名第一的专业家居电商销售平台，月访问量保持 6 000 万以上。

Overstock：美国当地知名的网上购物平台和品牌折扣销售平台，月访问量达 3 500 万。Overstock 还被称为“女性杀手”，平台女性消费者占比达 76%。

Best Buy：全球最大的家用电器和电子商品零售集团。

Sears：全球最大的连锁百货之一，有 1 亿种商品，面向 100 多个国家销售产品。

Zibbet：原创手工艺品、艺术品、古董和工艺品交易平台，深受艺术家、手工艺人、工匠和收藏家的喜爱。大约有 5 万名卖家在其网站上售卖手工商品。

Tanga：美国知名电商平台，拥有极强的用户黏性。

Reverb：全球二手乐器交易平台，年访问量为 8 000 万。

CrateJoy：专门销售订阅盒，网站月浏览量可达 300 万次。

Bonanza：卖家友好型平台，有数千万种商品，覆盖 7 个国家。

Rakuten：美国领先的固定价格电商。

Houzz：家装平台，兼具网上市场和社交网站功能。

2. 欧洲跨境电商平台

欧洲消费者网购的商品类目主要有服装和鞋子、家用电子、书籍、美妆商品和家用家具等。在跨境购物方面，亚马逊是卢森堡和奥地利最受欢迎的跨境网络商店，eBay 在塞浦路斯居领先位置，速卖通在俄罗斯和荷兰最受欢迎。

除了亚马逊、速卖通、eBay 这 3 大全球性的综合电商平台，欧洲还有一些本土电商平台，其中的 TOP10 为 Allegro、Zalando、Cdiscount.com、GittiGidiyor、eMAG、Marktplaats、OTTO、Fnac、Bol.com、ManoMano。

3. 日韩跨境电商平台

（1）日本跨境电商平台。

① 亚马逊日本站。

在日本，亚马逊有 11 个亚马逊物流服务（Fulfillment by Amazou，FBA）仓库和 2 个客服中心。亚马逊强大的体系和完善的类目赢得了日本民众的喜爱，荣登日本店铺平台排行榜。日本客户普遍要求比较高，就算是以严谨、古板著称的德国消费者，也不会像日本消费者那样追求极致的完美，所以亚马逊日本站强大的物流服务和服务团队使其具有很大优势。

② 日本雅虎。

日本雅虎也是日本消费者常用的购物网站，有非常齐全的生活用品，也有众多效果好、价格低的品牌药妆。在日本雅虎网站购物时，消费者不必逐一搜索各品牌官网，在该网站上可以同时对比多家化妆品价格。日本雅虎开通了支付宝支付渠道，对中国消费者来说很方便，不过它目前还不支持海外直邮，需要通过转运公司将商品运到中国。

③ Kakaku。

Kakaku 是一个跨地区的直销商店联盟，也是日本消费者购买商品前必看的网站。他们查看网站不仅是为了得到低价信息，更重要的是获取关于同类商品不同品牌、型号的评价和比较。Kakaku 的价格一般每天更新 3 次，分别是上午 10 时左右、下午 5 时左右、凌晨 1 时左右，不过一天内的变化不会太大，通常为 100 日元左右。

④ Starday。

Starday 日本跨境电商服务平台依托在全球建立的供应链体系，为日本消费者提供高品质的购物体验，为创业者开辟全新的外贸通道。Starday 将在日本全境开设 1 000 家 Starday Mart 体验店，让消费者在移动端便捷购物的同时享受线下购物的乐趣。

（2）韩国跨境电商平台。

① Gmarket。

Gmarket 是韩国最大的综合购物网站，在韩国在线零售市场中的商品销售总值方面排名第一，主要销售书籍、化妆品、计算机、家电、衣服等。

② 11 街。

11 街是韩国移动通信巨头 SK 旗下的知名跨境电商平台，2017 年交易额为 84 亿美元。11 街的消费主体为 20～40 岁的青年人，总会员为 1 400 万个。2018 年 11 月 11 日，11 街当日交易额达 1.2 亿美元，创下韩国跨境电商平台交易额的历史新高。

③ UNIT808。

UNIT808 是韩国一家专注海外商品的跨境电商平台，在其平台上销售的商品可以同时在 we make price、NAVER 两家韩国本土电商平台上展示，其中，韩国最大的流量门户 NAVER 的日均独立访客量（Unique Visitor，UV）达 3 000 万次以上。在 UNIT808 上，3C 商品、服饰、户外用品、汽车配件等品类尤为受消费者欢迎。

④ eBay 韩国站。

人们可以在 eBay 上出售自己的商品。eBay 韩国站在 2016 年的交易额就已达 14 万亿韩元。

4. 东南亚跨境电商平台

（1）马来西亚。

① Shopee MY。

Shopee MY 隶属腾讯系。近年来 Shopee MY 后来居上，超过 Lazada MY 成为马来西亚第一大综合电商平台。

② Lazada MY。

Lazada MY 隶属阿里系。目前，Lazada MY 在马来西亚的业务超过 80%来自吉隆坡和巴生谷地区，并计划向农村地区提供更多在线商品和服务。

③ Lelong。

Lelong 为马来西亚本土综合电商平台。其月均访问量已断层下滑，仅为 Lazada MY 的 15%左右。Lelong 支持 B2C 与 C2C 交易，此外，还提供在线商店开设课程，并设有客户支持团队提供在线支持。

④ ZALORA 马来西亚站。

ZALORA 是东南亚知名服装时尚电商平台，总部位于新加坡，在马来西亚、印度尼西亚、菲律宾、泰国、越南等地设有分站。ZALORA 主要售卖国际品牌，各个分站亦会售卖本地品牌。ZALORA 马来西亚站货运配送迅速，提供货到付款与免费退货服务，是马来西亚最受欢迎的时尚购物平台之一。

⑤ GoShop。

GoShop 除了运营电商网站，还通过 24 小时家庭购物电视频道进行商品销售。GoShop 主要销售的商品品类有电器、电子、家居、厨房、健身、美容、时尚配饰等。

⑥ Hermo。

Hermo 是一个马来西亚的美容电商平台，类似于聚美优品的运营形式，主营日本、韩国等地的化妆品和护肤品。

⑦ FashionValet。

FashionValet 由马来西亚著名博主 Vivy Yusof 和她的丈夫于 2010 年创建，为消费者提供广泛的成衣选择，在马来西亚和新加坡设有办事处，承载来自东南亚各地的本土品牌和设计师，成为这些国家新秀设计师的重要展示平台。

⑧ ezbuy。

ezbuy 创立于 2010 年，旨在“专注于本地需求，以开发更适合其用户的新服务”。目前，ezbuy 拥有来自新加坡，马来西亚，印度尼西亚和泰国超过 300 多万个用户，并为用户提供来自中国、美国、韩国等地数百万种优质商品。

⑨ Qoo10 马来西亚站。

Qoo10 已在马来西亚、印度尼西亚、新加坡投入运营。此外，它在中国（网站名为“麦网”）也开设了网站。Qoo10 马来西亚站以其低廉的商品价格出名。平台商品种类繁多，包括各种电子配件、服装、食品甚至门票。

（2）印度尼西亚。

① Tokopedia。

Tokopedia 成立于 2009 年，是印度尼西亚最受欢迎的在线电商平台之一。目前，平台注册商户达 400 万家（由小型零售商和品牌方组成），物流覆盖 93%的印度尼西亚区域。阿里巴巴于 2018 年 12 月完成了对 Tokopedia 的 G 轮领投。

② Bukalapak。

Bukalapak 从 C2C 业务起家，现在亦开始提供 B2C 服务，允许品牌方与消费者之间相互交易。印度尼西亚媒体和科技巨头 Emtek Group 是其最大股东，持股占比为 49.21%。

③ Lazada 印度尼西亚站。

Lazada 隶属阿里系，是目前东南亚规模最大、人气最高的电商平台之一。截至 2019 年第二季度，Lazada 印度尼西亚站已从印度尼西亚电商第二名跌落至第四名。

④ Blibli。

Blibli 在印度尼西亚各地提供免费送货服务，且可为所有商品提供免息分期付款，分期最长期限达 12 个月。Blibli 覆盖的品类包括手机、平板计算机及可穿戴的小工具、相机、计算机、电子设备、时尚男装、时尚女装、保健、美容、母婴、体育及户外活动、门票及优惠券、家居生活、玩具和视频游戏 15 大类共几十万种商品，它致力于随时随地为用户提供安全、舒适、轻松、有趣的在线购物体验。

⑤ Orami。

Orami 主要以母婴、个护商品为主，并提供食品和营养品、玩具和配件以及一系列相关商品。印度尼西亚作为一个人口结构高度年轻化的国家，母婴市场具备非常可观的潜力。

⑥ Bhinneka。

Bhinneka 成立于 1993 年，聚焦计算机、小工具和配件领域的销售。此外，超过 9 000 家供应商提供 IT、电信、身体护理等商品。Bhinneka 不仅通过网站提供在线购物服务，还在多个城市设有线下商店。

⑦ 京东印度尼西亚站。

京东印度尼西亚站于 2015 年 10 月正式上线，京东目前在印度尼西亚有自己的客服与仓储物流设施。京东印度尼西亚站销量最好的依然是电子 3C 类商品以及家电商品，用户主要以男性为主（约占 70%）。此外，服饰类商品在京东印度尼西亚站的销量也越来越好，女性用户正不断增长。

⑧ ZALORA 印度尼西亚站。

ZALORA 是东南亚最大的时尚电子商务网站，成立于 2012 年。ZALORA 目前在新加坡、马来西亚、文莱、菲律宾、泰国、越南等地设立了在线网站。

（3）菲律宾。

① ZALORA 菲律宾站。

ZALORA 菲律宾站是一个网上时装及美容商品购物平台，为男女顾客提供时装、饰物、鞋履及化妆护肤品。

② Argomall。

2019 年一家名为 Argomall 的菲律宾本土电商平台崛起。与越南、印度尼西亚等国家类似，菲律宾本土电商势力正不断崛起，占据本国电商份额主导地位。按照月流量计算，Argomall 已经成为菲律宾本土最大的智能手机及配件销售平台。

③ YouPoundit。

YouPoundit 自 2014 年在菲律宾运营，是一家销售手机、电子商品及相关小工具配件的垂直电子商务网站。自成立以来，YouPoundit 与国内顶尖科技品牌建立了合作伙伴关系，使之能够以极具竞争力的价格提供具有制造商保修承诺的商品。YouPoundit 还致力建设互动社区，为用户提供技术与生活方式、最新资讯以及热门促销活动。

（4）越南。

① Tiki。

Tiki 于 2010 年在越南成立。与 Shopee、Lazada 等外来者不同，Tiki 是一家“纯本土”的电商平台。Tiki 在越南消费者中拥有良好口碑，在越南所有电子商务平台中退货率最低，客户满意度最高。

② Sen Do。

Sen Do 成立于 2012 年，拥有 30 多万个卖家，为越南全国约 1 000 万名消费者提供超过 29 个品类的电商服务。Sen Do 不仅专注于河内市和胡志明市，还专注于迄今尚未开发的二线城市。此外，Sen Do 也提供类似大众点评的服务，支持线上采购优惠券、线下消费。

③ The Gioi Di Dong。

The Gioi Di Dong 于 2004 年在越南成立，隶属于 Mobile World Group，是一家越南本土资本创立的手机零售品牌。除电商平台外，The Gioi Di Dong 还拥有 478 家手机店和 37 家大型消费电子商品商店。

（5）新加坡。

① Qoo10 新加坡站。

Qoo10 成立于 2010 年，是一个以整合全亚洲资源为目的的电子购物平台，以带给用户便利、安全、愉快的购物体验为核心，是东南亚地区最成熟的本地 B2C 平台。它已在新加坡等 5 个国家运营了 7 个购物网站平台。2015 年 eBay 参与平台投资。2018 年 4 月 eBay 完全控股 Qoo10 母公司 Giosis，以及 Qoo10 日本站。

② Carousell。

Carousell 是新加坡知名的二手交易平台，类似于中国的闲鱼，主打移动端，在马来西亚、新加坡、印度尼西亚、澳大利亚等地皆有运营。它采用了 C2C 模式，用户简单编辑商品信息并上传实物图后，就可以在平台上自由交易闲置物品。

③ Singsale。

Singsale 是一家会员制在线时尚购物网站，每天都会不断更新世界顶级时尚品牌的商品。会员可以享受高折扣的高端设计师设计的时尚女装、男装、童装及配饰，以及美容和家居用品。

④ FairPrice。

FairPrice 是新加坡最大的杂货零售商——NTUC Fairprice Co-operative Ltd 的电子商务门户，消费者可以在 FairPrice 上购买新鲜食品、家庭和婴儿用品等。

⑤ Pupsik。

Pupsik（俄语中的意思是“婴儿、娃娃”）于 2008 年成立于新加坡，最初是一家家庭工作室，提供舒适、实用并且价格实惠的婴儿背带（抱婴儿用的吊带）。它从最初生产高质量的婴儿背带发展到如今提供一站式婴儿护理和育儿商品服务，精心挑选能够满足父母需求的商品。

任务小结

通过该任务的学习，大家对主流跨境电商平台有了基本的了解，为后续任务的学习打好理论基础。

拓展练习

近年来，随着“一带一路”倡议的推进，东南亚市场是很多中国企业重点开拓的区域。随着跨境电商的发展，跨境电商平台 Lazada、Shopee 在东南亚市场发展迅猛，请比较一下这两个平台。它们各有哪些优势和劣势？

任务三 跨境电商相关法律法规

任务背景

跨境电商销售假冒伪劣商品的违法行为不断出现，侵害消费者权益的事件屡禁不止。例如，有 55 家亚马逊店铺账号被冻结，起因是侵犯了 WALL CLIMBER 遥控爬墙车的商标权。

“现如今的跨境电商行业无论是商标还是专利侵权案件都比之前发生的频率更高，而且涉及的商品范围也越来越广，数量也明显增多。”凯鸣知识产权总经理王明胜先生这样说。

在跨境电商中，法律法规十分重要。跨境电商从业者应知法守法，才不会触碰法律法规的红线。

（一）电子商务法律法规

随着电子商务的快速发展，国家制定的有关电子商务的法律法规越来越多。跨境电子商务是电子商务活动的一部分，我国电子商务方面的法律法规对于跨境电子商务活动同样适用。下面一起来了解一下 6 部比较重要的法律法规。

1.《中华人民共和国电子商务法》

2019 年 1 月 1 日，《中华人民共和国电子商务法》（以下简称《电子商务法》）开始施行。这部法律对电子商务的相关概念、网络购物中常出现的纠纷、电子商务平台经营者的权责等问题进行了较为细致的规定。《电子商务法》的颁布实施不仅关系数量众多的电子商务经营者，也关系超过 4 000 万电子商务直接与间接就业人员，更关系近 6 亿网购用户。

《电子商务法》中的重要规定如下。

（1）电商不得刷单、刷评价。

《电子商务法》明确规定，不允许电子商务经营者通过刷单、刷评价的方式进行虚假宣传，欺骗、误导消费者。而电子商务平台经营者更应当建立信用评价制度，不得删除消费者的评价。

《电子商务法》第十七条　电子商务经营者应当全面、真实、准确、及时地披露商品或服务信息，保障消费者的知情权和选择权。电子商务经营者不得以虚构交易、编造用户评价等方式进行虚假或引人误解的商业宣传，欺骗、误导消费者。

《电子商务法》第三十九条　电子商务平台经营者应当建立健全信用评价制度，公示信用评价规则，为消费者提供对平台内销售的商品或提供的服务进行评价的途径。

电子商务平台经营者不得删除消费者对其平台内销售的商品或提供的服务的评价。

【情景案例】金华查处跨境电商刷单案

义乌市 QS 电子商务有限公司是一家经营跨境网络交易的公司，该公司在速卖通、Wish 等跨境电商平台上共开设了 499 家网店，并使用企业资源计划（Enterprise Resource Planning，ERP）系统管理上述网店。2017 年 1 月，公司为提升在 Wish 平台上网店的信誉和销量排行，提高商品销量，将其他交易平台上的真实客户信息导出，雇专人利用导出的真实客户信息在 Wish 网站上虚假注册，虚假下单，使用跨境物流发送包裹的方式进行虚构交易。2017 年 1 月至案发时止，公司采用上述方式，共虚假注册了 3 999 个 Wish 的买家账号，虚构交易共计 27 092 单，仅 2017 年 8 月一个月就采用上述方式虚构交易 3 121 单，客户名为哈文 · 麦基汉的美国消费者一个月就收到空包裹 29 个。

案例解析

当事人通过虚假注册、虚构交易的方式，提升自己网店的商业信誉。上述行为构成了《网络交易管理办法》第十九条第（四）项规定的情形，属于虚构交易行为。由于当事人积极主动配合调查，及时停止违法行为，主动减轻违法行为危害后果，2018 年 2 月 8 日，金华市局案审会经讨论决定，根据《中华人民共和国反不正当竞争法》第二十条第一款、第二十五条之规定，决定责令当事人立即停止违法行为，处罚款人民币 140 000 元。

（2）搭售不得作为默认选项。

《电子商务法》明确规定，对于搭售商品或服务，应当明显标注，不得作为默认选项。在以往的网络消费中，常常会出现消费者莫名其妙地购买了“加速包”“接送车券”等搭售商品的现象，《电子商务法》对此类行为进行了规定。

《电子商务法》第十九条　电子商务经营者搭售商品或服务，应当以显著方式提请消费者注意，不得将搭售商品或服务作为默认同意的选项。

（3）电商及时发货并承担物流破损、快递丢失等运输风险。

在《电子商务法》颁布之前，运输纠纷的默认处理方式一般是：卖家或买家一方作为主体，向承运方发起追责。《电子商务法》规定，如果没有另外约定，则由卖家承担运输中的风险和责任。这对于商品在运输中出现问题而卖方和物流方互相踢皮球的问题给出了明确的答案。

《电子商务法》第二十条　电子商务经营者应当按照承诺或与消费者约定的方式、时限向消费者交付商品或服务，并承担商品运输中的风险和责任。但是，消费者另行选择快递物流服务提供者的除外。

（4）电子商务经营者及时退还押金。

《电子商务法》规定，电子商务经营者应当明示押金退还方式。

《电子商务法》第二十一条　电子商务经营者按照约定向消费者收取押金的，应当明示押金退还的方式、程序，不得对押金退还设置不合理条件。消费者申请退还押金，符合押金退还条件的，电子商务经营者应当及时退还。

（5）禁止泄露消费者信息、禁止大数据“杀熟”。

购买同样的视频网站 VIP 会员，A 品牌手机用户比 B 品牌手机用户的费用高；同样是打车，起点和终点一样，不同用户价格却不一样；就连某客户端的红包中也有老客永远领的比新客少的“套路”。

针对这种“最懂你的人伤你最深”的现象，《电子商务法》规定，电商平台应推出允许用户关闭“个性化推荐”的选项，以尊重和保护消费者的合法权益，并且电商平台应充分保护消费者的隐私，不得私自泄露消费者信息。

《电子商务法》第十八条　电子商务经营者根据消费者的兴趣爱好、消费习惯等特征向其提供商品或服务的搜索结果的，应当同时向该消费者提供不针对其个人特征的选项，尊重和平等保护消费者合法权益。

电子商务经营者向消费者发送广告的，应当遵守《中华人民共和国广告法》的有关规定。

《电子商务法》第二十五条　有关主管部门依照法律、行政法规的规定要求电子商务经营者提供有关电子商务数据信息的，电子商务经营者应当提供。有关主管部门应当采取必要措施保护电子商务经营者提供的数据信息的安全，并对其中的个人信息、隐私和商业秘密严格保密，不得泄露、出售或非法向他人提供。

（6）举证责任问题。

《电子商务法》规定，由电子商务经营者提供原始合同和交易记录，而电子商务平台经营者对于平台内的交易记录保存不得少于三年。如果该笔订单出现问题，则由电子商务经营者及电子商务平台经营者承担订单内容的举证责任。

《电子商务法》第三十一条　电子商务平台经营者应当记录、保存平台上发布的商品和服务信息、交易信息，并确保信息的完整性、保密性、可用性。商品和服务信息、交易信息保存时间自交易完成之日起不少于三年；法律、行政法规另有规定的，依照其规定。

《电子商务法》第六十二条　在电子商务争议处理中，电子商务经营者应当提供原始合同和交易记录。因电子商务经营者丢失、伪造、篡改、销毁、隐匿或拒绝提供前述资料，致使人民法院、仲裁机构或者有关机关无法查明事实的，电子商务经营者应当承担相应的法律责任。

（7）环保问题。

《电子商务法》中增加了电子商务经营者销售商品或提供服务应当符合环境保护的要求，同时要求快递物流服务者应当使用环保包装材料。

《电子商务法》第六十五条　国务院和县级以上地方人民政府及其有关部门应当采取措施，支持、推动绿色包装、仓储、运输，促进电子商务绿色发展。

2.《中华人民共和国电子签名法》

作为我国信息化领域的第一部法律，《中华人民共和国电子签名法》（以下简称《电子签名法》）的颁布实施标志着我国电子商务法制建设进入一个新的阶段。自 2005 年 4 月 1 日施行以来，《电子签名法》规范电子签名活动，维护电子交易各方的合法权益，保障电子交易安全，促进了电子商务、电子政务发展，为电子认证服务业的发展提供了法律保障。

《电子签名法》共 5 章 36 条，确立了电子签名行为的法律效力，对数据电文、电子签名与签名人身份认证、法律责任进行了明确的法律定义。

《电子签名法》第十四条　可靠的电子签名与手写签名或盖章具有同等的法律效力。

《电子签名法》第十六条　电子签名需要第三方认证的，由依法设立的电子认证服务提供者提供认证服务。基于数字证书进行的可靠电子签名，必须由合法第三方电子认证机构提供服务。

3.《中华人民共和国网络安全法》

《中华人民共和国网络安全法》（以下简称《网络安全法》）是为保障网络安全，维护网络空间主权和国家安全、社会公共利益，保护公民、法人和其他组织的合法权益，促进经济社会信息化健康发展而制定的。它由全国人民代表大会常务委员会于 2016 年 11 月 7 日发布，自 2017 年 6 月 1 日起施行。

（1）不得出售个人信息。

《网络安全法》规定，网络商品、服务具有收集用户信息功能的，其提供者应当向用户明示并取得同意；网络运营者不得泄露、篡改、毁损其收集的个人信息；任何个人和组织不得窃取或以其他非法方式获取个人信息，不得非法出售或非法向他人提供个人信息，并规定了相应的法律责任。

《网络安全法》作为网络领域的基础性法律聚焦个人信息泄露，不仅明确了网络商品服务提供者、运营者的责任，而且严厉打击出售贩卖个人信息的行为，对于保护公众个人信息安全，起到了积极的作用。

（2）严厉打击网络诈骗。

除了严防个人信息泄露，《网络安全法》针对层出不穷的新型网络诈骗犯罪还规定，任何个人和组织不得设立用于实施诈骗，传授犯罪方法，制作或销售违禁物品、管制物品等违法犯罪活动的网站、通信群组，不得利用网络发布与实施诈骗，制作或销售违禁物品、管制物品及其他违法犯罪活动的信息。

无论网络诈骗花样如何翻新，都是通过即时聊天工具、搜索平台、网络发布平台、电子邮件等渠道实施和传播的。这些规定，不仅对诈骗个人和组织起到了震慑作用，更明确了互联网企业不可推卸的责任。

（3）以法律形式明确“网络实名制”。

《网络安全法》以法律的形式对“网络实名制”做出规定：网络运营者为用户办理网络接入、域名注册服务，办理固定电话、移动电话等入网手续，或为用户提供信息发布、即时通信等服务，应当要求用户提供真实身份信息。用户不提供真实身份信息的，网络运营者不得为其提供相关服务。

网络是虚拟的，但使用网络的人是真实的。事实上，现在很多网络平台都开始实行“前台资源、后台实名”的原则，让每个人使用互联网时，既有隐私，也增强责任意识和自我约束。

（4）重点保护关键信息基础设施。

《网络安全法》专门对关键信息基础设施的运行安全进行了明确规定，指出国家对公共通信和信息服务、能源、交通、水利、金融、公共服务、电子政务等重要行业和领域的关键信息基础设施实行重点保护。

信息化的深入推进，使关键信息基础设施成为社会运转的神经系统。保障这些关键信息基础设施的安全，不仅仅是保护经济安全，更是保护社会安全、公共安全乃至国家安全。保护国家关键信息基础设施是国际惯例，《网络安全法》以法律的形式予以明确和强调，非常及时而且必要。

（5）惩治攻击破坏我国关键信息基础设施的境外机构、组织、个人。

《网络安全法》规定，境外的机构、组织、个人从事攻击、侵入、干扰、破坏等危害中华人民共和国的关键信息基础设施的活动，造成严重后果的，依法追究法律责任；国务院公安部门和有关部门并可以决定对该机构、组织、个人采取冻结财产或其他必要的制裁措施。

网络空间的主权不仅包括对我国自己的关键信息基础设施进行保护的权利，同时包括抵御外来侵犯的权利。当今世界各国纷纷采取各种措施保护自己的网络空间不受外来侵犯，采取一切手段包括军事手段保护其信息基础设施的安全。《网络安全法》做出这一规定，不仅符合国际惯例，而且表明了我国维护国家网络主权的坚强决心。

（6）重大突发事件可采取“网络通信管制”。

《网络安全法》对建立网络安全监测预警与应急处置制度专门做了规定，明确了发生网络安全事件时，有关部门需要采取的措施。《网络安全法》特别规定：因维护国家安全和社会公共秩序，处置重大突发社会安全事件的需要，经国务院决定或者批准，可以在特定区域对网络通信采取限制等临时措施。

在当前全社会都普遍使用信息技术的情况下，网络通信管制作为重大突发事件管制措施中的一种，重要性越来越突出。比如在暴恐事件中，恐怖分子越来越多地通过网络进行组织、策划、勾连、活动，这时就需要对网络通信进行管制。然而，这种管制影响比较大，因此《网络安全法》规定实施临时网络管制要经过国务院决定或批准，是非常严谨的。

4.《中华人民共和国反垄断法》

自 2022 年 8 月 1 日起，《中华人民共和国反垄断法》（以下简称《反垄断法》）经修正后正式施行。《反垄断法》特别指出，将依法加强民生、金融、科技、媒体等领域经营者集中的审查。我国反垄断执法机构的人力、财力和组织力量都在快速充实。相关领域的经营者应该尤其重视，做好相应的合规工作。

修正后的《反垄断法》进一步完善了对于垄断协议、滥用市场支配地位和经营者集中“三大支柱”的具体规定，积极回应了诸多问题，显著提升了违法行为的法律责任。诚然，作为“经济宪法”，《反垄断法》的部分条款具有一定的抽象性、倡导性和宣示性特征。然而，我们相信未来这些规则将很快得到细化，反垄断监管的新篇章已然翻开。

相关知识

《关于平台经济领域的反垄断指南》

2021 年 2 月 7 日，国务院反垄断委员会印发并实施《关于平台经济领域的反垄断指南》（以下简称《指南》），预防和制止平台经济领域垄断行为，保护市场公平竞争。《指南》以《反垄断法》为依据，共 6 章 24 条，包括总则、垄断协议、滥用市场支配地位、经营者集中、滥用行政权力排除限制竞争和附则等内容。《指南》界定平台、平台经营者、平台内经营者及平台经济领域经营者等基础概念，提出对平台经济开展反垄断监管应当坚持保护市场公平竞争、依法科学高效监管、激发创新创造活力、维护各方合法利益的原则。

5.《中华人民共和国民法典》

随着《中华人民共和国民法典》（以下简称《民法典》）的颁布，我国进入民法典时代。《民法典》关于电子商务的新规定主要体现在以下 3 个方面。

（1）《民法典》对电子商务合同的相关规定。

《民法典》规定，订立合同可以采取要约、承诺方式，商业广告的内容符合要约规定的，视为要约。在直播带货时，常出现主播的宣传和下单页面详情的信息不同的情况。根据《民法典》第四百七十二条，如果主播宣传的内容具体确定，如包含商品名称、数量、规格、价格、发货时间、运费承担等信息，将构成要约。消费者在商品详情页面下单的行为是向平台内经营者发出了承诺，合同成立，合同当事方是消费者和平台内经营者。虽然出于维护商誉的考虑，部分主播在商品出现质量问题之后会主动赔付，但从法律角度出发，主播并不是合同的相对方，对后续合同履行的问题不承担责任。因此若商品出现质量、发货延迟等后续问题，消费者应当向平台内经营者主张违约或侵权责任。

《民法典》吸收了《电子商务法》第四十九条的规定，重申了电子合同订立的时间点为提交订单成功之时。例如，有个电商平台在格式条款中约定“以商品出库为合同成立的标志”，但没有在提交订单十日内供货，后来形成诉讼，法院认定该条款属于格式条款，认定其违约，应承担违约责任。

《民法典》在此前《中华人民共和国合同法》（已废止）的基础上，加重了提供格式条款一方的提示和说明义务，如果致使对方没有注意或理解与其有重大利害关系的条款的，对方可以主张该条款不成为合同的内容。在电商领域，除了用户协议、服务协议，商品页面的信息及店堂告示信息也可能构成格式条款。例如，有个别电商在商品页面介绍中有“如果不仔细检查直接签收导致的经济损失，需由买家单方面承担”的内容，形成诉讼后，法院认定该约定属于格式条款，不合理地免除卖家责任，加重买家责任，不产生法律效力。

（2）《民法典》对电商商品交付时间的规定。

商品的交付时间关系商品毁损、灭失转移风险的承担，商品交付后风险由购买方承担，交付前由商家承担。《民法典》对交付时间做了如下规定。

① 通过互联网等信息网络订立的电子合同的标的为交付商品并采用快递物流方式交付的，收货人的签收时间为交付时间。

② 电子合同的标的为提供服务的，生成的电子凭证或实物凭证中载明的时间为提供服务时间；前述凭证没有载明时间或载明时间与实际提供服务时间不一致的，以实际提供服务的时间为准。

③ 电子合同的标的物为采用在线传输方式交付的，合同标的物进入对方当事人指定的特定系统且能够检索识别的时间为交付时间。

（3）《民法典》对知识产权的保护。

《民法典》第一千一百八十五条规定，故意侵害他人知识产权，情节严重的，被侵权人有权请求相应的惩罚性赔偿。电商在商务活动中一定要注意知识产权的保护，否则将要承担额外的赔偿责任。

6.《中华人民共和国广告法》

《中华人民共和国广告法》是为了规范广告活动，保护消费者的合法权益，促进广告业的健康发展，维护社会经济秩序而制定的法律。它由 1994 年 10 月 27 日第八届全国人民代表大会常务委员会第十次会议通过；根据 2021 年 4 月 29 日第二次修正。

以下为部分重点条款。

第三条　广告应当真实、合法，以健康的表现形式表达广告内容，符合社会主义精神文明建设和弘扬中华民族优秀传统文化的要求。

第四条　广告不得含有虚假或引人误解的内容，不得欺骗、误导消费者。广告主应当对广告内容的真实性负责。

第九条　广告不得有下列情形。

（1）使用或变相使用中华人民共和国的国旗、国歌、国徽，军旗、军歌、军徽。

（2）使用或变相使用国家机关、国家机关工作人员的名义或形象。

（3）使用“国家级”“最高级”“最佳”等用语。

（4）损害国家的尊严或利益，泄露国家秘密。

（5）妨碍社会安定，损害社会公共利益。

（6）危害人身、财产安全，泄露个人隐私。

（7）妨碍社会公共秩序或违背社会良好风尚。

（8）含有淫秽、色情、赌博、迷信、恐怖、暴力的内容。

（9）含有民族、种族、宗教、性别歧视的内容。

（10）妨碍环境、自然资源或文化遗产保护。

（11）法律、行政法规规定禁止的其他情形。

第十三条　广告不得贬低其他生产经营者的商品或服务。

第十四条　广告应当具有可识别性，能够使消费者辨明其为广告。

大众传播媒介不得以新闻报道形式变相发布广告。通过大众传播媒介发布的广告应当显著标明“广告”，与其他非广告信息相区别，不得使消费者产生误解。

第十八条　保健食品广告不得含有下列内容。

（1）表示功效、安全性的断言或保证。

（2）涉及疾病预防、治疗功能。

（3）声称或暗示广告商品为保障健康所必需。

（4）与药品、其他保健食品进行比较。

（5）利用广告代言人作推荐、证明。

（6）法律、行政法规规定禁止的其他内容。

保健食品广告应当显著标明“本品不能代替药物”。

第二十二条　禁止在大众传播媒介或公共场所、公共交通工具、户外发布烟草广告。禁止向未成年人发送任何形式的烟草广告。

禁止利用其他商品或服务的广告、公益广告，宣传烟草制品名称、商标、包装、装潢及类似内容。烟草制品生产者或销售者发布的迁址、更名、招聘等启事中，不得含有烟草制品名称、商标、包装、装潢及类似内容。

第二十三条　酒类广告不得含有下列内容。

（1）诱导、怂恿饮酒或宣传无节制饮酒。

（2）出现饮酒的动作。

（3）表现驾驶车、船、飞机等活动。

（4）明示或暗示饮酒有消除紧张和焦虑、增加体力等功效。

第三十八条　广告代言人在广告中对商品、服务作推荐、证明，应当依据事实，符合本法和有关法律、行政法规规定，并不得为其未使用过的商品或未接受过的服务作推荐、证明。

不得利用不满十周岁的未成年人作为广告代言人。对在虚假广告中作推荐、证明受到行政处罚未满三年的自然人、法人或其他组织，不得利用其作为广告代言人。

相关知识

《关于加强网络直播营销活动监管的指导意见》

2020 年 11 月 6 日，国家市场监管总局发布了《关于加强网络直播营销活动监管的指导意见》。意见围绕压实有关主体法律责任、严格规范网络直播营销行为、依法查处网络直播营销违法行为 3 个方面共提出 14 条意见。

意见指出，网络直播营销违法行为包括“售卖假冒伪劣商品”“在商品中掺杂掺假、以假充真”“擅自删除消费者评价”“对消费者依法提出的修理、重作、更换、退货、补足商品数量、退还货款和服务费用或赔偿损失的要求，故意拖延或无理拒绝”和“发布虚假违法广告”等。本次意见还对 8 类直播违法行为依法查处，如图 1-2 所示。

序号	违法行为
1	电子商务违法行为
2	侵犯消费者合法权益违法行为
3	不正当竞争违法行为
4	依法查处产品质量违法行为
5	依法查处侵犯知识产权违法行为
6	食品安全违法行为
7	依法查处广告违法行为
8	价格违法行为

图 1-2　8 类直播违法行为

电商领域的不确定性因素较多，行业环境错综复杂。电子商务作为数字经济的突出代表持续快速发展，各种新业态不断涌现。与此同时，随着强监管时代的到来，国家对电子商务行业的政策持续增加，颁布了许多相关的政策法规，助力行业加速发展。

（二）跨境电商相关政策

跨境电商承载着中国外贸转型升级的使命，近年来得到国家的大力推动。国务院作为最高国家行政机关，频繁力挺跨境电商，让业内人士为之振奋。一直以来，国家都非常重视对外贸易的发展，如图 1-3 所示。

下面我们来了解一下与跨境电子商务相关的法律法规。

1.《中华人民共和国对外贸易法》

《中华人民共和国对外贸易法》（以下简称《对外贸易法》），是一部较少为人所知的法律。近年来，稳外贸、稳外资成为需要长期重视和特别强调的经济目标，因此，促进对外贸易成为一项必然选择。

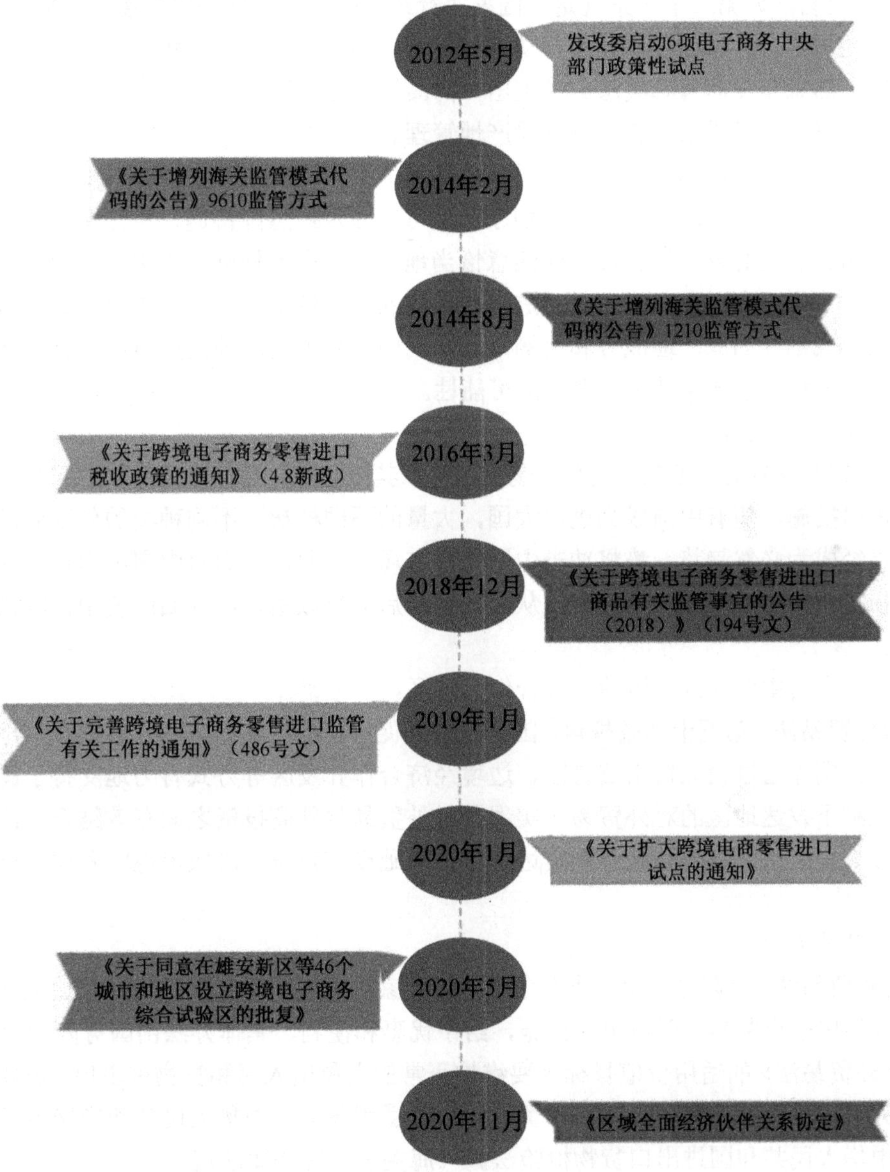

图 1-3　跨境电商相关政策出台时间轴

（1）解读“外贸代理”或“外贸代理权”。

《对外贸易法》第十二条规定，对外贸易经营者可以接受他人的委托，在经营范围内代为办理对外贸易业务。这也就是通常所说的“外贸代理”或“外贸代理权”。在一定程度上，对外贸易属于一项专业技能。从法律领域看，外贸业务涉及《民法典》、《中华人民共和国海关法》（以下简称《海关法》）、《中华人民共和国进出口商品检验法》（以下简称《进出口商品检验法》）等诸多法律、行政法规与国际惯例；从经济效能上看，企业与其设立专门的进出口部门，进行人、财、物的支出，不如将进出口经营环节委托一家或数家专业外贸公司代理进行，还可以分散企业面临的国际市场经营风险。术业有专攻，扩大外贸代理制将有利于中国对外贸易事业的发展，对于稳定海外市场和客户是有利的。

（2）关于进出口商品进行认证、检验、检疫的规定。

《对外贸易法》第二十一条规定，国家实行统一的商品合格评定制度，根据有关法律、行政法规的规定，对进出口商品进行认证、检验、检疫。基于此项规定，进出口企业应当同时了解、熟悉和掌握《海关法》《进出口商品检验法》等。

（3）明确国家对进出口货物进行原产地管理。

《对外贸易法》第二十二条规定，国家对进出口货物进行原产地管理。原产地规则是国际贸易中一项重要的制度。进出口货物原产地可能涉及最惠国待遇、反倾销反补贴司法救济等，中国企业在对外投资过程中应注意恰当地利用原产地规则对于进出口贸易的促进效用。例如，一般而言，海关依法确定进出口货物的完税价格，对此，进出口企业可以考虑原材料或组成部分的原产地成分和比例，将不同国家和地区产地的原材料进行有效组合，降低进出口关税、增加突破关税壁垒的可能性。

（4）对外贸易救济。

《对外贸易法》第八章为“对外贸易救济”，其内容主要反倾销反补贴、保障措施和临时限制进口措施。随着中国成为进口大国，大量的不同档次、不同种类的外国商品进入中国市场已经成为必然趋势，势将冲击中国国内市场和产业，从而对中国国内市场和产业产生实质损害或威胁，中国企业有必要从现在开始启动反倾销、反补贴或使用保障措施的法律准备。

（5）设立自由贸易区、边境经济合作开发区。

《对外贸易法》第五十九条规定，国家扶持和促进民族自治地方和经济不发达地区发展对外贸易。国家通过设立自由贸易区、边境经济合作开发区等方式有力地支持了民族自治地方和经济不发达地区的对外贸易，实现了对外贸易与外商投资之间有效结合。此外，国家应当加大民族自治地方和经济不发达地区的基础设施建设，形成该地区发展对外贸易的优势。

（6）其他方面。

《对外贸易法》“附则”第六十八条规定，国家对于边境地区与接壤国家边境地区之间贸易以及边民互市贸易，采取灵活措施，给予优惠和便利，具体办法由国务院规定。

《对外贸易法》的适用价值目标既要维护正常的人员出入境和货物进出口，也要保护边境地区人民的生命财产安全。《对外贸易法》的适用关联《中华人民共和国国境卫生检疫法》《中华人民共和国进出口货物检验法》《海关法》等法律法规。

2.《中华人民共和国海关法》

《中华人民共和国海关法》是为维护国家的主权和利益，加强海关监督管理，促进对外经济贸易和科技文化交往，保障社会主义现代化建设而制定的法律。1987 年 1 月 22 日，《海关法》由第六届全国人民代表大会常务委员会第十九次会议通过，根据 2000 年 7 月 8 日第九届全国人民代表大会常务委员会第十六次会议《关于修改〈中华人民共和国海关法〉的决定》第一次修正，根据 2021 年 4 月 29 日第十三届全国人民代表大会常务委员会第二十八次会议《关于修改〈中华人民共和国道路交通安全法〉等八部法律的决定》第六次修正。

《海关法》第二条规定，中华人民共和国海关是国家的进出关境（以下简称进出境）监督管理机关。海关依照《海关法》和其他有关法律、行政法规，监管进出境的运输工具、货物、行李物品、邮递物品和其他物品（以下简称进出境运输工具、货物、物品），征收关税和其他税、费，查缉走私，并编制海关统计和办理其他海关业务。

3.《中华人民共和国进出口商品检验法》

进出口商品质量安全事关人民群众切身利益、国门安全和对外贸易可持续发展。《中华人民共和国进出口商品检验法》旨在加强进出口商品检验工作，规范进出口商品检验行为，维护社会公共利益和进出口贸易有关各方的合法权益，促进对外经济贸易关系的顺利发展。它根据 2021 年 4 月 29 日第十三届全国人民代表大会常务委员会第二十八次会议《关于修改〈中华人民共和国道路交通安全法〉等八部法律的决定》第五次修正。

【情景案例】南京海关进出口商品检验案例

南京海关在对某电商平台开展跨境电商进口婴幼儿及儿童服装风险监测中，检出 3 批服装色牢度不合格，分别为 1 批不符合 GB 31701—2015《婴幼儿及儿童纺织商品安全技术规范》中耐干摩擦色牢度应⩾3 级的要求，2 批不符合 GB 31701—2015《婴幼儿及儿童纺织商品安全技术规范》中耐湿摩擦色牢度⩾2～3 级的要求。所有涉及的不合格商品均已下架。

案例解析

耐干摩擦色牢度和耐湿摩擦色牢度都属于服装染色牢度问题，与制造过程中使用的染料类型与面料结合度有关。色牢度不合格的服装在使用过程中容易造成染料脱落褪色，染料接触皮肤或被人体吸收从而危害健康。

2020 年南京海关为维护消费者健康安全，组织跨境电商进口消费品风险监测，检出耳温计、厨房电器、婴幼儿及儿童服装、学习用品和进口玩具等 67 批不合格商品。

4.《中华人民共和国进出口关税条例》

中华人民共和国准许进出口的货物、进境物品，除法律、行政法规另有规定外，海关依照《中华人民共和国进出口关税条例》简称《进出口关税条例》规定征收进出口关税。比较重要的规定如下。

第二条　中华人民共和国准许进出口的货物、进境物品，除法律、行政法规另有规定外，海关依照本条例规定征收进出口关税。

第三条　国务院制定《中华人民共和国进出口税则》（以下简称《税则》）《中华人民共和国进境物品进口税税率表》（以下简称《进境物品进口税税率表》），规定关税的税目、税则号列和税率，作为本条例的组成部分。

第四条　国务院设立关税税则委员会，负责《税则》和《进境物品进口税税率表》的税目、税则号列和税率的调整和解释，报国务院批准后执行；决定实行暂定税率的货物、税率和期限；决定关税配额税率；决定征收反倾销税、反补贴税、保障措施关税、报复性关税及决定实施其他关税措施；决定特殊情况下税率的适用，以及履行国务院规定的其他职责。

第三十六条　进出口货物关税，以从价计征、从量计征或国家规定的其他方式征收。

从价计征的计算公式为：

应纳税额＝完税价格×关税税率

从量计征的计算公式为：

应纳税额＝货物数量×单位税额

5. 有关部门的规范性文件

自 2013 年起，国务院下发的促进外贸稳定发展的相关文件，均涉及跨境电商。跨境电商已经作为常态事项，列入国务院对国际贸易的例行指导文件中。例如，

（1）《关于促进进出口稳增长调结构的若干意见》积极研究以跨境电商方式出口货物（B2C、B2B 等方式）所遇到的海关监管、退税、检验、外汇收支、统计等问题，完善相关政策，抓紧在有条件的地方进行试点，推动跨境电商的发展。

（2）《关于支持外贸稳定增长的若干意见》出台跨境电商贸易便利化措施，鼓励企业在海外设立批发展示中心、商品市场、专卖店、“海外仓”等各类国际营销网络。

（3）《关于加快培育外贸竞争新优势的若干意见》大力推动跨境电商发展，积极开展跨境电商综合改革试点工作，抓紧研究制定促进跨境电商发展的指导意见。培育一批跨境电商平台和企业，大力支持企业运用跨境电商开拓国际市场。鼓励跨境电商企业通过规范的“海外仓”等模式，融入境外零售体系。

（4）《关于加强进口的若干意见》抓紧总结试点经验，按照公平竞争原则，加快出台支持跨境电商发展的指导意见。

（5）《国务院关于改进口岸工作支持外贸发展的若干意见》支持跨境电商综合试验区建设，建立和完善跨境电商通关管理系统和质量安全监管系统，为大众创业、万众创新提供更为宽松、便捷的发展环境，取得经验后，逐步扩大综合试点范围。加快出台促进跨境电商健康快速发展的指导意见，支持企业运用跨境电商开拓国际市场，按照公平竞争原则开展并扩大跨境电商进口业务。

（三）跨境电商法律风险

区别于传统贸易，跨境电商贸易行业链条较长，参与者较多，主要包括多个层级的供应链公司、第三方运营平台、物流公司、支付公司、软件开发者等。在跨境电商实务操作中，从业者面临众多内生和外生的风险，如网络营销风险、电子支付风险、通关风险、跨境物流风险、法律法规风险、信息风险等。如何准确识别风险、加强企业合规管理，成为从业者亟待解决的问题。跨境电商存在的法律风险主要有以下 10 个方面。

1. 知识产权风险

中国企业在跨境电商活动中，应充分认识到中外知识产权保护法律的不同，针对特定国家对知识产权保护的法律进行有效的法律风险规避。知识产权具有地域性，企业进口商品应事先在国内对知识产权进行检索并确认该商品是否侵犯他人的知识产权；企业出口商品也应事先了解目标国的知识产权注册。

2. 银行和第三方支付平台风险

由于存在个别机构利用平台实施诈骗等违法犯罪活动的现象，银行和第三方支付平台在跨境交易上存在较大的安全漏洞，从而导致跨境电商交易存在资金安全风险，并且银行和第三方支付平台或多或少受到其所在国家的限制，用户资金安全与流动受到影响。

3. 跨境电商平台风险

跨境电商平台应对跨境电商零售进口商品和非进口商品予以区分，避免误导消费者。其应向海关实时传输施加电子签名的跨境电商零售进口交易电子数据，并对交易真实性、消费者身份真实性进行审核，承担相应责任。

4. 国际航运风险、物流风险

在国际贸易中，常有货物漂洋过海抵达目的港后却无人提货，致使集装箱长期滞港，产生高额费用的情况，抑或在航运中发生风险导致货损，产生保险赔付、损失负担、术语选择等问题，这些都给企业带来了风险。此外，跨境电商零售进出口物流过程中还可能发生商品灭失或毁损、买卖合同风险等问题。

5. 走私违规风险

企业违反海关法规走私货物将产生严重的后果。此外，根据《关于完善跨境电子商务零售进口监管有关工作的通知》，对于已购买的跨境电商零售进口商品，不得再次销售。

6. 税务风险

从事跨境电商，企业应当根据自身情况依法纳税，应当符合《关于跨境电子商务零售出口税收政策的通知》《关于跨境电子商务综合试验区零售出口货物税收政策的通知》《国家税务总局关于跨境电子商务综合试验区零售出口企业所得税核定征收有关问题的公告》等相关规定。

7. 商品质量风险

进口或出口掺杂掺假、以假充真、以次充好的商品，或以不合格进出口商品冒充合格进出口商品的，由商检机构责令停止进口或出口，没收违法所得，并处货值金额 50%以上 3 倍以下的罚款；构成犯罪的，依法追究刑事责任。

8. 退货风险

根据《海关总署关于全面推广跨境电子商务出口商品退货监管措施有关事宜的公告》，申请开展退货业务的跨境电商出口企业、特殊区域内跨境电子商务相关企业应当建立退货商品流程监控体系，应保证退货商品为原出口商品，并承担相关法律责任。

《海关总署关于跨境电子商务零售进口商品退货有关监管事宜的公告》指出，在跨境电子商务零售进口模式下，跨境电商企业境内代理人或其委托的报关企业（以下简称“退货企业”）可向海关申请开展退货业务。跨境电商企业及其境内代理人应保证退货商品为原跨境电商零售进口商品，并承担相关法律责任。

9. 海关监管风险

海关对跨境电商零售进出口商品及其装载容器、包装物按照相关法律法规实施检疫，并根据相关规定实施必要的监管措施。在申报跨境电商零售进口商品前，跨境电商平台企业或跨境电商企业境内代理人、支付企业、物流企业应当分别通过国际贸易“单一窗口”或跨境电子商务通关服务平台向海关传输交易、支付、物流等电子信息，并对数据真实性承担相应责任。

10. 纠纷解决机制风险

国际贸易背景调查、国际贸易磋商、国际贸易术语的选择、国际贸易合同条款设计、国际贸易合同的履行等，由于涉及跨国贸易，交易主体对于纠纷发生之后的解决机制需要谨慎考虑，尤其是对于纠纷管辖机构、法律冲突等问题充分考虑。

相关知识

跨境电子商务的法律风险防范

在跨境电商产业迅速发展的同时，其可能引发的民事侵权、刑事犯罪等风险也在日益增加。

① 避免侵犯知识产权案件发生的必要措施。

关于如何最大限度地规避侵犯知识产权案件的发生，首先，在制造、展示、销售商品前，跨境电商企业或平台应与供货商或定制人确认商品的合法性问题；其次，跨境电商企业或平台尝试通过多种渠道搜集相关品牌或商品信息，多维度地对品牌或商品进行了解；最后，应一旦遭遇资金账户被冻结的情况，先对侵权的可能性进行内部评估并预判损害赔偿金额的大小，如果冻结金额较大，优先考虑在答辩期内提交答辩状并与对方沟通达成和解，争取解封账户，避免因未按时进行答辩而导致全部已被冻结的资金被划走。在不提交答辩状或错过答辩期的情况下与对方律师协商和解，往往会导致谈判时处于弱势地位，最终可能付出支付较高赔偿金额的代价。

② 避免涉嫌走私犯罪的措施。

对于第三方平台经营模式来说，其网站上显示的销售商品由其他商家销售，因此平台与销售商家之间的法律关系应为居间关系。平台作为居间人只提供中介服务。然而，我们也要注意，交易平台虽然不是交易当事人，但它已经渗入双方的交易中，也应当承担与其法律地位相应的法律责任，如根据《电子商务法》《关于完善跨境电子商务零售进口监管有关工作的通知》等规定，充分履行平台义务。

通常有能力开展自营业务的跨境电商都具有一定的规模，资源整合能力也较强。然而，一些跨境电商巨头可能在利用自身优势搭建互联网平台、开展自营业务的同时，允许其他电商在此平台营销商品。这样的跨境电商企业既要保证自营业务商品的合法性，也要尽到平台管理者的监管义务，否则可能成为走私罪共犯。

总之，跨境电商行业的特殊性决定了相关的法律风险随时可能发生，如何尽量避免风险的出现、减少企业的经济损失、促进跨境电商行业平稳、快速的发展，需要企业、平台等跨境贸易参与者慎之又慎。聘请专业人员参与全流程建设、代表企业参与谈判、积极应对诉讼案件、最大限度地降低企业可能承担的损失，也是非常必要的。

任务小结

通过对该任务的学习，了解跨境电商相关的法律法规，为后续开展跨境电商相关活动规避风险，做到合法合规操作。

拓展练习

背景资料：

郑州海关侦破了一起伪造单证走私大案，嫌疑人利用跨境电商零售行业的税收优惠政策，将本应以“一般贸易”方式批量报关的奶粉、红酒等商品“化整为零”，再以跨境电商的名义虚构“三单”信息匹配交易，最后将运至保税区的商品以伪报或夹带的形式私自运出区进行二级分销，累计销售商品 22 万多票，案值 1.2 亿元。

案例解析：

由上述案例可以看出，以伪造单证等方式，将应当以一般贸易进口的货物拆分、伪报成跨境电商零售进口商品走私入境，其具体走私方式如图 1-4 所示。

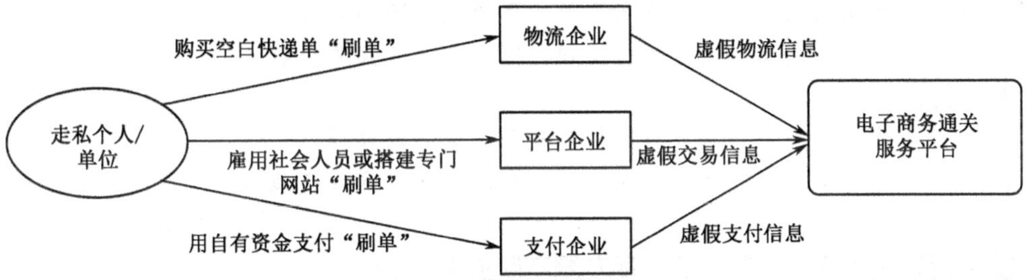

图 1-4　伪造单证走私流程

① 物流：商品以一般货物形式进入保税区，走私个人或单位利用快递行业监管漏洞，购买空白快递单号，制作虚假快递单，将货物以零售商品形式批量运出保税区。

② 信息流：走私的个人、单位搭建虚假跨境电商平台，雇用社会人员或者利用互联网技术购买或获取网络用户的身份信息，以此为基础制作虚假订单，集中伪造单证，瞒骗海关审核。

③ 资金流：选用支付机构，利用支付机构监管漏洞，使用自有资金支付虚假订单，伪造支付单。此时，伪造的信息在电子商务通关服务平台上构成了“三单一致”，走私个人或单位享受了税收优惠和便利化通关的政策。

这种伪造单证走私的法益侵害性有：①伪报贸易方式，利用跨境电商零售进口税收优惠政策偷逃税款；②盗用、冒用了公民个人的身份信息，侵犯公民隐私权；③侵占了消费者通过跨境电商购买进口商品的正常额度。

请通过网络收集资料，了解跨境电商走私风险防范的措施有哪些。

项目二　跨境市场分析

◇ 学习目标 ◇

知识目标

1. 了解影响跨境电商市场的宏观因素。
2. 了解影响跨境电商市场的微观因素。

技能目标

1. 能够利用相关网站和工具进行跨境电商市场宏观因素分析。
2. 能够利用相关网站和工具进行跨境电商市场微观因素分析。

素质目标

1. 在任务完成过程中，培养自主探究和严谨分析的精神。
2. 树立与邻为善、与邻为伴的亲、诚、惠、容的大国外交理念。

【情景案例】“一带一路”朋友圈不断扩大

2021 年，中国与“一带一路”沿线国家货物贸易额达 11.6 万亿元人民币，创 8 年来新高，同比增长 23.6%，占中国外贸总额的比重达 29.7%。跨境电商等外贸新业态快速发展，一批海外仓建成并投入运营。首个海外仓供需对接的海外智慧物流平台“海外仓服务在线”正式上线。中欧班列全年开行 1.5 万列，运送 146 万标箱，同比分别增长 22%和 29%。陆海新通道建设加快，中国与新加坡签署了合作规划，共同举办了“2021 陆海新通道国际合作论坛”。

2021 年全年中国对“一带一路”沿线国家直接投资 1 384.5 亿元人民币，同比增长 7.9%，占对外投资总额的比重达 14.8%。沿线国家企业对中国直接投资首次超百亿美元，达 112.5 亿美元，折合人民币 742.8 亿元。“一带一路”项目建设稳步推进，中国企业在沿线国家承包工程完成营业额 5 785.7 亿元人民币，占对外承包工程总额的 57.9%。一批“小而美”的减贫、卫生、教育、体育等民生领域援助项目落地见效。

中国与相关国家新建 8 个贸易畅通工作组和双边投资合作工作组，与塞内加尔签署电子商务合作备忘录，与匈牙利、俄罗斯等签署绿色发展、数字经济领域投资合作备忘录，合作机制日益完善，沟通渠道更加丰富。同时，中国成功举办进博会、广交会、服贸会、中国-东盟博览会、中国-非洲经贸博览会等展会，促进了与共建国家的经贸合作。

在北京冬奥会期间，“一带一路”朋友圈迎来了新伙伴——中国与阿根廷签署共建“一带一路”谅解备忘录。除了阿根廷，自2021年12月以来，古巴、尼加拉瓜也纷纷加入“一带一路”朋友圈。“一带一路”倡议正在拉丁美洲地区得到越来越多的国际认同。

案例解析

“一带一路”倡议何以取得如此丰硕的成果？“一带一路”经济合作基于各国的经济互补性，坚持各国相互尊重的原则，有利于让各方的资源、资本、技术、人才等多种经济要素充分流动，实现优化配置。通过加强协作，各国都可以提升经济发展效率、提高劳动生产率。

随着中国成为全球第二大消费市场，“一带一路”伙伴国正在通过中国国际进口博览会、自贸试验区平台，借助对外签署的自由贸易协定、双边贸易投资合作机制，分享中国的大市场。同时，中国企业前往这些国家投资，也有力拓展了中国的发展空间，让“双循环”新发展格局更加高效地运作。

任务一　宏观市场分析

任务背景

在新一轮科技革命和产业变革之下，各国对数字经济、绿色低碳等领域合作意愿增强。我国将积极培育合作新增长点，深入发展“丝路电商”，加强数字贸易、新型基础设施等领域合作，推动构建数字合作格局。中国还将推动对外投资合作绿色发展，加强新能源、节能环保、绿色基础设施等领域的合作。随着跨境电商优势凸显，以及国家政策的支持，跨境电商将在国际贸易中扮演重要角色。中国跨境电商出口交易规模也预计将保持稳定增长。跨境电商配套政策、电子化监管模式趋于稳定，跨境电商公共平台作用完善。

任务实施

（一）政策因素

跨境电商由于涉及跨国贸易，受国际贸易环境和国家对外贸易政策的影响极大，因此，从业者在模式建设和运营中，需要密切关注全球环境和政府政策的变化，例如，多浏览一些相关网站，如图2-1所示，适时调整经营目标、商品和运营策略，努力降低平台和运营风险。在商品选择上和运营市场上，可采用国内、国外结合，线上、线下结合的方式，实现多维度布局，增强抗风险能力。

图 2-1　中国贸易新闻网官网

（二）币种与汇率

人民币兑美元汇率波动大，可以参考官方发布的最新外汇牌价。对于用美元结算的跨境电商受到的影响有：当人民币升值时，进口成本降低，刺激进口、抑制出口，会产生缩减贸易盈余或增加贸易赤字的效果，有利于做进口的跨境电商；反之，当人民币贬值时，出口成本降低，刺激出口、抑制进口，会产生增加贸易盈余或缩减贸易赤字的效果，人民币贬值对于出口的跨境电商是利好的。例如，跨境卖家上架一件商品时，汇率为 7.0 元/美元，售出时，汇率为 7.2 元/美元，商家可以享受汇率波动带来的“差价”。

对于跨境卖家而言，汇率问题一直都是关注的重点。不同国家的货币汇率也可以实时在各大银行官网查询。

跨境电商在定价时要把汇率的因素考虑进来，以免后续汇率波动造成损失，还可以开设多国本地银行账户。例如，卖家主做大洋洲生意，开通大洋洲本地的离岸银行账户，采用澳币报价，收款后直接从澳币结汇成人民币，就可以完美避开美元汇率波动带来的损失。与此同时，应该更多选择使用人民币进行结算。中国已经在 25 个国家和地区设立了 27 个人民币清算行，覆盖欧洲、南北美洲、大洋洲、中东、东南亚和非洲。

整体来说，跨境卖家要提前考虑，如 2021 年的运输成本，如果不考虑进去，月底结算时会发现基本没有收益。

（三）语言因素

近年来，随着我国信息技术和社会经济的发展，跨境电子商务的发展越来越迅速。在跨境电商发展的过程中，跨境电商外贸业务员的工作核心为跨语言网络销售，因此，外贸人员不仅需要熟悉进出口实务、网络营销知识、外语、跨境电商平台操作技能等，还需要提高跨文化沟通、系统分析与解决问题等方面的能力。世界各国主流语言对照表如表 2-1 所示。

表 2-1　世界各国主流语言对照表

国家名	国家英文名	语言
澳大利亚	Australia	English 英语
德国	Germany	German 德语
俄国	Russia	Russian 俄语
法国	France	French 法语
加拿大	Canada	French/English 法语/英语
美国	America	English 英语
日本	Japan	Japanese 日语
新西兰	New Zealand	English 英语
意大利	Italy	Italian 意大利语
英国	Britain	English 英语
英国	England	English 英语
中国	China	Chinese 汉语
韩国	Korea	Korean 韩语
希腊	Greece	Greek 希腊语
西班牙	Spain	Spanish 西班牙语
印度	India	Indian/English 印度语/英语
瑞典	Sweden	Swedish 瑞典语
巴西	Brazil	English 英语

这就需要相关的工作人员不仅要具备相关的知识与技能，还要不断学习，这样才能够满足跨境电子商务工作的要求。跨境电商平台后台，卖家需要提交的各项资料基本都用英文描述，可以利用平台自带的一键转换功能，将其转换成不同国家和地区的主流语言。例如，速卖通就支持包括德语、韩语、日语、西班牙语、葡萄牙语、俄语、法语等，如图 2-2 所示。这些都是除英语外，在世界内使用范围比较广泛、使用人数较多的语言，卖家一定要记得把这些语言设置进去，否则，就很容易丢失市场。

图 2-2　速卖通卖家后台语言转换设置

（四）税收因素

就税收政策而言，目前主要涉及关税、增值税、消费税和在线销售税等 4 税种。

1. 关税

就关税而言，中国、美国和欧盟均有小额关税减免优惠。财政部、海关总署、税务总局《关于完善跨境电子商务零售进口税收政策的通知》规定，跨境电商零售进口商品享受关税优惠的单次交易限值为 5 000 元，年度交易限值为 26 000 元。美国则对一个人一天内累计交易不超过 800 美元部分免征关税，礼品或家庭生活用品除外；欧盟规定免征关税的货物价值为单批货物不超过 150 欧元，不限人次和天数。

练一练

关税查询操作

请登录 HS 编码查询网，查询中国出口家电商品到美国的关税。

步骤 1：查询家电商品的海关编码。

登录 HS 编码查询网，输入商品关键词：小家电，可以查询到很多相关商品编码，如图 2-3 所示。

关税查询

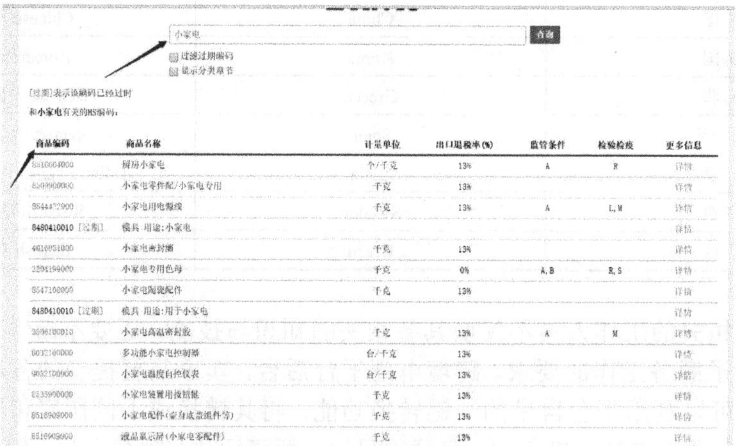
小家电 查询
过滤过期编码
显示分类章节
[过期]表示该编码已经过时
和**小家电**有关的HS编码：

商品编码	商品名称	计量单位	出口退税率(%)	监管条件	检验检疫	更多信息
8516604000	厨房小家电	个/千克	13%	A	R	详情
8509900000	小家电零件配/小家电专用	千克	13%			详情
8544422900	小家电用电源线	千克	13%	A	L, M	详情
8480410010 [过期]	模具 用途:小家电					详情
4016931000	小家电密封圈	千克	13%			详情
3204199000	小家电专用色母	千克	0%	A, B	R, S	详情
8547100000	小家电陶瓷配件	千克	13%			详情
8480410010 [过期]	模具 用途:用于小家电					详情
3506100010	小家电高温密封胶	千克	13%	A	M	详情
9032100000	多功能小家电控制器	台/千克	13%			详情
9032100000	小家电温度自控仪表	台/千克	13%			详情
8533900000	小家电装置用按钮键	千克	13%			详情
8516909000	小家电配件(壶身底盖组件等)	千克	13%			详情
8516909000	液晶显示屏(小家电零配件)	千克	13%			详情

图 2-3　海关编码查询页面

选择一个跟自己商品一致的海关编码，注意有“过期”标签的编码不能使用，如图 2-4 所示。

海关进出口数据查询操作

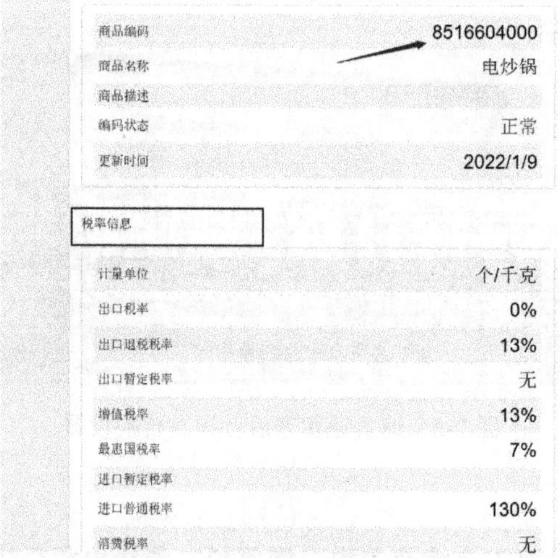

商品编码	8516604000
商品名称	电炒锅
商品描述	
编码状态	正常
更新时间	2022/1/9

税率信息

计量单位	个/千克
出口税率	0%
出口退税税率	13%
出口暂定税率	无
增值税率	13%
最惠国税率	7%
进口暂定税率	
进口普通税率	130%
消费税率	无

图 2-4　海关编码查询结果

步骤2：查询中国出口“电饭锅”到澳大利亚的关税。

登录Rules of Origin的网站，输入出口国和进口国，输入海关编码。

这里的海关编码HS CODE是按国际标准显示的，我国的HS CODE比国际编码长2位，通常把步骤1中查到的我国海关编码后2位去掉即可。注意输入后提示框对应的商品英文解释是否与商品名称对应。单击搜索后，就能查询到目的国的关税税率，如图2-5所示。

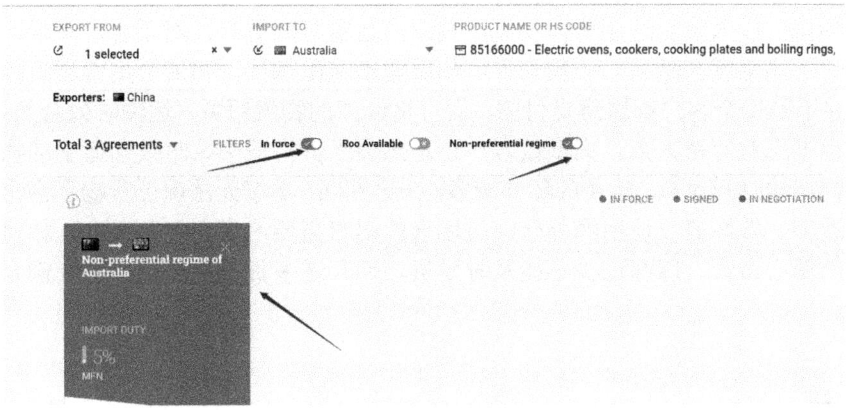

图2-5 关税查询结果页面

这里查询到中国出口电饭锅到澳大利亚的关税税率是5%，在查看结构的时候需注意：图中箭头对应的开关按钮要点开。

2. 增值税

就增值税而言，中国有小额增值税优惠，欧盟自2021年7月1日起取消了小额增值税优惠，美国没有增值税税种。具体而言，中国针对每笔交易不高于5 000元人民币且每个人年度总数在26 000元人民币及以下的交易，按应纳税额的70%征收增值税，其他则按照一般贸易方式征收17%、13%或0%不等的增值税。欧盟在2021年7月1日之前对进口不超过22欧元的商品货物价值免征增值税，但此后该优惠被取消了，所有商品均应缴纳增值税。同时，此前欧盟成员国内部对远程销售额免缴增值税的阈值为3.5万/10万欧元，即如果欧盟成员国内部远程销售超过这一阈值，则需要于消费者所在成员国注册并缴纳增值税。自2021年7月1日起，欧盟内部商品远程销售阈值调整为1万欧元。

3. 消费税

就消费税而言，目前跨境电商零售进口商品消费税主要适用于中国和欧盟。中国跨境电商零售进口商品适用于国务院2008年11月10日发布的《中华人民共和国消费税暂行条例》，进口的应税消费品的消费税由海关代征，且纳税人应当自海关填发海关进口消费税专用缴款书之日起15日内缴纳税款。目前，中国应税消费品主要有：烟、酒及酒精、化妆品、贵重首饰及珠宝玉石、鞭炮、焰火、成品油、汽车轮胎、摩托车、小汽车、高尔夫球及球具、高档手表、游艇、木制一次性筷子、实木地板。欧盟消费税则主要涵盖酒精、酒精饮料、能源商品、电力和烟草商品。需要指出的是，欧盟成员国内部消费税税率并不统一，跨境电商零售进口应税消费品在不同成员国之间的税率并不相同。

4. 在线销售税

就在线销售税而言，目前在线销售税主要适用于美国。它主要是指美国的州和地方政府对商品及劳务按其销售价格的一定比例课征的税，通常情况由卖方代为征收。美国自2018 年 6 月 21 日起，各州可对跨境电商征收在线销售税，无论该跨境电商注册地在美国境内还是境外都是如此。欧盟和中国没有在线销售税。

（五）物流因素

跨境物流的投入资金远超国内物流，其商品运输时间更长。对于客户来说，越快收到货物，客户的满意度会越高。一般来说，物流递送速度越快，物流费用就越贵，高昂的物流费用，并不是每个客户都愿意支付的，而价格低廉的物流服务，运输时效会长达 2～3 个月，客户也不愿意等待太久。大多数客户还是热衷于价格适中、时效也适中的物流服务。跨境物流的运输时间过长、涉及的环节较多，在这期间，卖家无法保证货物不会出现意外，如丢包、遗弃、毁坏等。使用海外仓、边境仓的卖家需要考虑仓储总成本，如何控制库存需要卖家的精心运营，库存过少不能及时发货，库存过多货物滞销将产生高额仓储费用、管理费用。

练一练

FedEx 官网物流费用查询操作

广东佛山市的某小家电跨境电商卖家，要给美国某个城市的客户发货，如果采用 FedEx 发货需要多少费用（标准包裹，重量在 1kg 内）？

步骤 1：登录 FedEx 官网，选择国际费率和托运时间，如图 2-6 所示。

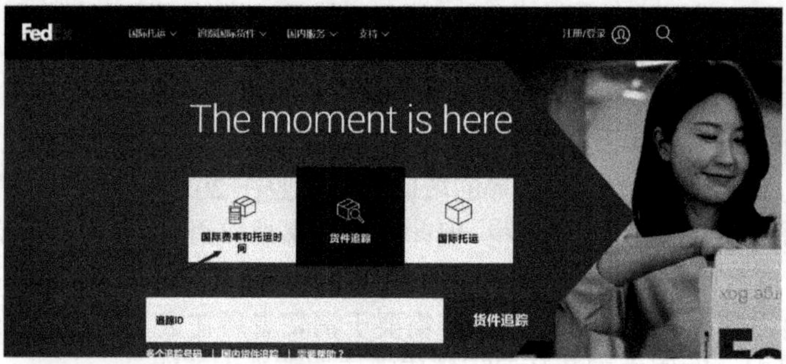

图 2-6　FedEx 官网

步骤 2：输入发货国家/城市，目的地国家/城市，单击“继续”按钮，如图 2-7 所示。

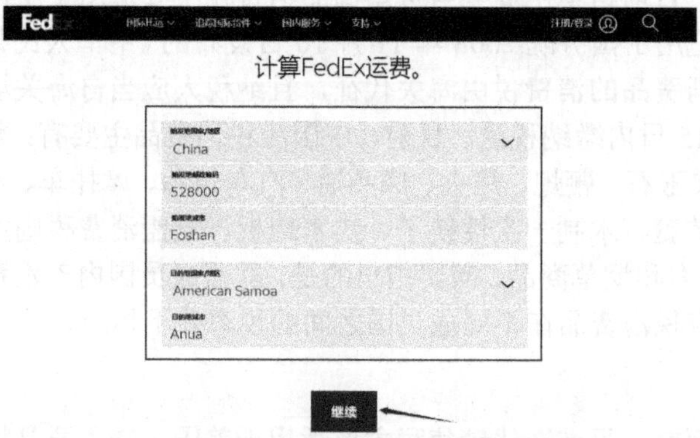

图 2-7　FedEx 运费查询页面

在页面中补充输入包裹重量、寄件时间等信息，单击“显示费率”，如图 2-8 所示。

图 2-8　FedEx 运费查询参数设置

得到的查询结果如图 2-9 所示。我们可以看出国际快递虽然时效性比较快，但物流费用比较贵。

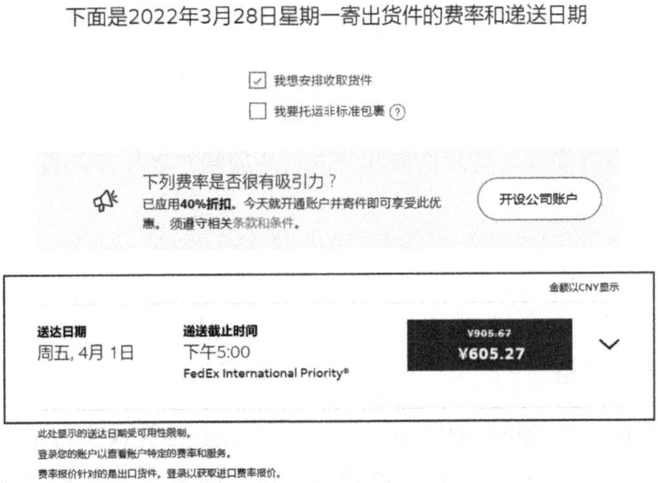

图 2-9　FedEx 运费查询结果

（六）互联网基础建设

全球化时代也是信息时代和网络时代，国家安全的内容和形式都发生了重大的变化，信息安全尤为重要。我国倡导建设和平、安全、开放、合作的网络空间，主张各国制定符合自身国情的互联网公共政策，共同分享、共同治理成就共同发展已日益成为全球业内的普遍共识。

任务小结

通过对该任务的学习，大家对影响跨境电商发展的宏观因素有了深入的了解，学会了利用一些网站和平台工具去进行宏观因素分析，为后续跨境电商微观环境分析做好准备。

拓展练习

广东佛山某金属制品有限公司的主打商品是门窗把手，之前主要的海外市场是欧美市场。随着“一带一路”倡议的提出，该公司发现东南亚市场的潜力巨大。假设你是该公司跨境电商部的实习生，请协助部门负责人做一下基于东南亚市场的跨境电商宏观市场分析，形成调研报告。

任务二 微观市场分析

任务背景

我国跨境电商企业的数量增多和消费者需求的多样化，促进跨境经营商品的种类不断丰富，目前已覆盖电子及通信商品、计算机商品及相关设备、服装服饰、家具家居、庭院园艺、宠物用品、母婴玩具、汽车配件等商品领域。不同品类的大盘增长态势不同。例如，随着元宇宙概念的兴起，市场火热，同时 OPPO、vivo、小米等品牌发布虚拟现实（Virtual Reality，VR）智能穿戴商品，消费电子类或有爆发增长。

随着跨境电商平台持续向移动端转移，企业需要打造线上多平台的数据融合，拓展运营渠道；同时，要通过不断加大商品研发投入、持续推陈出新、增加货存单位（Stock Keeping Unit，SKU）数量等多方位满足客户的购买需求，并加强对老用户的良好服务，提升重复购买率和营销转化率。

任务实施

（一）市场需求总量

近年来，跨境电商的不断发展吸引了无数卖家纷纷进入这个行业，大部分出口跨境电商面对的是国外消费者，卖家的目的就是要把自己的商品卖出去，有销量才能谈发展，而获得销量的关键就是消费者。对于跨境电商企业来说，提前了解目标市场国家该类商品的市场需求情况十分必要。这些数据可以通过我国海关数据平台进行查询，操作步骤如下。

1. 登录中华人民共和国海关总署官网

中华人民共和国海关总署（以下简称“海关总署”）致力于简政放权促进贸易便利。近年来，海关总署加快“互联网+海关”建设，搭建了服务进出口企业的信息公共服务平台，收集梳理各国进出口商品准入标准、技术法规、海关监管政策措施等，为进出口企业提供便捷查询、咨询等服务，实现信息免费或低成本开放。企业可以登录海关总署官网，单击“数说海关”→“数据在线”查询，进入进出口数据查询系统，如图 2-10 所示。

图 2-10　海关总署网站

2. 海关统计数据在线查询平台

在该平台，通过选择进口、出口、币制等条件，设置好查询时间，选择需要查询的商品编码及贸易伙伴国家就可以进行海关统计数据查询，如图 2-11 所示。

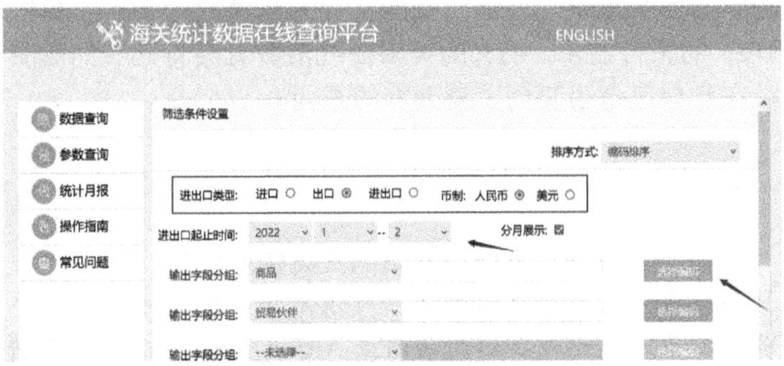

图 2-11　海关统计数据在线查询平台

例如，企业需要查询 2022 年 1 月到 2 月，从中国出口到坦桑尼亚的 T 恤类商品的出口数据，结果如图 2-12 所示。

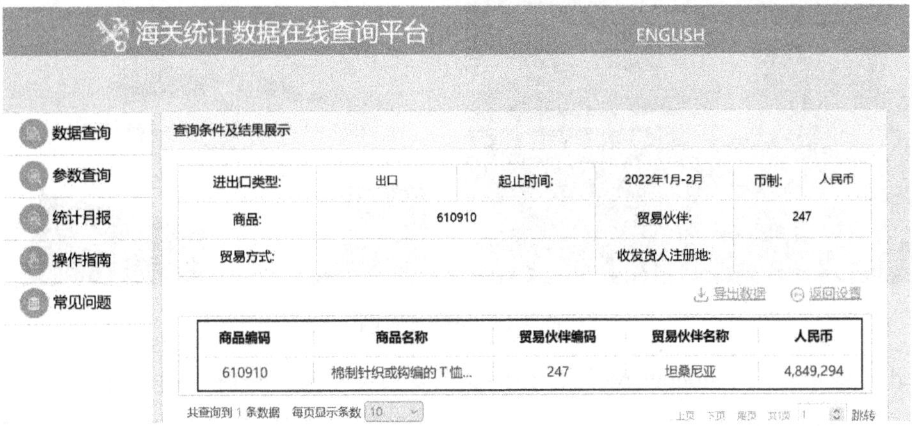

图 2-12　海关数据查询结果页面

通过这个数据，企业可以大概了解目标市场国家对该类商品的市场需求情况，如果数值较大，说明该市场对该类商品需求比较大，反之则市场需求比较小。

（二）受众偏好

受文化、本地趋势和消费方式的差异影响，跨境卖家往往会发现，不同国家消费者的购买偏好也有所不同。下面介绍 5 个国家或经济体的消费偏好。

1. 英国

为了解不同市场消费者的购买偏好，数字市场营销公司 Episerver 对来自美国、英国、德国、瑞典、芬兰、丹麦和挪威的 4 028 名全球在线消费者展开了调查。其报告显示，79%的英国在线消费者表示他们的购买行为都是事先计划好的。这意味着卖家可以通过内容策略引导消费者购买他们正在寻找的信息和商品。同时约有 49%的英国在线消费者因选择困难放弃网上购物，这再次意味着卖家可以对消费者进行支持和引导。

价格是英国在线消费者最关心的问题。当亚马逊这样的巨头公司提供低价商品时，可能会给诸多品牌和零售商带来挑战，但比价购买行为已经成为一种新趋势，卖家们不得不学会接受。Episerver 的报告显示，81%的英国在线消费者会将购买的商品与亚马逊进行比较，这表明他们很在意自己是否买到了最划算的东西。

练一练

英国本土购物网站消费者偏好分析

假设一家餐具供应商计划开拓英国市场，可以依托英国当地电商平台了解消费者的购买偏好，如登录英国当地人气比较高的购物网站 Argos 查看，如图 2-13 所示。

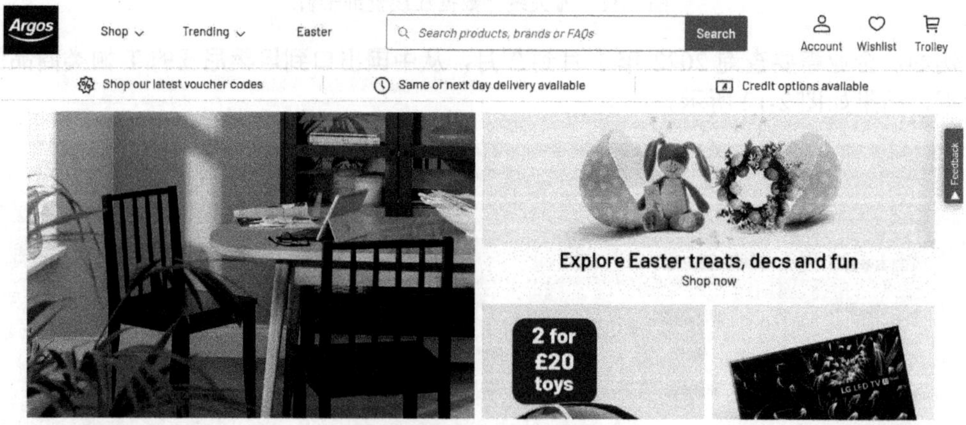

图 2-13　Argos 官网

在搜索框中输入“stoneware ”，会出现很多相关结果，如图 2-14 所示。

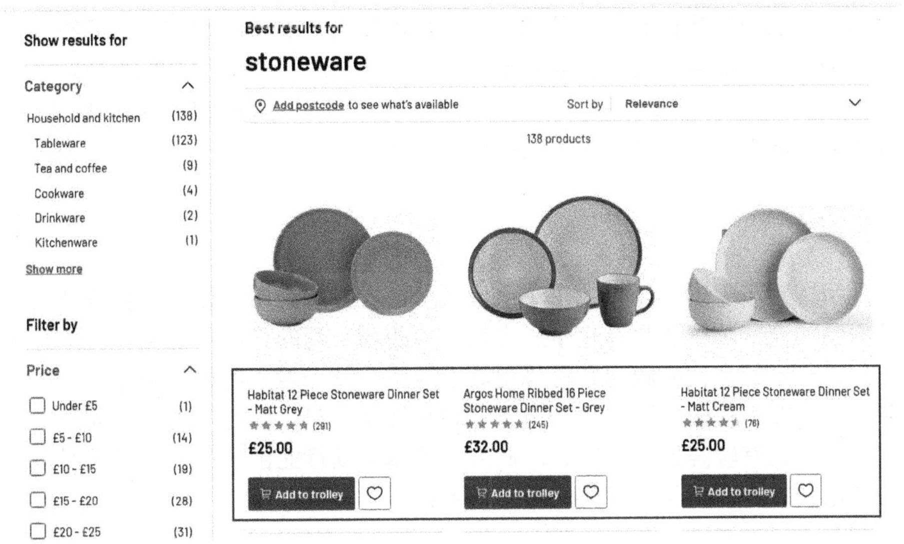

图 2-14 Argos 网站商品查询结果页面

对搜索结果显示的商品从风格、款式、价格等方面进行比较，了解目标国家消费者的偏好。在比较价格的时候应注意币种的差异，如该平台按英镑计费，按最新的汇率换算成人民币，就能大概了解在英国市场上同类商品的市场零售价了。

2. 美国

为了能够迅速找到最划算的交易，44%的美国在线消费者会在亚马逊上购物，41%的美国在线消费者称，在亚马逊购物时最喜欢该平台提供的价格选择。此外，美国在线消费者对亚马逊所提供的服务期望值也很高，如免费送货（75%）和两天送货（44%）。尽管许多美国在线消费者追求个性化体验，但出于隐私问题，2019 年有一半的美国在线消费者认为卖家尊重买家的匿名性更重要。

3. 澳大利亚

澳大利亚的在线消费者更喜欢能够简化商业体验的公司，并且能够接受他们国家的独特性。73%的澳大利亚在线消费者渴望免费送货服务，70%的在线消费者希望能追踪送货信息，而 55%的在线消费者希望能收到退货的相关信息。澳大利亚的在线消费者并不像美国那样热衷于亚马逊，据报告显示，只有 10%的澳大利亚在线消费者会将购买的商品与亚马逊的商品进行比较，当他们购物时，有 41%的人会选择 Google，而只有 5%的人选择亚马逊。

4. 德国

在德国，电子邮件这样的传统推广渠道仍然盛行，94%的德国在线消费者可以通过电子邮件联系到，而 15%的德国人并不会使用社交媒体。或许是因为德国隐私标准较高，约 38%的德国在线消费者表示卖家应该优先考虑买家的匿名性。在寻找更多信息方面，三分之一的德国在线购物者表示喜欢卖家店铺所提供的商品信息。

5. 比荷卢经济联盟

比荷卢经济联盟包括比利时、荷兰、卢森堡 3 个国家，大约 57%的比荷卢经济联盟的在线消费者每月至少网购一次，21%的在线消费者每周至少网购一次。随着比荷卢经济联盟中在线购物市场的增长，71%的比荷卢经济联盟的在线购物者表示他们对目前在线卖家数量感到满意。邻国购物体验的不断创新正在影响比荷卢经济联盟的在线购物者，他们开始注重交付和快递的便利程度，及简化购物体验的新技术。约有28%的比荷卢在线购物者希望当天发货。尽管每年使用一次语音设备购物的比荷卢经济联盟的在线消费者只占29%，但消费者表示，随着技术的进步，他们将更愿意使用这项技术。

（三）竞争情况

目前，我国跨境电商市场中的中小企业较多，且没有鲜明的特色，竞争者较多，同时面临国外电商的竞争，行业整体竞争压力较大。跨境电商的进出口都可以被本土电商商品所取代，存在一定的替代品威胁。跨境电商上游供应商一般为各种制造企业，由于供应商数量较多，议价能力较弱。下游消费市场主要是终端客户，因跨境电商企业众多，消费者的选择很多，因此有较强的议价能力。此外，跨境电商行业由于进入门槛相对较低，且市场保持稳定增长趋势，因此有较大的新进入者威胁。

练一练

跨境电商平台竞争对手分析

跨境电商平台上聚集了大量的跨境卖家，以餐具商品为例，通过对平台相关商品卖家数据的分析，我们可以了解该行业的商品竞争情况，具体操作如下。

1. 中国制造网餐具商品数量分析

打开中国制造网官网，在搜索框搜索“stoneware”，会显示平台该类商品数量，如图2-15所示。

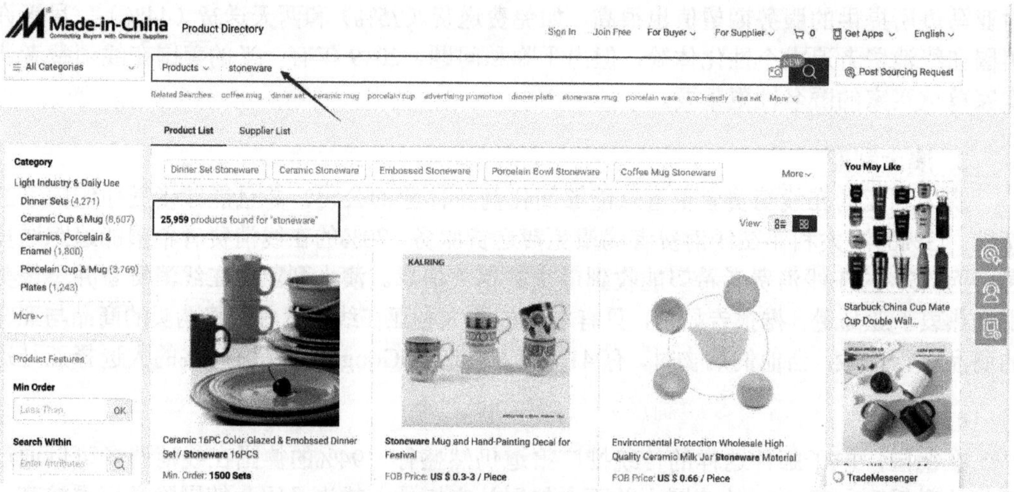

图2-15　中国制造网商品查询结果页面

2. 阿里巴巴国际站餐具商品供应商数量分析

打开阿里巴巴国际站官网，在搜索框搜索“stoneware”，会显示平台该类商品供应商数量，如图2-16所示。

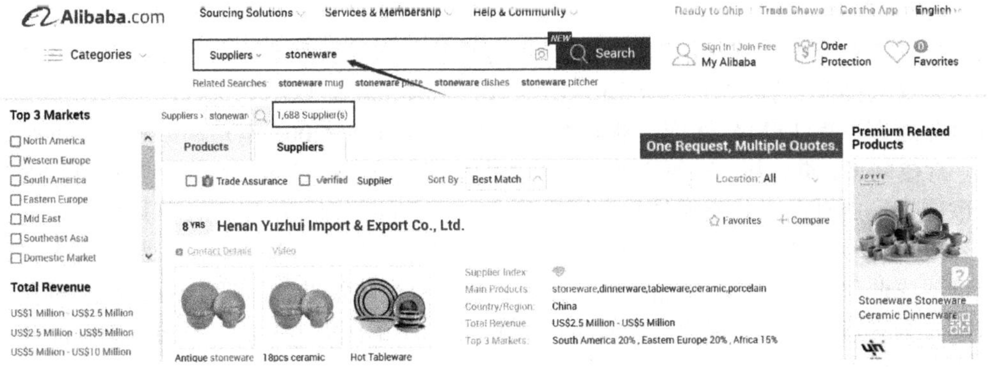

图 2-16　阿里巴巴国际站商品查询结果页面

（四）市场准入情况

所谓市场准入，是指一国允许外国的货物、劳务与资本参与国内市场的程度。当今世界，以技术性贸易措施为代表的非关税措施是贸易保护的主要手段，已经成为各国货物贸易市场准入的屏障。世界上大部分国家都有各自的市场准入门槛，具体表现在以下两个方面。

1. 工业品方面

欧盟《技术协调和标准新方案》明确规定，欧盟成员国有权拒绝未贴 CE 标志的相关商品进入欧盟市场，CE 标志如图 2-17 所示。

美国的 UL 标志可用以证明进口商品经过检验并符合安全标准，家用电器、医疗设备、计算机、商业设备及建筑电器等与安全相关的商品，若没有 UL 标志则难以进入美国市场，UL 标志如图 2-18 所示。

图 2-17　CE 标志

图 2-18　UL 标志

日本《电器装置和材料控制法》规定，498 种电机电子商品进入日本市场必须通过 PSE 安全认证，其中，165 种 A 类商品应取得菱形的 PSE 标志，333 种 B 类商品应取得圆形 PSE 标志，两种 PSE 标志如图 2-19 所示。

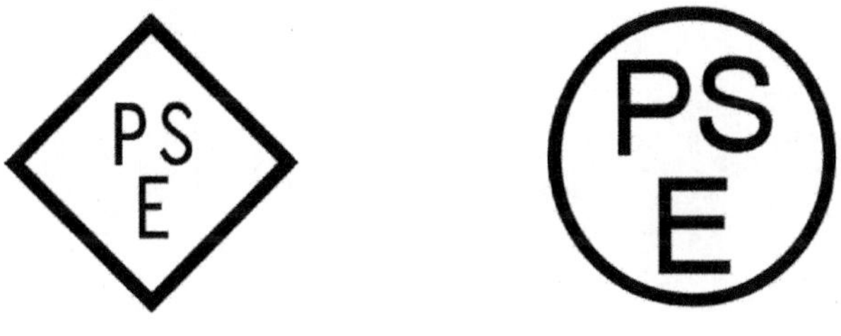

图 2-19　PSE 标志

2. 食品方面

美国《食品安全现代化法案》规定，所有销往美国的食品、药品和化妆品等商品均需向美国食品药品监督管理局（Food and Drug Administration，FDA）进行注册，水商品、饮料等食品还需取得 FSMA 认证。欧盟委员会条例 NO.1881/2006 有最高限量规定的是硝酸盐类、毒枝菌素、重金属、三氯丙醇、二噁英类及多氯联苯、多环芳香族碳氢化合物 6 类。进入欧盟市场的食品必须遵循该最高限量规定。日本的《食品中残留农业化学品肯定列表制度》对 700 多种农业化学品含量给出了最大残留限量标准限制，对于未制定最大残留限量标准的农业化学品，其在食品中的含量不得超过“一律标准”，即 0.01mg/kg。韩国《进口食品安全管理特别法》规定，所有生产企业需在进口申报时提前 7 天向韩国食品药品安全处进行注册登记。

任务小结

通过对该任务的学习，大家对影响跨境电商发展的微观因素有了深入的了解，学会了利用一些网站和平台工具进行微观因素分析，为后面项目的学习做好准备。

拓展练习

同前文拓展练习所述，广东佛山某金属制品有限公司的主打商品是门窗把手，之前主要的海外市场是欧美市场。随着“一带一路”倡议的提出，该公司发现东南亚市场的潜力巨大。假设你是该公司跨境电商部的实习生，请协助部门负责人做一下公司商品基于东南亚市场的跨境电商微观市场分析，形成调研报告。

项目三　跨境电商选品

◇ 学习目标 ◇

知识目标

1. 了解跨境电商选品的基本原则。
2. 掌握跨境电商的选品方法。
3. 掌握开展跨境电商站内和站外数据调研与分析的方法。

技能目标

1. 能够运用选品工具在站内和站外收集商品数据。
2. 能够根据目标消费群需求进行跨境电商选品。
3. 能够根据数据分析结果进行店铺及商品运营调整。

素质目标

1. 培养精益求精的工匠精神。
2. 强化数字素养，提升数字技能。
3. 培养数据思维和创新思维。

【情景案例】 制售盗版“冰墩墩”获刑一年

2月14日，2022北京新闻中心召开专场新闻发布会，介绍全面加强冬奥知识产权保护工作总体情况。会上通报了近期北京快判的一起制售盗版冬奥吉祥物“冰墩墩”玩偶案，犯罪嫌疑人任某被判处有期徒刑一年、处罚金4万元，该案件成为全国首例侵犯北京冬奥吉祥物形象著作权刑事案件。

什么情况下会面临侵权?

未经允许使用、生产、销售“冰墩墩”及周边商品。

根据2月14日北京冬奥组委关于“冰墩墩”的使用规范，吉祥物“冰墩墩”是北京冬奥组委的重要财产，北京冬奥组委对“冰墩墩”的形象依法享有著作权、注册商标专用权、外观设计专利权，对“冰墩墩”中英文名称还依法享有注册商标专用权。因此，任何人对“冰墩墩”形象或名称的使用，都应当遵守《中华人民共和国著作权法》《中华人民共和国商标法》《中华人民共和国专利法》(以下分别简称《著作权法》《商标法》《专利法》)等相关法律法规的规定。另外，北京冬奥组委对“冰墩墩”的形象和名称除了享有传统的著作、商标、专利等知识产权，还特别享有奥林匹克标志专有权。

具体来说，以下几种行为可能涉及侵权：商家未经北京冬奥组委允许制售了“冰墩墩”形象或近似形象的作品；非营利法人或组织未经北京冬奥组委允许擅自使用“冰墩墩”形象；行为人擅自将“冰墩墩”形象做成类似的表情包并在网上传播；擅自将涉及“冰墩墩”形象的奥运版权视频进行拆解再加工等。

符合《著作权法》规定的合理使用情形有：个人学习、研究或欣赏；在报纸、期刊、广播电台、电视台等媒体中不可避免地再现或引用；在学校课堂教学或科学研究等情况下使用了“冰墩墩”的形象，一般不认为构成侵权。

侵权会面临怎样的处罚？

情节严重可处三年以上七年以下徒刑并处罚金。

一般情况下，如果“冰墩墩”形象的权利人即北京冬奥组委，认为有人侵害了其享有的“冰墩墩”形象的权利，属于民法体系，需要主动向法院提起诉讼，法院才会受理。生产、销售“冰墩墩”盗版周边属于“未经许可复制、使用奥运标志和涉奥作品”，可能会触犯《奥林匹克标志保护条例》《特殊标志管理条例》《著作权法》《商标法》《专利法》等法律。仅根据《著作权法》，侵权人可能会承担停止侵害、消除影响、赔礼道歉、赔偿损失等民事责任；如果权利人的实际损失、侵权人的违法所得、权利使用费难以计算，将由人民法院根据侵权行为的情节，判处给予五百元以上五百万元以下的赔偿。

另外，如果情节严重或违法所得数额较大，还可能会适用《中华人民共和国刑法》。

第二百一十七条　以营利为目的，有下列侵犯著作权或者与著作权有关的权利的情形之一，违法所得数额较大或者有其他严重情节的，处三年以下有期徒刑，并处或者单处罚金；违法所得数额巨大或者有其他特别严重情节的，处三年以上十年以下有期徒刑，并处罚金：

（一）未经著作权人许可，复制发行、通过信息网络向公众传播其文字作品、音乐、美术、视听作品、计算机软件及法律、行政法规规定的其他作品的；

（二）出版他人享有专有出版权的图书的；

（三）未经录音录像制作者许可，复制发行、通过信息网络向公众传播其制作的录音录像的；

（四）未经表演者许可，复制发行录有其表演的录音录像制品，或者通过信息网络向公众传播其表演的；

（五）制作、出售假冒他人署名的美术作品的；

（六）未经著作权人或者与著作权有关的权利人许可，故意避开或者破坏权利人为其作品、录音录像制品等采取的保护著作权或者与著作权有关的权利的技术措施的。

第二百一十八条　以营利为目的，销售明知是本法第二百一十七条规定的侵权复制品，违法所得数额巨大或者有其他严重情节的，处五年以下有期徒刑，并处或者单处罚金。

案例解析

未经北京冬奥组委允许以商业目的生产、销售“冰墩墩”及周边盗版衍生商品即可能面临侵权风险。

请同学们思考：售卖未经授权的商品会对跨境卖家带来哪些方面的影响？

任务一 站内选品

任务背景

相信很多人都听说过做跨境电商“七分靠选品，三分靠运营”。要想在个性化需求瞬息万变的消费市场抓住消费者，获得客户的青睐和认可，跨境电商选品就成了重中之重。优质的商品能吸引可观的流量，增加商品和店铺的点击量，提升店铺整体销量，是卖家的核心竞争力。面对海量商品，如何选择符合境外客户需求的商品就成了众多卖家的难题。

任务实施

（一）站内选品的逻辑和原则

1. 站内选品的逻辑

想一想

卖家在进行跨境电商选品前需要做哪些方面的准备

卖家在进行跨境电商选品时要有清晰的选品逻辑，一般来说，卖家可以从广泛、精选、分析、测试、重复5个角度有逻辑地开展选品工作。

（1）广泛。

卖家在初步进行跨境电商选品时应先从广范围、多类目的角度进行筛选，不要局限于某一个品类。只有广泛接触和了解多种不同类目的商品，卖家才能从诸多类目中初步筛选出最适合自己的行业类目。

（2）精选。

在初步确认行业类目之后，卖家就需要对该行业类目进行数据调研，从众多目标商品中精选出比较有潜力的商品。

（3）分析。

在精选出目标商品后，卖家就需要针对商品的具体情况通过数据进行分析，从商品成本、物流费用、平台费用、预估利润等方面进行分析，再对销量变化、价格变化的趋势进行分析，最后对商品的卖点和痛点进行分析，通过之前的判断和现有竞品的分析，对标竞品得出此商品的预期销量。

（4）测试。

通过前面的几个步骤，卖家对所选商品已经有了比较清晰的认识，但在大规模采购和销售商品之前，建议先进行小批量的测试，对前期的预测做实际的推演，然后根据实际销售情况来决定后续的运营规划。

（5）重复。

选品不是一蹴而就的事，而是一个不断重复的过程。不论是市场需求还是商品的生命周期，都是不断变化的。因此，卖家需要长期坚持，反复践行，才能不断发现有潜力的商品。

2. 站内选品的原则

（1）从自身资源出发的原则。

卖家在进行选品时要对自己有清晰的定位，也就是充分了解自身拥有的行业资源和可投入的资金。如果卖家自己拥有工厂，就可以先行考虑自家工厂的优势一手货源；如果卖家拥有雄厚的资金，就可以考虑大批量进行外购；如果卖家是中小型卖家，那么就尽可能地选择自己所熟悉的品类或有熟悉货源的品类，从而判断自己力所能及的选品范围。

（2）根据平台特征出发的原则。

对于选择入驻第三方跨境电商平台的卖家，不同平台有着不同的特点及规则，因此适合的品类也有较大的差异。有供应链优势的平台在商品类目数量、销售渠道上更具竞争力；有流量优势的平台，可以考虑将庞大的平台流量转化为购买力。卖家需要了解哪些品类是平台大力扶持的优势品类，哪些品类缺乏流量处于竞争劣势。此外，卖家还要熟悉各个平台的商品搜索排序规则等。

（3）从市场需求出发的原则。

不同国家或地区的客户有不同的文化背景、生活习惯和消费习惯，同一件商品不可能符合所有国家或地区买家的需求：销往欧美市场的电子类商品，电压与我国通用的电压遵循不同的标准；销往中东国家的服饰类商品，颜色的选择与我国的流行色有较大差异。因此，在选品之前，卖家务必对目标市场的客户需求进行分析和研究，了解当地消费者的具体需求。有的商品在国内市场有很好的销量，但在国外市场需求量很小；而有的商品在国内市场可能反响平平，但在国外市场可能卖得非常好。因此，在充分了解目标市场的需求后，综合选择符合当地消费者需求的商品，卖家才有更大的概率获得成功。

（二）站内选品的方法

1. 发掘潜在“爆款”

跨境电商卖家可以通过收集并分析各个国家或地区热卖商品的数据来识别“红海”和“蓝海”商品，挖掘目标客户对商品的需求和偏好，从而发掘出潜在的“爆款”商品。例如，在某项体育赛事开幕前，挖掘具备较高潜力的体育设备或周边商品；或在某个特定传统节日前，挖掘符合该节日氛围的相关商品。

2. 分析现有“爆款”

卖家可以先找到一个对标店铺，通过研究分析其店铺页面，充分了解对标卖家所售商品的相关情况，尤其是其现有“爆款”商品的品类、数量、标题、关键词、市场定位、市场活跃度等。卖家甚至可以尝试挖掘该“爆款”商品的货源、客户满意度、客户评价、毛利率等数据，判断自身“跟卖”该“爆款”商品的可能性。

3. 解决客户痛点

卖家可以通过跨境电商后台工具进行数据的调研和分析，为自己的选品工作提供更多、更有价值的数据参考。例如，速卖通后台的生意参谋、亚马逊榜单等都汇集了大量用户信息。利用后台工具挖掘大数据中有价值的信息，了解目标市场中潜在消费者对某商品的痛点，选择能够解决客户痛点的相关商品。

4. 探索延伸商品

卖家不应局限于一种商品，可以选择将目前的商品进行换代升级，或通过现有商品的关联商品进行商品开发，从而持续不断地满足客户多变的需求和偏好。

（三）速卖通“生意参谋”选品

速卖通是阿里巴巴集团旗下面向国际市场的一个跨境电商平台，卖家后台有很多功能可被用于数据分析。例如，“生意参谋”基于速卖通平台的交易数据，可以为卖家提供具体行业的商品分析数据、销售趋势和买家行为数据等内容，能让卖家知道当下搜索量和销量排名靠前的关键词有哪些，帮助卖家从行业、类目与商品属性等方面进行选品，如图 3-1 所示。

图 3-1 “生意参谋”

每件“爆款”商品都有一定的生命周期，有些类目的商品的生命周期较长，有些则很短暂。因此，卖家只有不断地发掘新的“爆款”商品，才能让店铺保持勃勃生机。

对于所处不同生命周期的商品，卖家需要采取不同的运营策略。

（1）萌芽期。卖家可通过站内和站外等多种渠道开展新品调研。

（2）成长期。卖家通过站内的自主营销及站外营销等进行全渠道的营销推广。

（3）成熟期。当商品出单情况基本稳定，并积累了一定数量的好评时，卖家就可以考虑采取关联营销等方式提升店铺的流量，从而提高客单价。

（4）稳固期。当成功地打造出一款“爆款”商品后，竞争对手也会开始开发同类商品，卖家可以通过提升自己商品的竞争力来稳固订单量，如考虑适当降低价格，或开发平替商品以巩固自身的优势地位。

（5）衰退期。此阶段的商品价格战会非常激烈，加上市场的需求降低和新商品的出现，流量和订单量都会减少，这时卖家需要重新选品或优化原有商品。

通过全球速卖通平台的“生意参谋”功能，卖家可以看到“市场大盘”“国家分析”“搜索分析”“选词专家”“选品专家”，利用后台数据进行选品，精准设置关键词。此外，卖家还可以进行商品分析，找到经营优势和短板，制定有针对性的营销策略。

通过“选品专家”中的热销与热搜功能，卖家可根据行业类别、国家和时间的组合，筛选出热搜和热销的商品品类；在选择好行业、国家和时间之后，卖家可根据竞争度的大小来选择适合的品类，并根据热卖的国家来选择对应的商品。其中圆圈颜色的深度表示竞争的大小，圆圈的大小则表示销量高低，如图 3-2 所示。

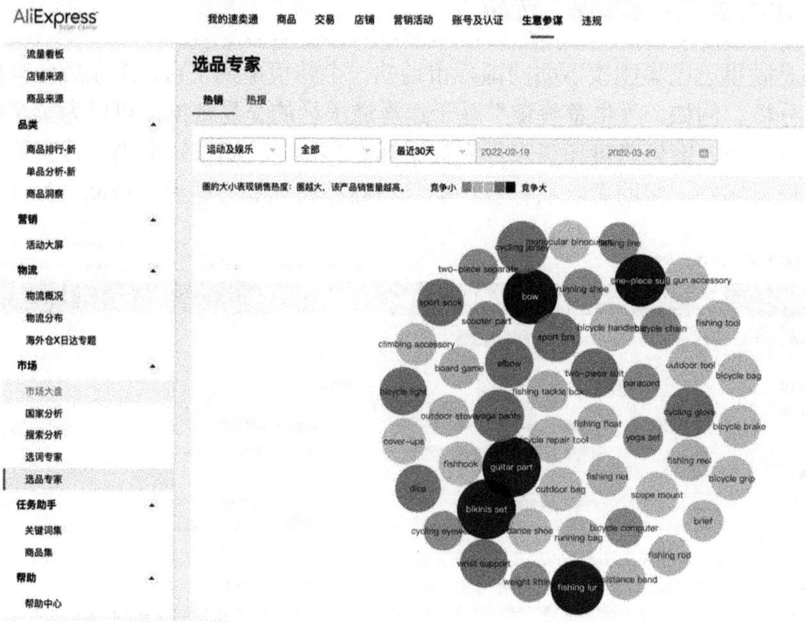

图 3-2 “选品专家”

卖家可以选择特定行业针对不同国家或地区进行行业趋势的分析。在速卖通后台“生意参谋”中的“市场大盘”，我们可以调研某个国家特定行业在某一个时间段内的行业趋势数据，如访客指数、浏览商品数、商品浏览率、供需指数、客单价、商品加购人数及加收藏人数等，如图 3-3 所示。

众所周知，不同国家或地区的客户有着不同的文化背景、生活习惯和消费习惯。“生意参谋”中的“国家分析”能够让卖家了解特定行业类目的机会国家及该国家的商品分析。例如，卖家可以选择特定国家，调研该机会国家的商品交易总额（Gross Merchandise Volume，GMV）增速信息，如图 3-4 所示。

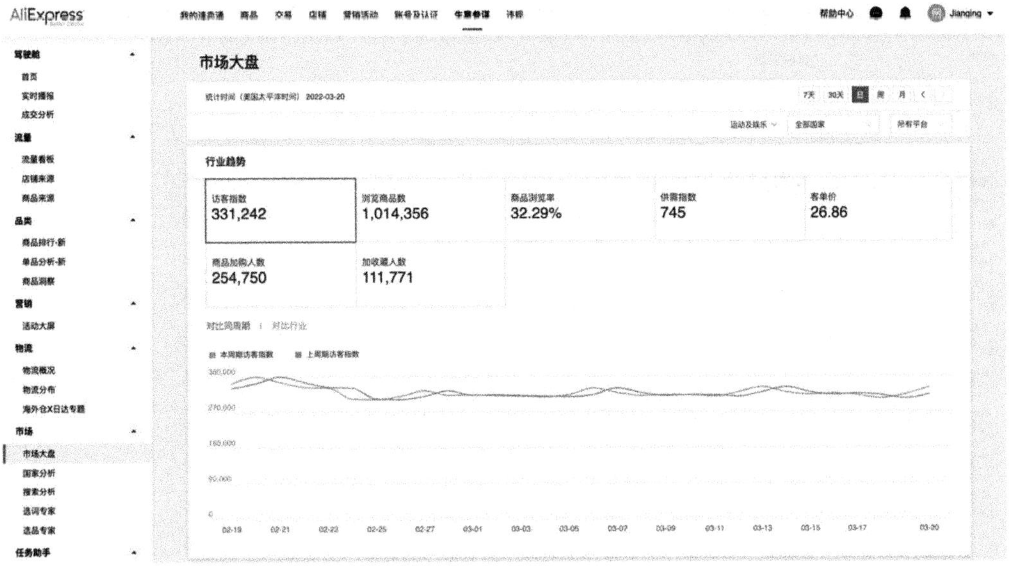

图 3-3 “市场大盘”

图 3-4 “国家分析”

卖家可以通过“生意参谋”模块中的“国家分析”选择特定国家的买家属性、汇率、温度、降水、节日和买家行为分析等相关信息，如图 3-5 所示。

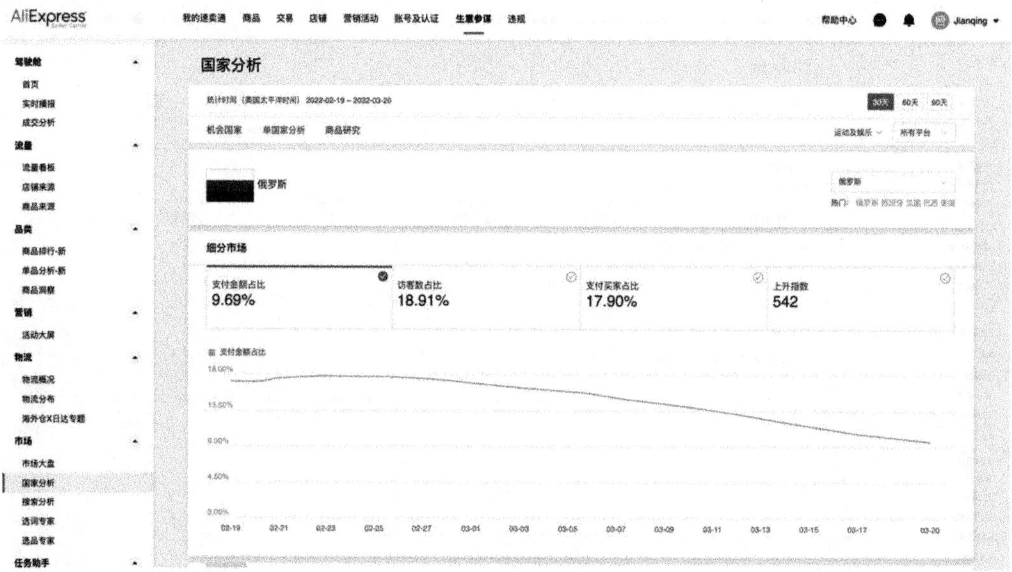

图 3-5　单国家分析

卖家还可以根据某细分市场进行商品研究，分析买家行为特征、网购偏好等信息，如图 3-6 所示。

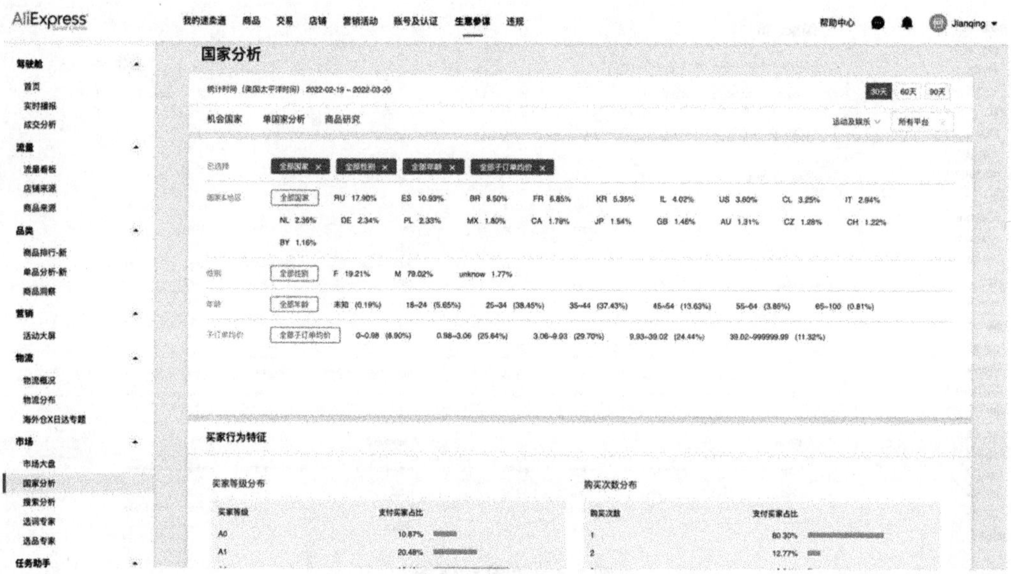

图 3-6　买家行为特征

此外，卖家还可以通过“生意参谋”进行热搜词分析。其中的热搜词榜单是制作商品标题的得力助手。由于标题是平台在客户进行搜索时对关键词的排序与匹配，优秀的商品标题可以极大地提升卖家的搜索指数、点击率和支付转化率，如图 3-7 所示。

图 3-7　热搜词分析

如果较多卖家采用雷同的热门关键词，那么该关键词的竞争度将被大大提高，被客户搜索到的概率反而会变小。因此，卖家应该更多地运用飙升词榜单数据来优化标题。在飙升词榜单中应该关注搜索指数飙升幅度、曝光商品数增长幅度及曝光卖家数增长幅度等指标，如图 3-8 所示。

图 3-8　飙升词分析

最后值得一提的是，以上所有提到的行业热搜词、飙升词等数据都可以下载并制作成 Excel 表格，卖家可以运用 Excel 表格更加直观地分析和对比各项数据。

（四）亚马逊数据分析选品

作为全球领先的电商平台，亚马逊也为卖家提供了一些很实用的数据分析工具，常见的有以下两种。

1. 亚马逊畅销排行榜

在亚马逊官方网站打开任何商品详情页，在商品信息（Product Information）中都会有一个畅销排行榜（Best Sellers Rank）选项，如图 3-9 所示。

Product information

Product Dimensions	5.87 x 2.68 x 0.55 inches
Item Weight	7.5 ounces
ASIN	B07QXV6N1B
Item model number	A1229
Batteries	1 Lithium Polymer batteries required. (included)
Customer Reviews	★★★★☆ ∨ 48,746 ratings 4.6 out of 5 stars
Best Sellers Rank	#10 in Cell Phones & Accessories (See Top 100 in Cell Phones & Accessories) #2 in Cell Phone Portable Power Banks #2 in Cell Phone Replacement Batteries
Date First Available	April 23, 2019
Manufacturer	Anker
Language	English

图 3-9　亚马逊的商品详情页

单击左侧"Best Sellers Rank"选项旁的"See Top 100 in Cell Phones & Accessories"就可以查看当前类目中最畅销的前 100 名商品，并可以切换成其他类目，如婴儿用品等，如图 3-10 所示。

卖家可以对商品详情页中所包含的信息，如商品类目、价格、标题、图片等进行分析与研究，结合自己的优势和短板，选择自己可以涉足的商品。

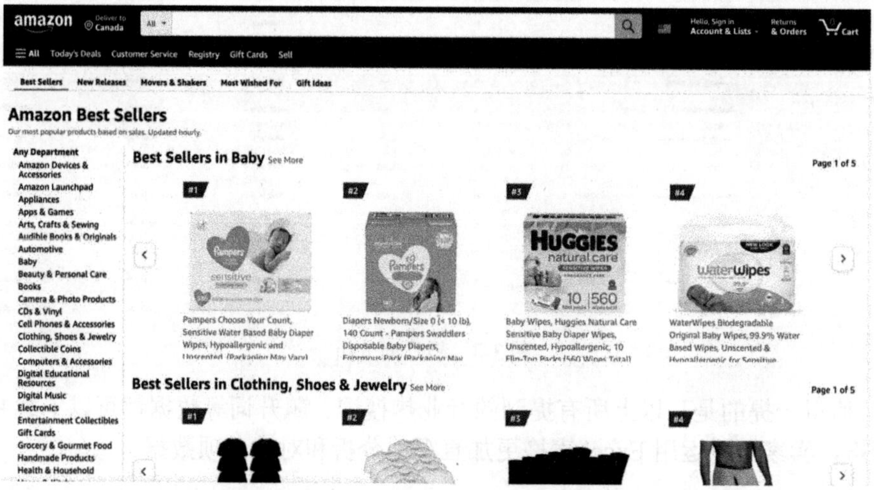

图 3-10　亚马逊畅销排行榜

2. 新品热卖排行榜、上升最快排行榜、心愿排行榜和礼物排行榜

除了亚马逊畅销排行榜，有的卖家可能会觉得销量排名前 100 中的商品面临非常激烈的市场竞争，某些现在正在热销的商品未必能够在未来的市场竞争中获得成功。因此，卖家除了关注最畅销的前 100 名商品，还可以关注新品热卖排行榜（New Releases）、上升最快排行榜（Amazon Movers & Shakers）及心愿排行榜（Most Wished For）等。

与亚马逊畅销排行榜相比，新品热卖排行榜展示的是亚马逊平台上的“新发布”商品，即上架时间较短，但排名上升速度较快的商品。与亚马逊畅销排行榜上竞争激烈、难以追赶的商品相比，这个排行榜中的商品对于卖家来说在一定程度上更有参考价值，如图 3-11 所示。

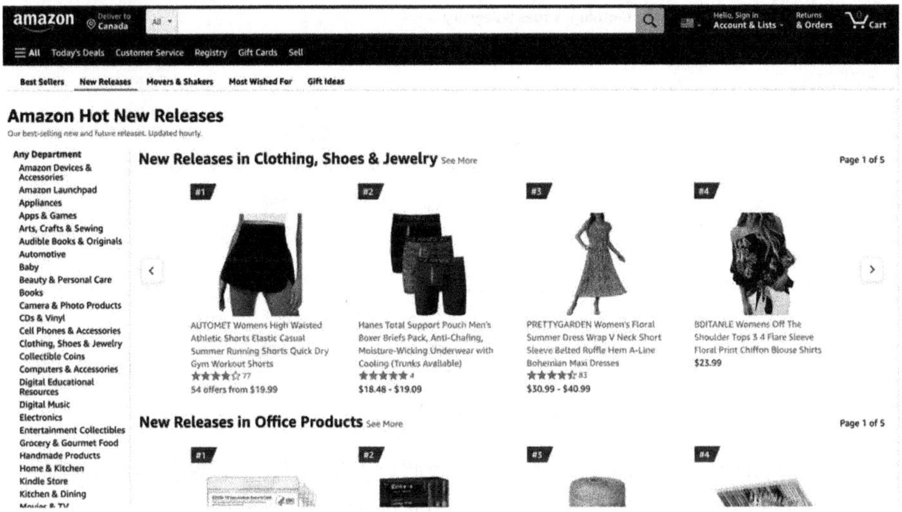

图 3-11　新品热卖排行榜

上升最快排行榜展示的是亚马逊平台上所有品类波动最显著的商品。在这个页面中，每个商品都有一个绿色或红色的箭头，表示商品人气上升或下降。根据箭头旁的数字，卖家可以发掘出一些具有较大销售潜力的商品，如图 3-12 所示。

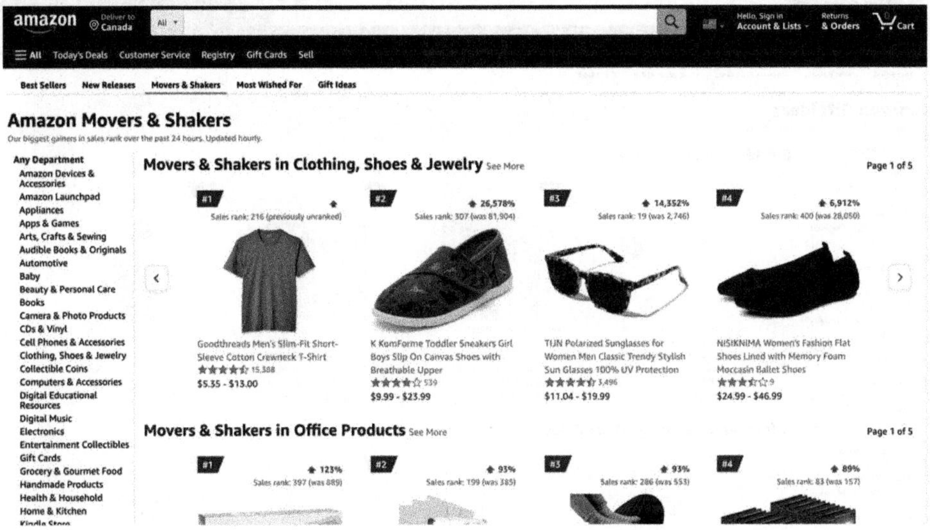

图 3-12　上升最快排行榜

心愿排行榜是亚马逊平台通过收集客户的访问数据形成的榜单。当客户将某款商品添加至心愿清单时，平台将会记录这一操作行为，当该商品发布折扣信息时，亚马逊平台会自动发送邮件提醒客户完成交易。如果卖家的商品被很多客户添加至心愿清单，就会被列入该排行榜，因此，该排行榜也是卖家选品的重要参考依据，如图 3-13 所示。

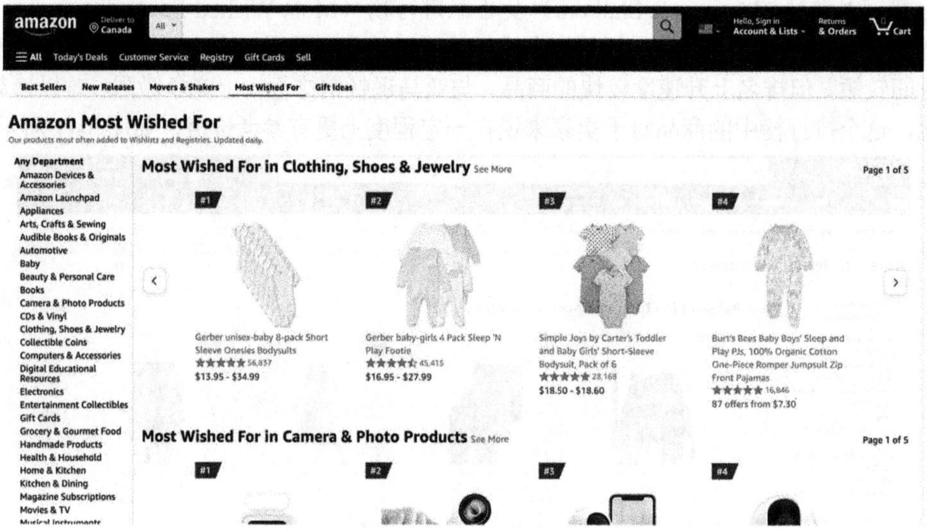

图 3-13　心愿排行榜

礼物排行榜（Amazon Gift Ideas）是亚马逊通过买家礼物选购数据得出的排行榜，这个排行榜中的所有商品都可以预购，然后在指定的时间内送货。因此，许多客户在给家人或朋友选择礼物时都会通过访问这个排行榜来寻找灵感。尤其是在电商旺季期间，排行榜中可作为礼品的商品的销量都会有较大幅度的增长。卖家可以通过这个排行榜来了解哪些商品作为礼物会比较受欢迎，哪些礼物可以组合销售，还可以在节日来临前更有针对性地进行备货，如图 3-14 所示。

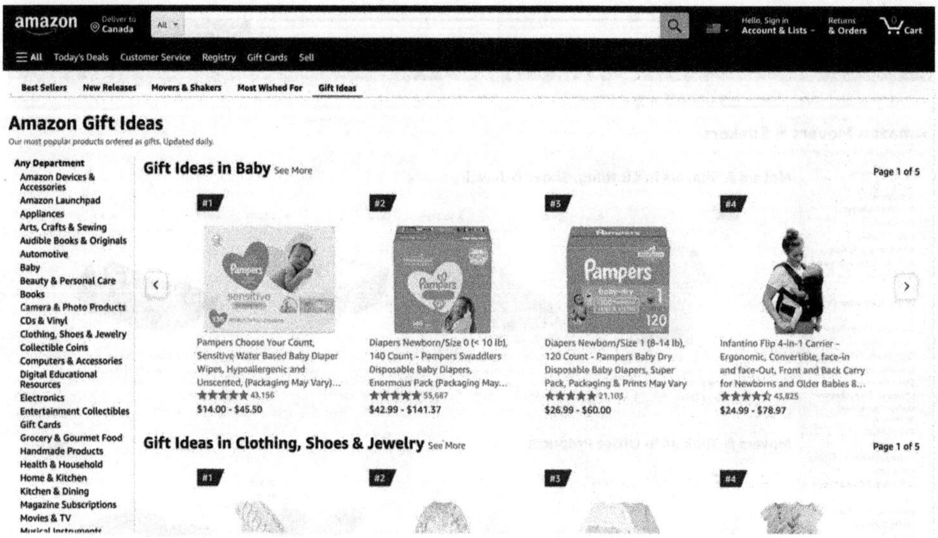

图 3-14　礼物排行榜

（五）阿里巴巴国际站站内选品

阿里巴巴国际站是一个帮助中小企业拓展国际贸易的出口营销推广服务的跨境电商平台。作为全球最大的 B2B 跨境电商平台，通过阿里巴巴国际站，买家可以寻找搜索卖家所发布的公司及商品信息，卖家可以寻找搜索买家的采购信息，如图 3-15 所示。

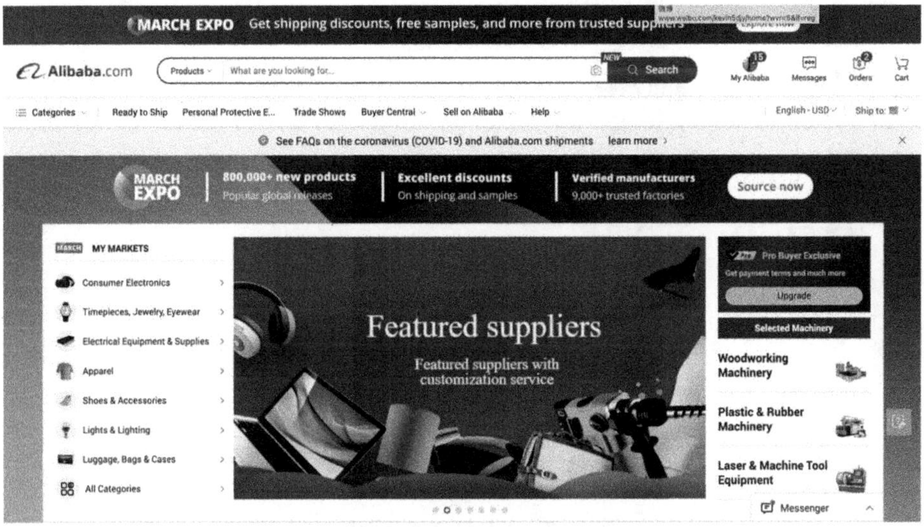

图 3-15　阿里巴巴国际站

阿里巴巴国际站站内如何选品？卖家可以通过选词参谋或关键词指数的热词榜功能，对全行业热门关键词进行搜索整理，把符合要求的词匹配对应的商品，最终通过权衡价格、销量、竞争度等来确定品类。阿里巴巴国际站卖家后台（见图 3-16）通常会提供一些选品工具。

图 3-16　阿里巴巴国际站后台

登录阿里巴巴国际站卖家后台后，我们可以看到左侧栏目中有一栏“商机&客户中心”，点开这个选项就可以看到“商机订阅及设置”。卖家可以订阅类目及关键词并选择推送方式，这样就可以随时看到最新的商品类目和关键词的变化情况，如图 3-17 所示。

图 3-17 “商机订阅及设置”

在左侧栏的数据分析中，我们可以借助“市场参谋”工具进行市场分析、商机分析、买家分析和卖家分析，如图 3-18 所示。

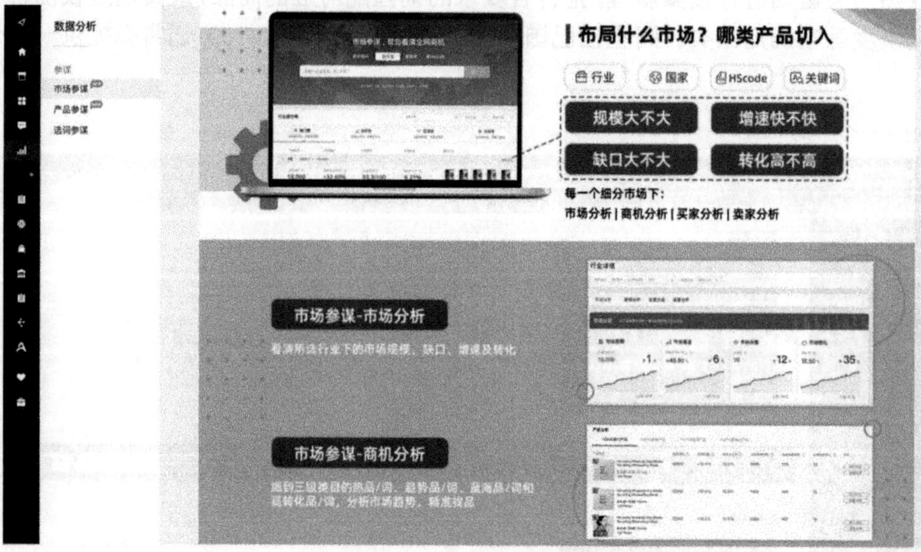

图 3-18 “市场参谋”

“市场参谋”的下方还有“产品参谋”工具，卖家可以运用该工具查看商品排行榜、了解全行业热品、加入对比，找出对标商品之间的差异来打造爆款，如图 3-19 所示。

图 3-19 “产品参谋”

在“产品参谋”的下方还有最实用的工具之一——“选词参谋”，如图 3-20 所示。卖家通过“选词参谋”可以了解不同买家的习惯，以此进行关键词调研。

图 3-20 选词参谋

此外，“报价请求（Request For Quotation，RFQ）市场”也是一个很不错的选品工具，卖家可以通过它直接分析市场中的买家需求，从而判断区域市场中的商品机会和竞争情况，如图 3-21 所示。

图 3-21 “RFQ 市场”

任务小结

通过对该任务的学习，大家应该认识到，跨境电商站内选品是一个综合考量多种因素的过程，包括市场需求、竞争对手、利润收益、商品生命周期等，所有因素之间都有一定关联性，需要综合考量。了解各项数据背后的含义，掌握平台的规则，才能做出最优的选品决策。

拓展练习

假设你是某品牌卫浴公司跨境电商部门的实习生，公司近年来一直在发展东南亚卫浴商品市场。为了其网上店铺的发展，请你对竞争对手的网上店铺和竞品进行有效分析，完成选品工作。

任务二 站外选品

任务背景

选品的主要目的是抓住客户需求。卖家可以浏览一些国外的社交媒体网站，观察一下网站上的新商品、新思路，以找到适合自己的商品销售思路。Facebook、Twitter、Instagram等平台上聚集了很多国外的买家。通过这些平台，卖家可以轻松掌握更多最新的潮流和资讯，获得好的选品思路。

任务实施

卖家除了可以在站内利用各种平台工具进行选品，还可以借助站外的其他网络平台、第三方选品工具，如 Google Trends、Alexa、MerchantWords 等，或者直接前往境外的销售地进行数据调研和分析，为选品工作提供更多、更有效的数据参考。

（一）站外的其他网络平台

卖家如果主要通过亚马逊平台销售商品，那么在进行站外选品时可以利用的非亚马逊平台主要分为 3 类：其他电商网站、海外社交媒体和众筹网站。

1．其他电商网站

以美国为例，可以参考 eBay 网站（见图 3-22）、Newegg 网站（见图 3-23）或其他大型零售商的网站。中国境内的跨境电商选品，可以选择阿里巴巴旗下的 1688 网站（见图 3-24）等。

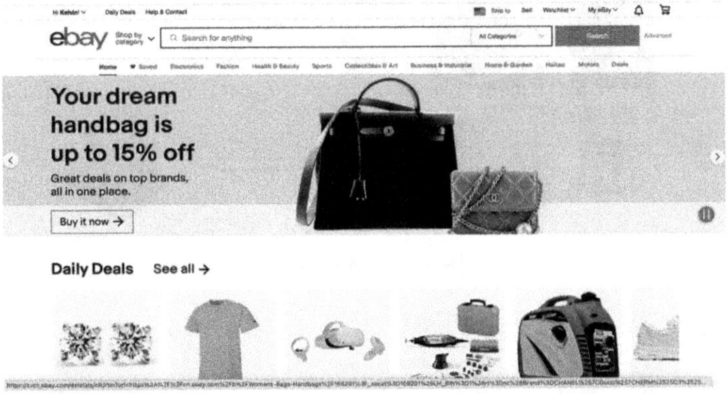

图 3-22　eBay 网站

图 3-23　Newegg 网站

图 3-24　1688 网站

2．海外社交媒体

例如，Meta 网站（见图 3-25）、Instagram 网站（见图 3-26）、Pinterest 网站（见图 3-27）等，这些社交媒体汇聚了真正的市场风口。卖家要积极关注海外社交媒体用户的习惯和兴趣，学会利用社交媒体上出现的热搜词，在所经营的跨境平台上进行选品。

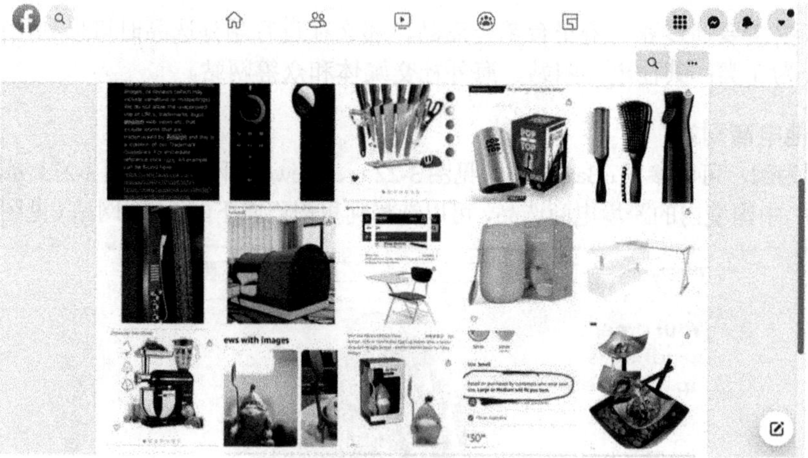

图 3-25　Meta 网站

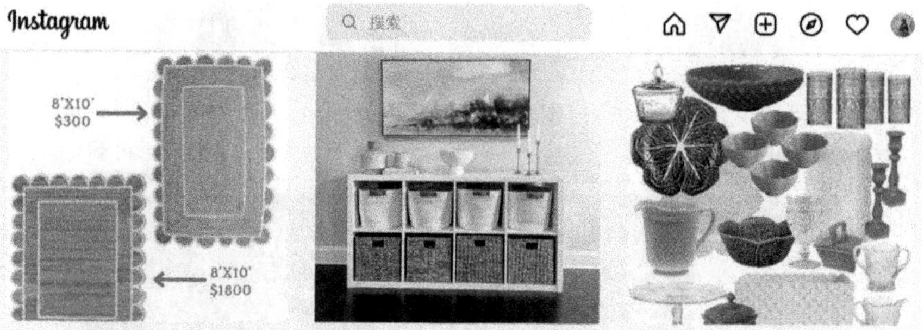

图 3-26　Instagram 网站

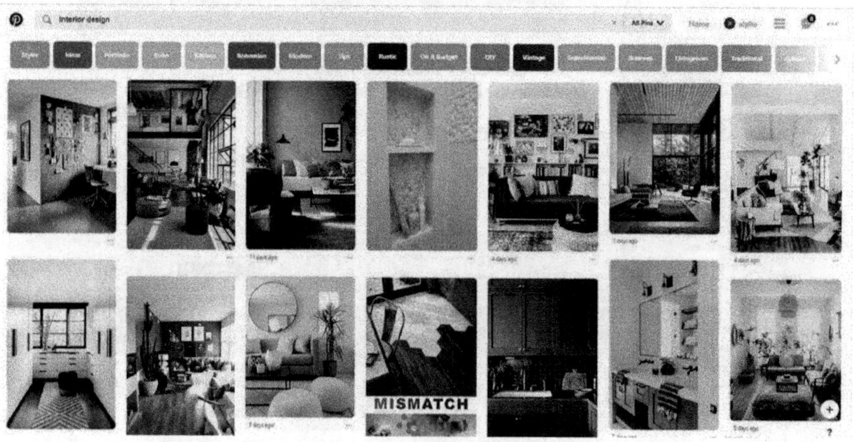

图 3-27　Pinterest 网站

3. 众筹网站

例如，Indiegogo 网站（见图 3-28）、Kickstarter 等。这类平台能够帮助卖家了解目前正在开发、可以解决多数人痛点的商品。众筹人数越多意味着市场需求越大。

图 3-28 Indiegogo 网站

（二）第三方选品工具

1. Google Trends

Google Trends 是一款主要被用来计算某个搜索词相对于其他搜索词的走势、提供相对的搜索量和地域信息、用以判断关键词在 Google 搜索中的趋势的工具，如图 3-29 所示。

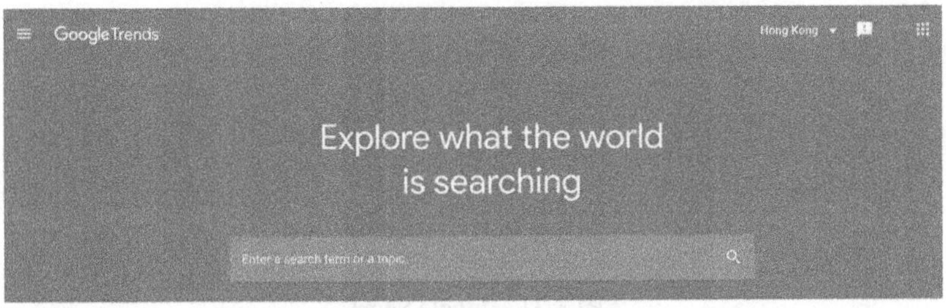

图 3-29 Google Trends

2. MerchantWords

MerchantWords（见图 3-30）是全球最大的亚马逊买家关键词数据库，包含超过 10 亿个全球亚马逊买家搜索使用的关键词。卖家可以通过 MerchantWords 提供的参考关键词发现新的商品机会，进行亚马逊搜索引擎优化（Search Engine Optimization，SEO），撰写标题、商品描述、可搜索关键词等，有效跟踪和检测竞争对手在搜索引擎上的关键词竞价。MerchantWords 提供的实时统计报告能为用户描述竞争对手每小时、每天、每周、每月的搜索引擎广告活动表现。

3. Jungle Scout

Jungle Scout（见图 3-31）覆盖了卖家选品、竞品跟踪、市场趋势分析、关键词搜索及反查、商品页面优化、站外引流、邮件营销、店铺利润分析、单击付费广告（Pay Per Click，PPC）优化、供应商搜索及管理等方面的解决方案。

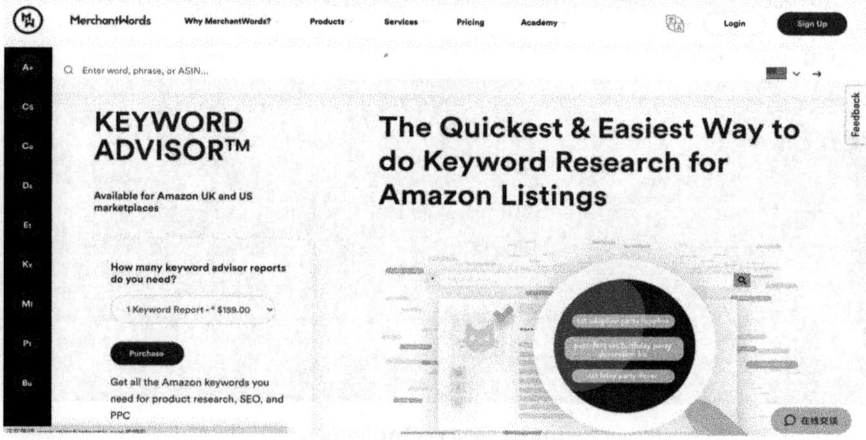

图 3-30　MerchantWords

图 3-31　Jungle Scout

在实际操作中，卖家可先通过 Google Trends 对某个品类的周期性特点进行分析和研究，然后借助 MerchantWords 发现该品类的搜索热度和品类热搜关键词，最后借助 Jungle Scout 对该品类中竞争对手的网站进行分析，作为对该商品分析和选择的参考。卖家通过综合运用多种分析工具，即可全面掌握商品品类选择的依据。

练一练

第三方工具的应用操作

下面以手机壳商品为例，详细介绍综合运用 Google Trends、MerchantWords 和 Jungle Scout 进行商品数据分析的方法。

首先，使用 Google Trends 分析商品销售的周期性特点。

登录 Google Trends，在搜索框中输入关键词“phone case”，单击“搜索”按钮，就可以看到手机壳这个商品过去 12 个月在全球范围内的搜索热度，如图 3-32 所示。通过搜索结果，我们可以看到 2021 年 11—12 月，手机壳的搜索量显著提升。而从国家地区方面来看，英国搜索热度最高，澳大利亚次之，美国第三，新西兰第四，新加坡第五。

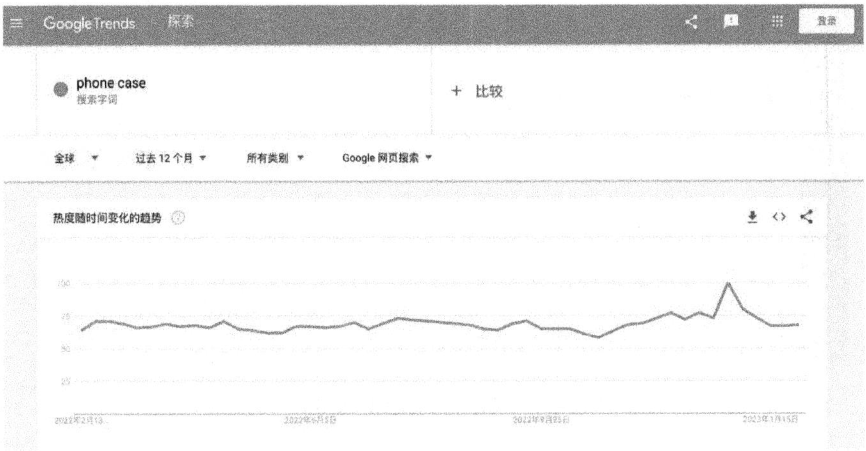

图 3-32　Google Trends 搜索结果（1）

其次，针对排名靠前的 5 个国家分别进行搜索。我们可以观察到市场容量最大的是美国。Google Trends 甚至可以让卖家精准地看到美国每个州的具体数据，从而让卖家能够有针对性地为特定区域提供商品或服务，如图 3-33 所示。

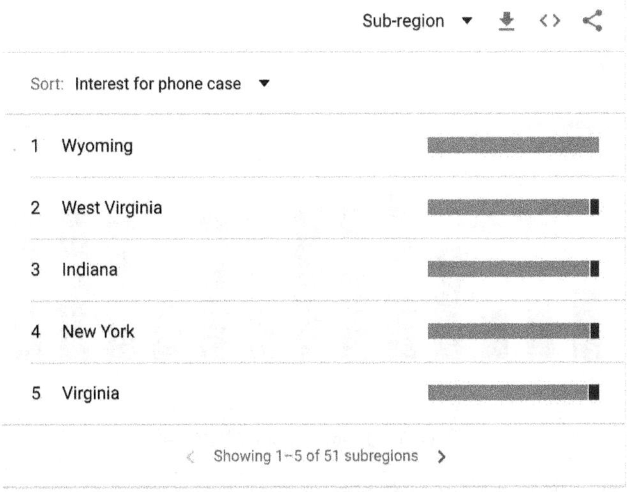

图 3-33　Google Trends 搜索结果（2）

再次，登录 MerchantWords，在搜索框中输入关键词“phone case”，单击“搜索”按钮，就可以精确地看到与手机壳相关的关键词每小时、每天、每周、每月在美国境内的搜索量和竞价情况，如图 3-34 所示。

在“相关查询”中，我们能看到除了查询的关键词，人们还会搜索其他相关关键词。例如，我们可以发现其他人还会搜索“数据线、移动电源”等。这不仅提供了一个绝佳机会，能挖掘更多种子关键词，包括那些卖家尚未想到的关键词，让卖家更好地了解潜在客户的需求及其搜索“旅程”，还可以进一步查找“相关查询”中的关键词，从中找出低竞争难度的关键词，这尤为重要。

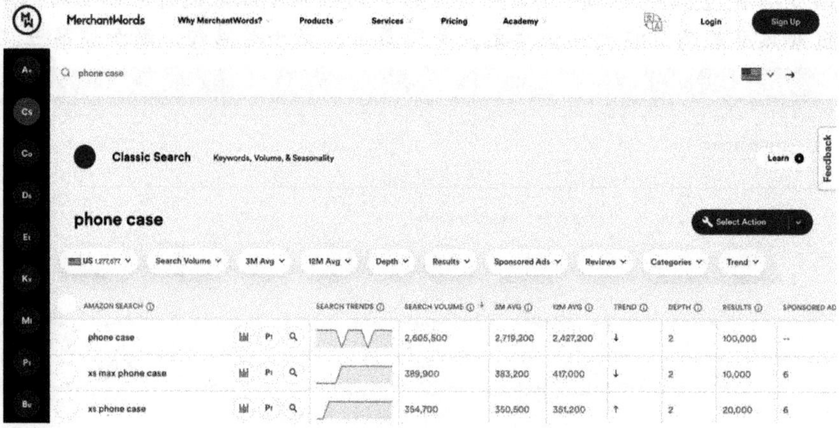

图 3-34　MerchantWords 搜索结果

最后，将同样的关键词输入 Jungle Scout 的搜索框，我们可以准确地看到同品类竞品跟踪、市场趋势分析、关键词搜索及反查等方面的信息，如图 3-35 所示。

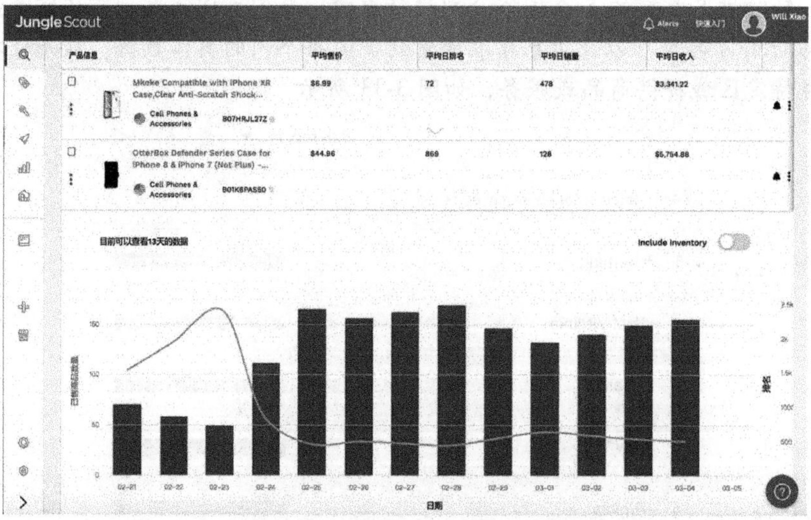

图 3-35　Jungle Scout 搜索结果

通过以上的步骤，我们就可以初步判断出手机壳这个商品的目标市场基本情况、市场趋势、商品关键词、预计搜索量、竞争对手竞价情况等，便于下一步的定款测试。

（三）实地考察

此外，卖家还可以前往目的地市场进行实地考察，通过第一手资料来了解当地的市场需求情况和竞争情况，甚至建立海外仓或海外运营中心。这样不仅有利于更好地缩短生产地和消费地的距离，提高送货时效性，还能更好地提供售前、售中、售后服务，极大地提高复购率。

任务小结

通过对该任务的学习，大家应该认识到，跨境电商选品除了参考跨境电商平台网站，站外的其他网络平台和第三方选品工具也是重要的参考渠道。卖家必须综合性地去考量站内、站外的因素，才能做出最优的选品决策。

拓展练习

假设你是某品牌卫浴公司跨境电商部门的实习生，公司近年来一直在发展东南亚卫浴商品市场。为了其网上店铺的发展，请你借助第三方选品工具和社交媒体进行选品调研，完成站外选品工作。

项目四　店铺开设及商品发布

◇ 学习目标 ◇

知识目标

1. 了解跨境电商主流平台注册要求。
2. 熟悉跨境电商主流平台注册流程。
3. 了解跨境电商主流平台店铺装修与设计的规则。
4. 熟悉跨境电商主流平台店铺装修与设计流程。
5. 了解跨境电商主流平台商品发布流程。
6. 了解跨境电商主流平台商品优化规则。

技能目标

1. 能够完成跨境电商主流平台卖家账户注册。
2. 能够完成跨境电商主流平台店铺装修与设计任务。
3. 能够灵活处理跨境电商店铺各页面之间的关系。
4. 能够在跨境电商主流平台上发布商品。
5. 能够对跨境电商主流平台店铺商品进行优化。

素质目标

1. 培养学生全球化视野。
2. 培养学生耐心细致的职业素养。
3. 培养学生的结构化思维。
4. 培养学生的系统思维。

【情景案例】 跨境电商：创新赋能“网”通全球

近年来，郑州航空港经济综合实验区综保区和口岸服务局集中力量、想方设法不断招引知名电商平台企业入区。目前，在航空港实验区备案或注册的电商企业已达856家，形成包括电商平台、仓储、物流、关务、结算企业等在内的较为完整的跨境电商产业链。

在进口电商平台中，天猫国际、淘宝全球购、京东国际、唯品国际等全国前十的企业均已入区开展业务。2021年，菜鸟、唯品会、京东三家企业业务量占全区进口业务量的84.5%；在出口电商中，阿里速卖通、eBay等出口企业也已实现常态化运营。在龙头企业的带动下，区内电商企业从零起步，如今一批本土电商综合服务企业异军突起，以新百福为代表的国际物流企业，以易通供应链、全速通为代表的仓储关务企业，以云速通、全速通为代表的仓储关务平台开发企业，以郑州品集供应链、外运发展为代表的跨境出口综合服务企业，为航空港经济综合实验区跨境电商业务的迅速发展带来强劲动力。

郑州航空港经济综合实验区根据跨境电商企业需求，借鉴先进经验不断开展监管模式、业务模式创新。在国内率先开展跨境包机业务，先后开通"郑州—吉隆坡"专线、"郑州—曼谷"专线，塑造出较为成熟的业务模式，受到当地商界和政府的欢迎。面对快速发展的网络直播经济，引入"抖音""快手"等直播平台入区开展业务，通过"保税仓+直播"的新营销模式，让在线购物者跟随网红主播直入保税仓、直面跨境商品，在消费者体验感不断提升的同时，提高保税仓内商品流转速度。

"买全球、卖全球"，随着郑州航空港经济综合实验区枢纽优势的不断彰显，以跨境电商为主要依托的网上"丝绸之路"已经成为河南对外开放的亮丽名片。

案例解析

一头连国际，一头连国内。利好政策更是频繁出台、数次扩围的跨境电商综合试验区在推进贸易高质量发展方面发挥了带动作用。跨境电商推动了国际贸易的去中间化，为中小微企业及个体参与国际贸易提供了渠道。近年来，全球电商渠道交易规模不断扩大，线上零售市场因其可视化、便捷化、多元化等优势在不断扩大规模，电商渗透率不断提升。

任务一　卖家账户注册

任务背景

近年来，跨境电商出口成为外贸产业中的"黑马"，异军突起。越来越多的外贸从业者和外向型制造工厂开始进入跨境电商行业。而对应的是，亚马逊、速卖通、Wish等跨境电商平台，该如何选择？虽然每个跨境电商平台都各有特点，也都有不少的成功卖家案例，因此，每个跨境电商卖家在选择运营平台时，都有必要结合自己的经验、偏好、资金和资源优势等要素，选择最适合的平台。

任务实施

（一）速卖通卖家账户注册

速卖通是中国最大的跨境出口B2C平台之一，同时也是在俄罗斯、西班牙排名第一的电商网站。速卖通是阿里巴巴集团旗下的电商平台，致力于服务全球中小创业者出海，快速连接全球超过 200 个国家和地区的消费者，为全球消费者带去一种崭新的生活方式。

1. 速卖通平台入驻要求

（1）卖家需拥有一个企业支付宝账号，通过企业支付宝账号在速卖通完成企业认证。

（2）卖家需拥有或代理一个品牌，根据品牌资质，可选择经营品牌官方店、专卖店或专营店。

（3）卖家需缴纳技术服务年费/保证金，各经营大类技术服务年费/保证金有所不同。经营到自然年年底，拥有良好的服务质量及不断壮大经营规模的优质店铺将有机会获得年费返还的奖励。

2. 速卖通注册操作流程

（1）打开速卖通官网卖家注册页面，如图 4-1 所示。

图 4-1　速卖通官网卖家注册页面

（2）单击“注册”，填写并完善注册资料后提交平台审核，如图 4-2 所示。

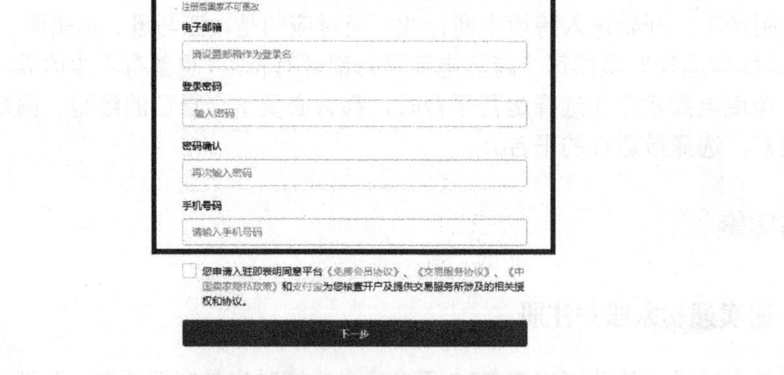

图 4-2　速卖通卖家注册信息填写页面

（3）账号实名认证。

卖家通过企业支付宝或企业法人支付宝授权进行账号验证，流程比较简单，按照平台提示去操作即可。

（4）申请经营大类，缴纳保证金。

注册成功之后，卖家需要根据自己选择的类目，缴纳相对应的速卖通入驻保证金 1 万元（只用于冻结，后续退出会退还）。

（二）亚马逊卖家账户注册

亚马逊平台的站点不同，卖家账户注册的流程可能也会不同，顺序会有所变化，但大概流程是一致的。新卖家在注册亚马逊账户前，需先按照要求准备好所有资料，然后再开始注册。

1. 亚马逊卖家账户注册准备

（1）营业执照（注：企业或个体工商户都可以，但不保证个体工商户营业执照能通过，注册成功率可能在 50%以下）。

（2）法人身份证。

（3）信用卡一张，需支持外币扣款（推荐使用维萨卡或万事达卡）。

（4）第三方收款账户（Payoneer、连连、Pingpong 等）。

（5）新手机号一个。

（6）注册用邮箱一个，推荐使用 Outlook 邮箱。

相关知识

在准备亚马逊平台注册资料的时候要注意以下 4 点。

① 以上除第四项之外必须是没有在亚马逊上使用过的。

② 注册过程不可逆。

③ 注册中填写的信息一般要求使用拼音，特别要求中文的除外。

④ 营业执照和身份证可以是扫描件或手机拍照，证件的 4 个角要露出来，保证清晰。

2. 亚马逊平台注册基本流程

（1）开始注册。

打开亚马逊官网，进入卖家注册页面，单击“成为亚马逊卖家”，如图 4-3 所示。

注册卖家账号

图 4-3　亚马逊官网卖家注册页面

（2）创建账户。

单击“创建您的 Amazon 账户”，录入申请者邮箱或手机号码，设置好登录密码，如图 4-4 所示。

完成注册信息填写，如图 4-5 所示。

图 4-4　亚马逊创建账户申请

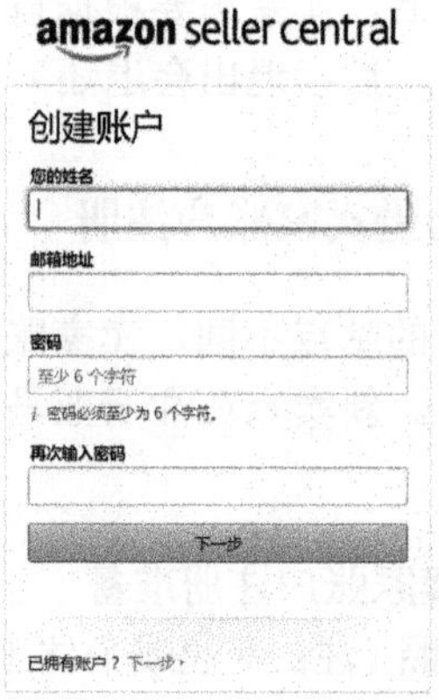

图 4-5　亚马逊创建账户信息录入

上一步填写的邮箱会收到验证码，输入验证码，完成邮箱验证，如图 4-6 所示。

单击“创建您的亚马逊账户”后，根据页面要求，设置公司所在地、业务类型和名称，公司名称应填写英语或拼音，如图 4-7 所示。

图 4-6　亚马逊邮箱验证

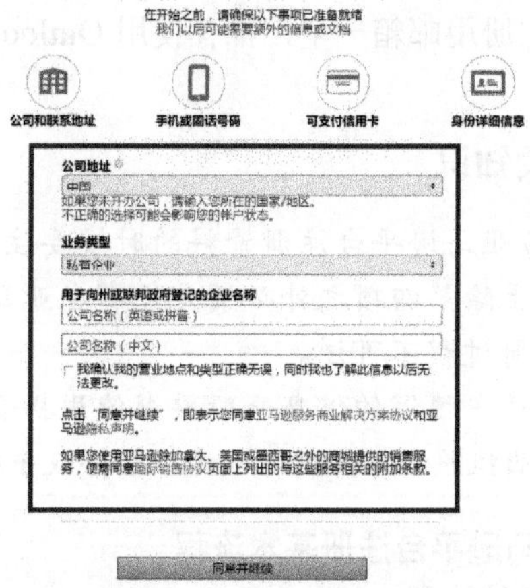

图 4-7　公司信息填写

接下来根据系统提示，填写公司信息及卖家个人信息。这里需要注意，公司地址要填写你能够收到快递的地址，可以是实际办公地址，因为后面亚马逊会邮寄一张包含验证码的明信片。

（3）填写第三方收款账户信息及信用卡信息。

在填写信用卡信息的时候要注意，信用卡可以不是法人的，即可以是其他人的信用卡，但“持卡人姓名”一栏必须填写法人姓名大写全拼，如图 4-8 所示。

（4）填写店铺信息及提交身份验证。

填写店铺信息主要是输入平台店铺名字，建议用英文填写。完成后按要求上传准备好的证件照片，并提交身份验证。这里的身份信息必须是法人的身份信息。

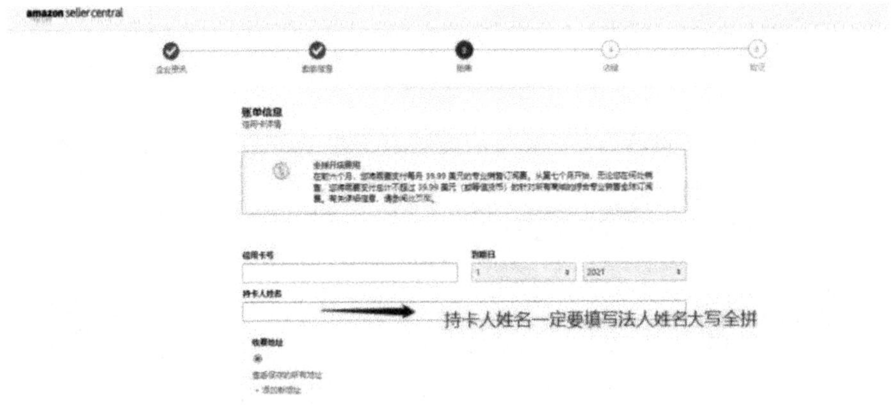

图 4-8 收款账户填写

（5）身份验证和地址验证。

这一步是注册流程的最后一步，有 2 种不同的情况。

① 只有地址验证。

亚马逊会邮寄一张明信片，里面有一个验证码，申请收到后在后台填写提交进行最终验证。

② 视频验证加地址验证。

在此情况下，亚马逊会先进行视频验证，然后再邮寄明信片。

需要注意，身份验证中如果提示证件照片不符合要求，可以重新扫描或拍照上传，但只有 3 次重新上传的机会。

上述过程都进行完毕，就可以等待注册结果，一般 3 个工作日内就会有邮件通知。

（三）阿里巴巴国际站卖家账户注册

1. 阿里巴巴国际站卖家注册注意事项

运营阿里巴巴国际站店铺涉及的费用较高，申请者需要提前了解清楚，费用大体上可以分为直接费用和间接费用 2 种。

（1）直接费用。

① 会员费：出口通为 29 800 元/年。金品诚企为 80 000 元/年。

② 广告费：基础广告为 80×30×12≈30 000 元/年。高阶广告如顶展、明星展位等，少则几千元，多则十几万元。

③ 手续费：信保交易手续费及服务费、TT 或 PayPal 收款手续费、提现手续费、一达通服务费。

④ 物流费：交给货代、物流公司的费用。

（2）间接费用。

① 人力成本：工资、提成、奖金、社保等。

② 办公成本：办公室租赁费、办公装修费、物业管理费、水电费、卫生费、消防设备费、计算机费、打印机费、网络费、电话费、办公桌椅费、空调费等。

2. 阿里巴巴国际站卖家注册流程

（1）登录卖家注册页面。

打开阿里巴巴国际站官网卖家注册页面，单击“我要开店”，如图 4-9 所示。

图 4-9 阿里巴巴国际站官网卖家注册页面

（2）联系客户经理。

填写准确的信息后，会有专门的客户经理联系开通账号，如图 4-10 所示。

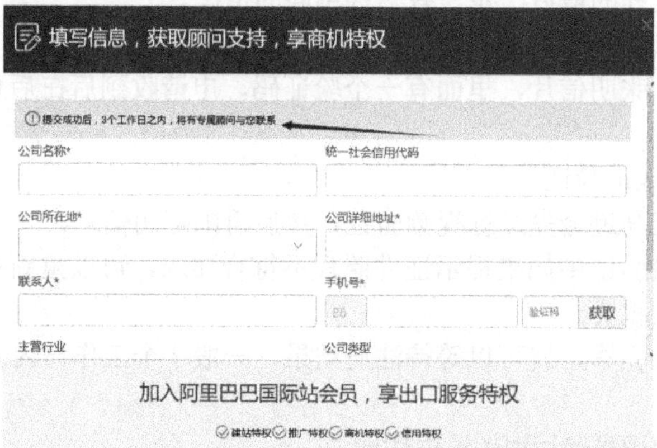

图 4-10 阿里巴巴国际站卖家注册信息填写

（3）登录卖家后台。

前往阿里巴巴国际站卖家后台（My Alibaba），查看新手指引，单击“正式开始”，如图 4-11 所示。

图 4-11 阿里巴巴国际站卖家后台

（4）完成各项准备工作。

查看并完成“全店扫描 • 新手引导”，如图 4-12 所示，参考页面说明，完成实地认证、公司信息审核和发布商品 3 个开店必做事项。

实地认证与公司信息审核需要一定时间，可查看“说明”一栏，了解当前进展。信息提交后，审核时间约为 1 个工作日。开通前发布一定数量的商品，有利于正式开店后快速启动运营、获取商机。申请者在开通前至少需发布 1 个商品，最多可发布 24 个商品。

图 4-12 “全店扫描 • 新手引导”

（5）选择开通日期。

完成所有开店必做事项后，可以设置出口通服务开通时间，如图 4-13 所示。选择日期并单击“确定”按钮，即可完成设置。如果未看到按钮也不用担心，系统刷新数据需要 1～2 小时，耐心等待即可。

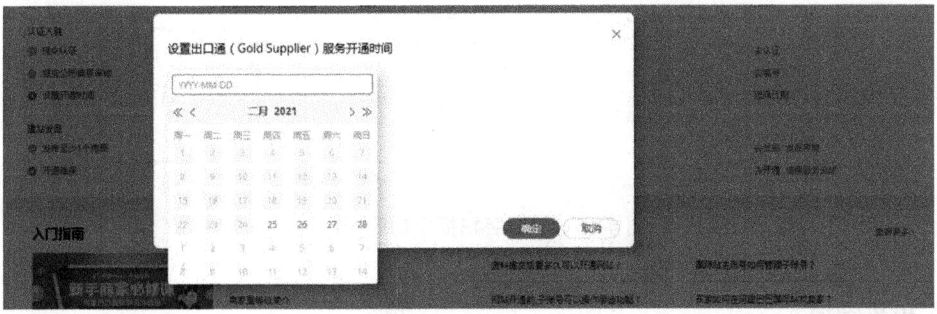

图 4-13 设置出口通服务开通时间

（6）店铺运营准备。

除了开店必做事项，还可以完成如开通信保、通过风险防控考试等事项，做好充足的店铺运营准备，如图 4-14 所示。

开通后，可完成新手通关、开启全店扫描，实时发现权益机会、诊断店铺风险，如图 4-15 所示。

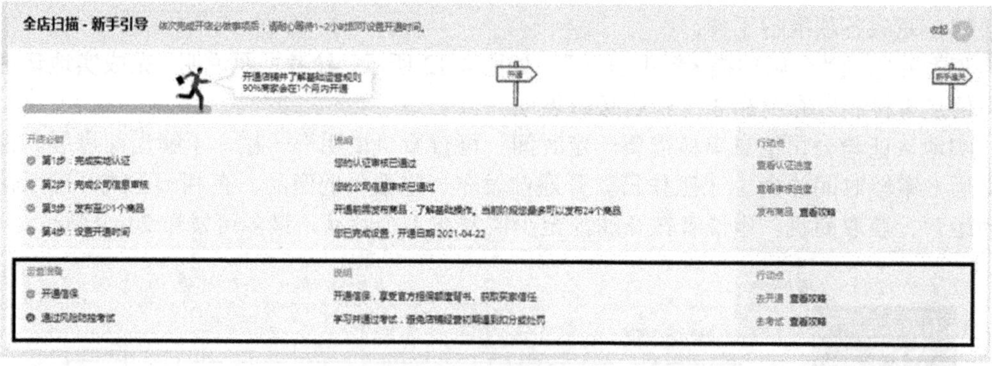

图 4-14　运营准备

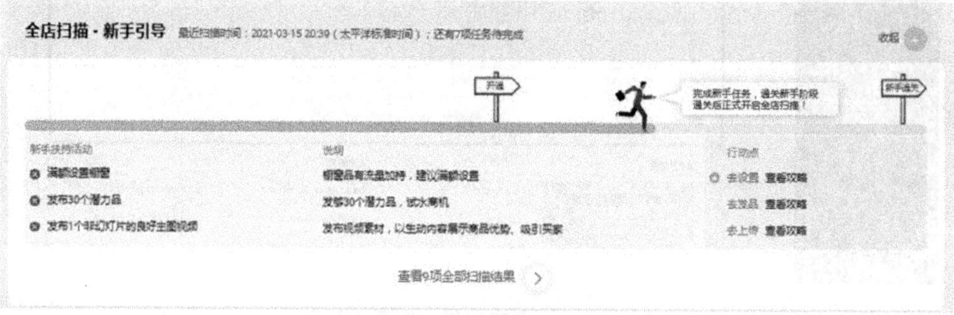

图 4-15　全店扫描结果

完成新手引导阶段的全部任务，即可开启“全店扫描”功能，如图 4-16 所示。卖家每日单击扫描可查看风险、权益和成长建议，助力高效运营。

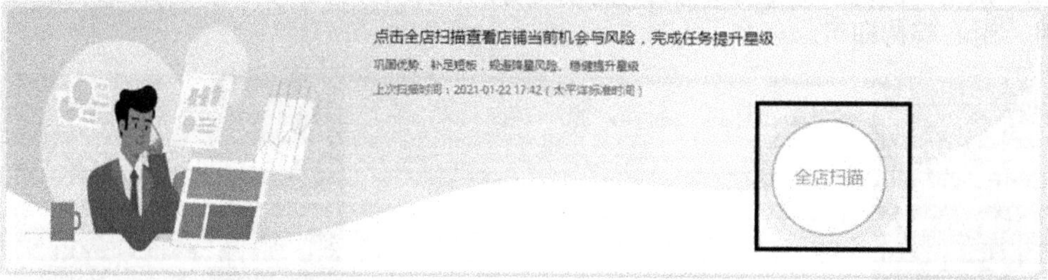

图 4-16　“全店扫描”功能开启页

相关知识

国际站注册小窍门

（1）经营模式：尽量选工厂和贸易公司。

（2）主营类目及主营业务：主营类目即所在行业，只能选一个。主营业务即所在行业的热词，要符合买家和行业搜索习惯。

任务小结

通过对该任务的学习，大家能够系统地了解跨境电商店铺的开设，具备国际化、全球化视野。

拓展练习

在速卖通、亚马逊、国际站模拟实训平台上完成。

任务二　店铺装修与设计

任务背景

顾客进入一家店铺，最终是否会购买店铺的商品，受到描述的专业性、可信度及服务保障等很多因素的影响，例如，宝贝主图、首页装修、描述的专业性、描述的可信度、服务保障、质量保证、宝贝参数、使用情况、优惠政策、客服态度等。观察这些影响购买的因素，会发现其中大部分都需要依靠店铺装修来实现，由此可见，店铺装修在店铺运营过程中十分重要。

任务实施

（一）速卖通店铺装修与设计

速卖通店铺是卖家自主经营的重要阵地。卖家拥有店铺后可以自由设置商铺展示的样式和内容，吸引更多的流量、提升客单价和买家转化率。

1. 进入速卖通店铺后台

进入速卖通后台，单击“进入装修”，如图 4-17 所示。

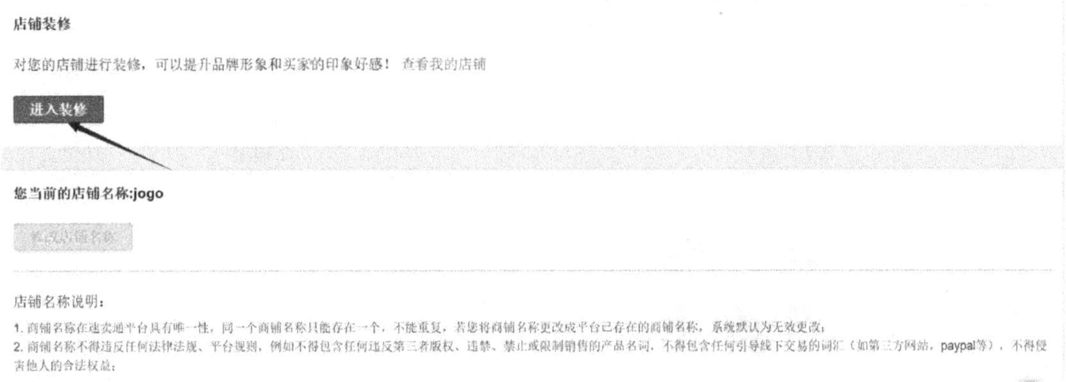

图 4-17　店铺装修

2. PC 端店铺页面装修

进入装修界面后，有两种模式，选择 PC 端页面进行装修，如图 4-18 所示。

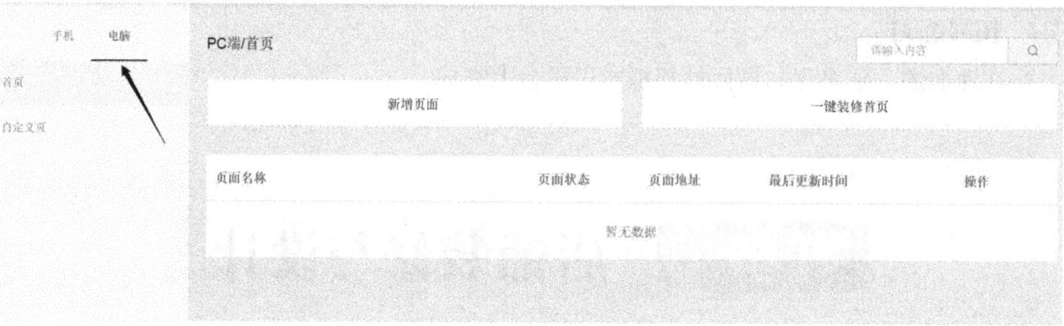

图 4-18　PC 端店铺装修

3. 新增页面

输入页面名称，长度不能超过 45 个字符，如图 4-19 所示。

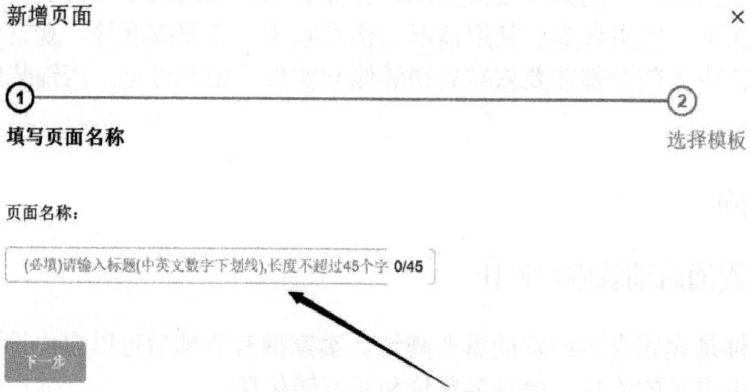

图 4-19　新增店铺页

勾选“默认”选项，如图 4-20 所示。

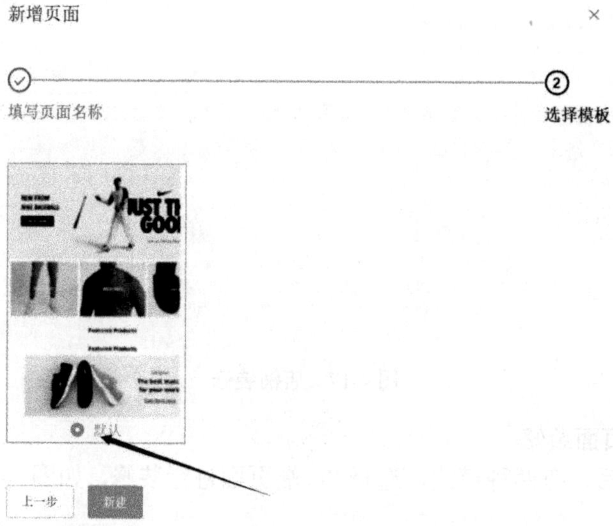

图 4-20　默认操作

提交后返回店铺装修界面，如图 4-21 所示。

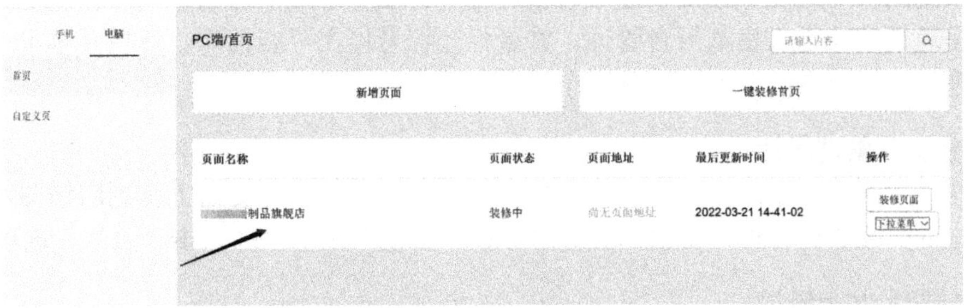

图 4-21　查看店铺装修页面

单击进入店铺首页装修，把准备好的店铺招牌及店铺导航图片上传保存后发布即可，如图 4-22 所示。

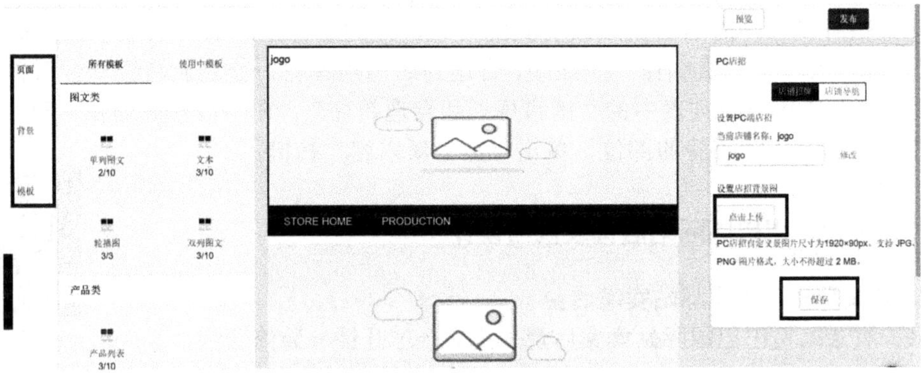

图 4-22　店铺首页装修

（二）亚马逊店铺装修与设计

亚马逊店铺装修不需要达到什么条件，卖家开通店铺后就可以对店铺进行装修。商家首先要对店铺有基本样式的构思；其次准备店铺的招牌和宣传图片，最后就是布置模块等，如图 4-23 所示。

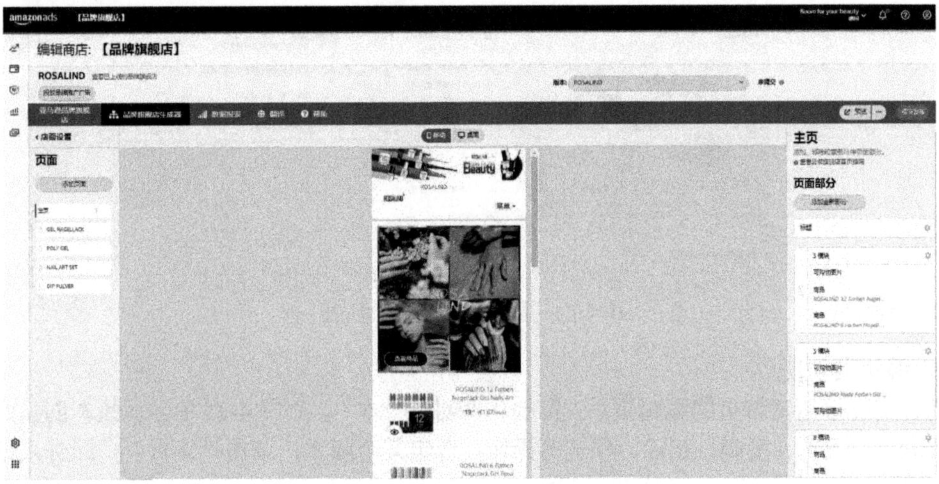

图 4-23　亚马逊店铺装修

1. 确定网页布局

有效的网页布局能够正确引导顾客在店铺中开展更合理的访问，当然也就提升了关键商品的呈现概率。进入卖家后台管理，将鼠标光标悬停在“店铺”菜单栏并单击“销售规划和合理布局”选项，即可进行网页布局。

2. 提交和管理图片

亚马逊店铺中展现的图片，如店铺招牌、营销页面等都需提前上传到店铺图片管理方法中。进到卖家后台管理，将鼠标光标悬停在“店铺”菜单栏并单击“照片”选项。

3. 给照片加上链接

在店铺装修的全过程中为照片的某一区域加上链接，偏向相对应的品类或品类目录页面。

4. 制作店铺招牌

店铺招牌是顾客进店后第一眼看到的内容，好的店铺招牌对吸引顾客乃至促进购买都十分关键。那么，怎么制作一个显眼、合理的店铺招牌呢？登录亚马逊平台后台管理，单击“店铺”按键下拉列表中的“销售规划和合理布局”。在“销售规划和合理布局”页面顶部必须加上店铺招牌的部位，单击“加上新内容”按键。

（三）阿里巴巴国际站店铺装修与设计

阿里巴巴国际站店铺装修

1. 登录阿里巴巴国际站卖家后台

账户登录阿里巴巴国际站卖家后台→我的全球旺铺→装修旺铺，如图 4-24 所示。

图 4-24　阿里巴巴国际站店铺

2. 编辑器功能

进入 Home 店铺首页的编辑页后，需要先“创建版本”，如图 4-25 所示。版本创建好后，可进行编辑、设置、复制、删除、预览等操作；选定某个版本，单击“编辑”，即进入该版本的编辑器。

图 4-25　Home 店铺首页

进入编辑器页面，如图 4-26 所示。

图 4-26　编辑器页面

编辑器页面左侧为模块区，有页面背景、店铺分类、公司介绍、产品推荐、营销 5 个模块。中间为展示区，点开模块区，拖动即可添加模块到中间的展示区，在中间的展示区单击需要编辑的模块，就可以看到右侧该模块的编辑区，进行模块编辑。仅部分模块不支持编辑，编辑完成后发布页面即可，如图 4-27 所示。

图 4-27　发布页面

任务小结

通过对该任务的学习，大家能够系统地了解跨境电商店铺装修与设计，具备国际化、全球化视野。

拓展练习

在速卖通、亚马逊、国际站模拟实训平台上完成店铺装修与设计。按照附录申请实训平台免费账号，登录实训平台进行操作。

任务三 商品发布与优化

任务背景

《“十四五”外贸高质量发展规划》（以下简称《规划》）指出，要引导行业规范发展。在“十四五”期间，政府各部门将引导平台有序竞争，查处滥用市场地位限制交易等违法行为，加大对销售假冒伪劣商品、侵犯知识产权、虚假宣传、价格欺诈、泄露隐私等行为的打击力度，营造良性竞争的平台经济发展环境；针对“二选一”“大数据杀熟”等热点问题，在跨境电商平台商品发布与优化工作过程中要注意《规划》中提到的问题，给予用户正确的引导，营造良好的购物体验。

任务实施

（一）速卖通店铺商品发布与优化

速卖通平台商品发布在商品管理菜单下面，需要提前准备好商品资料，根据系统提示完成商品信息发布，操作流程如下。

速卖通商品发布

1. 速卖通商品发布操作流程

（1）在商品管理页面单击“发布商品”，如图 4-28 所示。

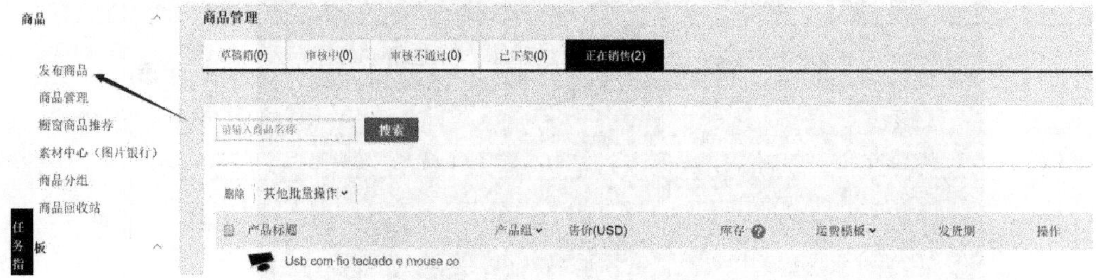

图 4-28　速卖通商品管理页面

（2）选择类目。

卖家在选择类目页面选择合适的商品发布类目。类目选择方式有：①在类目列表手动选择；②输入类目名称/拼音首字母搜索；③输入英文商品关键词，如 mp3；④从最近使用的 10 个类目中根据自身实际情况进行选择，如图 4-29 所示。

图 4-29　速卖通商品类目选择页面

（3）产品基本属性设置。

在产品基本属性页面设置产品的各项属性，如图 4-30 所示。填写信息时可随时单击“保存”。已保存的该条产品信息可以在“产品管理”→“草稿箱”中查看、编辑、删除。

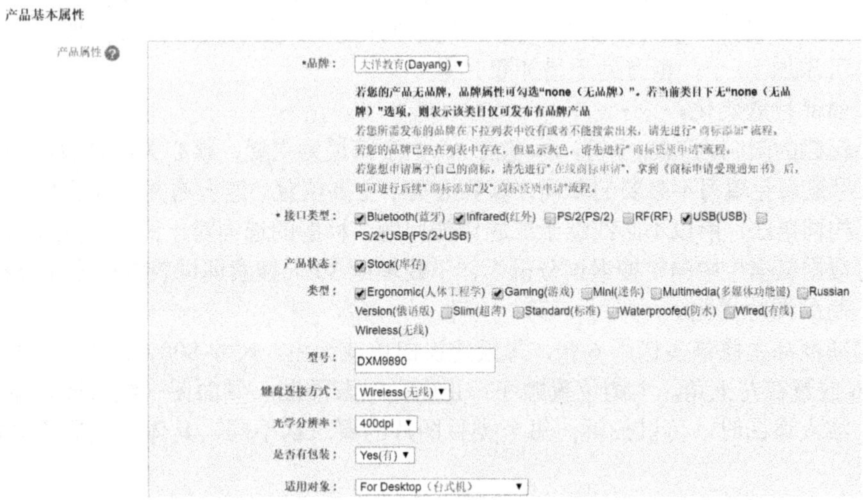

图 4-30　速卖通产品基本属性页面

（4）提交审核。

信息全部填写完毕可操作“提交”，如图 4-31 所示。需要注意的是，若单击“提交”时有任何必填属性未填写，页面左侧会显示红色“必填项不能为空”提示列表，每个未填写的必填属性下方也会有红色“必填项不能为空”的提示。单击某条提示即可定位到对应版块。

图 4-31　提交审核页

提交成功后会进入审核。商品通常会在 1～3 个工作日完成审核，高峰期会延迟。

2. 速卖通商品优化策略

（1）商品属性优化。

系统相关性会影响搜索排名。发布商品时需要注意系统属性与商品属性的匹配相关性。不同的类目，就会有不同的商品属性，属性填写率尽量为 100%，有助于增加曝光量。需要注意的是，商品属性必须与所发布的商品正确对应。除系统属性外，可以加入自定义的属性，最多可添加 10 个，也有助于增加曝光量。

（2）商品标题优化。

商品标题的限制为 128 字符，标题前 36 个字符最为主要，核心关键词放前面，流量词放后面，尽量避免填写不必要的单词，以免浪费了主要位置。速卖通并不像亚马逊、eBay 等平台注重构词语法，所以不必纠结于标题语法问题。标题的选词对于商品曝光非常重要，同样通过“数据纵横”中的“搜索词分析”，下载最近 30 天搜索词词表进行排序分析选词。

（3）商品图片优化。

速卖通商品主图最多选用 6 张，背景建议白色或纯色，尺寸 800×800dpi，无边框无水印，Logo 放置在左上角。主图位置顺序：正面图—背面图—侧面图—细节图，建议保留原图备份，被人盗图时，可以投诉；每个类目图片的要求都不同，具体可以参照速卖通后台要求。

（4）商品描述优化。

商品描述即商品的详情页，一般包含商品功能属性、商品细节图片、售后服务、物流时效等内容。建议简洁易懂，30 秒内吸引客户，图片在 6 张最佳，不要超过 15 张，宽度在 750dpi 最好，图片过多会导致在手机端打开商品详情页时速度过慢，影响体验。

（5）运费模板。

在速卖通后台建立模板时，可以根据不同商品区分，如包邮、不包邮或减免部分运费；还可以根据商品质量或体积区分，如重货或抛货。

（6）关联营销。

如果要做关联营销，建议对于转化率高的商品，将关联营销商品放后面；对于转化率低的商品，将关联营销商品放前面。

（二）亚马逊店铺商品发布与优化

卖家要遵守亚马逊的销售政策，不得上传涉嫌侵权、假冒伪劣的商品，上架前需要预先审核。上传商品时，对于卖家自建列表，亚马逊提供两种上传方式：单个上传和批量上传。下面以单个上传为例，介绍操作步骤。

1. 亚马逊店铺商品发布流程

（1）登录亚马逊后台→选择库存→添加新商品→创建新商品信息，如图 4-32 所示。

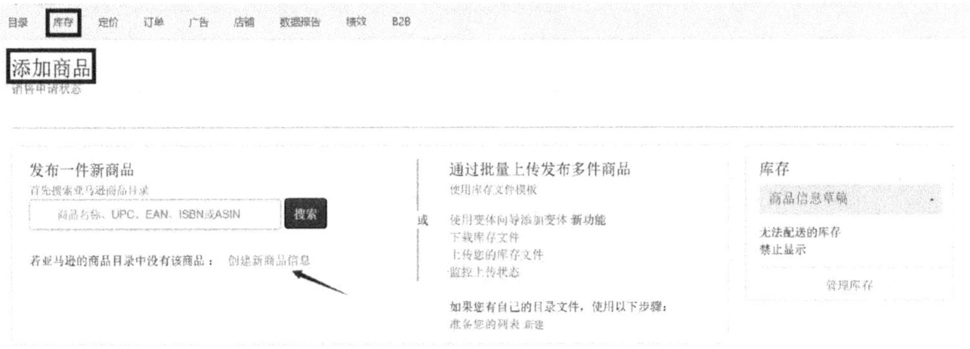

图 4-32　亚马逊添加商品页

（2）选择需要上架的商品类目。

根据实际情况，选择对应的商品类目，选择“家居和园艺”类目，如图 4-33 所示。

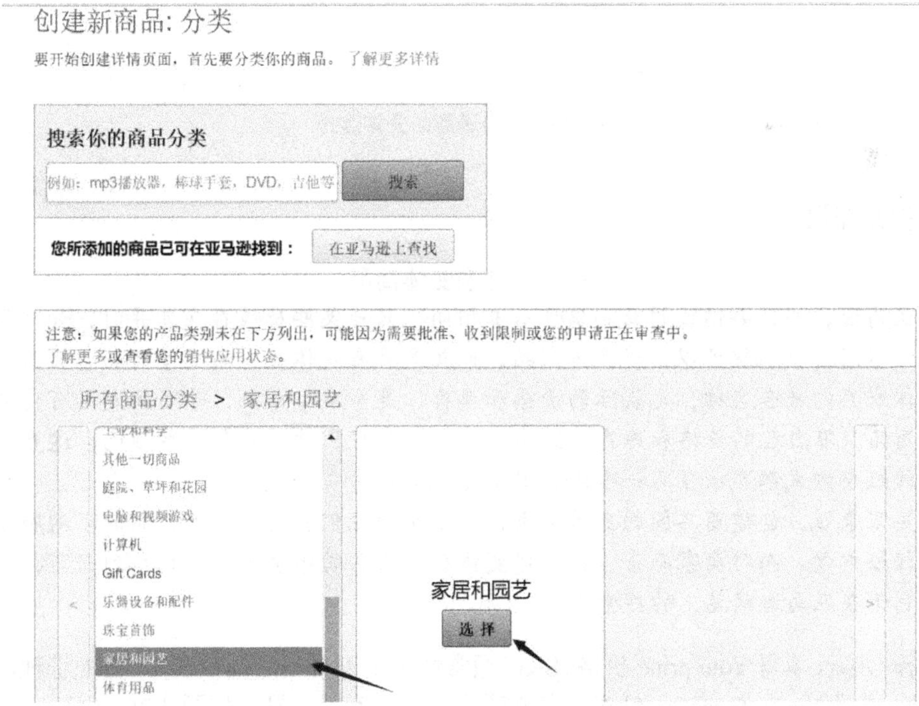

图 4-33　亚马逊商品分类

（3）填写商品基本信息。

选择 Vital Info→Product ID，选择商品统一代码（Universal Product Code，UPC）。填写好商品标题（Product Name）、品牌名（Brand）等信息，如图 4-34 所示。

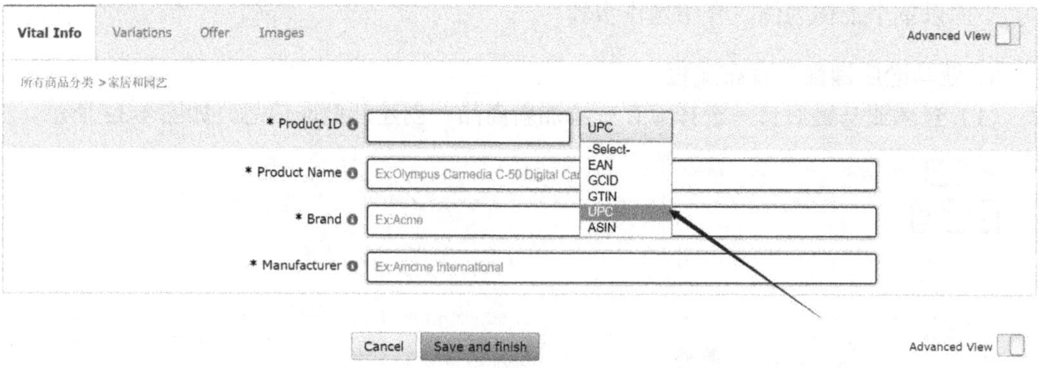

图 4-34　亚马逊店铺基本信息填写

选择 Variations，可以选择的变体为尺寸、颜色或它们的组合，如图 4-35 所示。

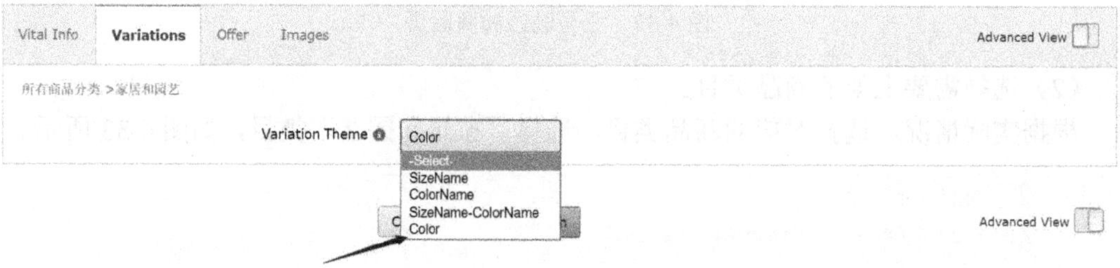

图 4-35　亚马逊商品变体选择

相关知识

关于亚马逊变体商品

在亚马逊，如果要销售的商品属性基本相同，只是某些属性存在差异时，如商品的颜色、尺寸不同，我们就可以创建变体商品，也就是具有变体关系的父子商品。父商品是一系列变体商品的集合名称，无实际的价格和库存，是个虚拟商品，子商品是具有变体特性的实际商品，有自己的价格和库存。例如：同款衬衫有 3 种尺寸和两种颜色，这 6 种尺寸和颜色的组合方式都显示在同一个商品镶嵌页面上。

对买家来说，创建商品间的父子关系，可以帮助他们找到所查看商品的不同版本，购买体验轻松方便。而对卖家而言，在创建变体后子商品的销量会统一记录到父商品当中，这会有利于在亚马逊网站上的搜索排名。

选择 Offer，填写 Your price 价格。SKU 通常情况下以自己店铺命名好，方便管理库存。Condition 选择 New，Quantity 针对自发货商品，填写库存数量，如图 4-36 所示。

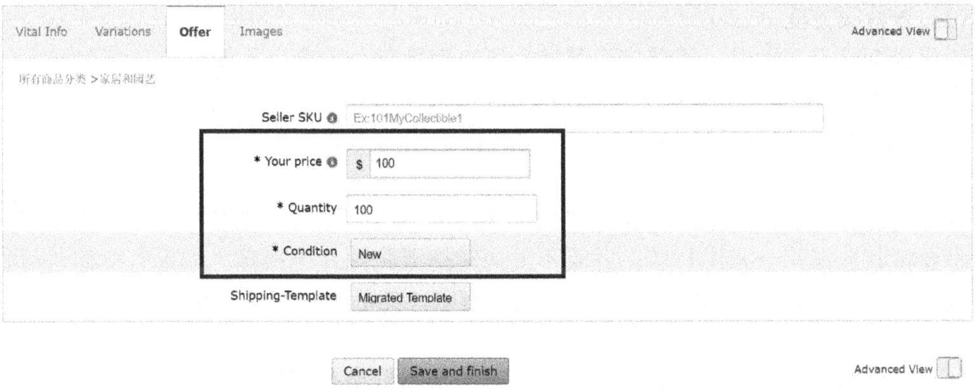

图 4-36　亚马逊商品库存信息填写

完成以上内容填写后，选择 image，添加商品图片，完成后就可以提交，如图 4-37 所示。

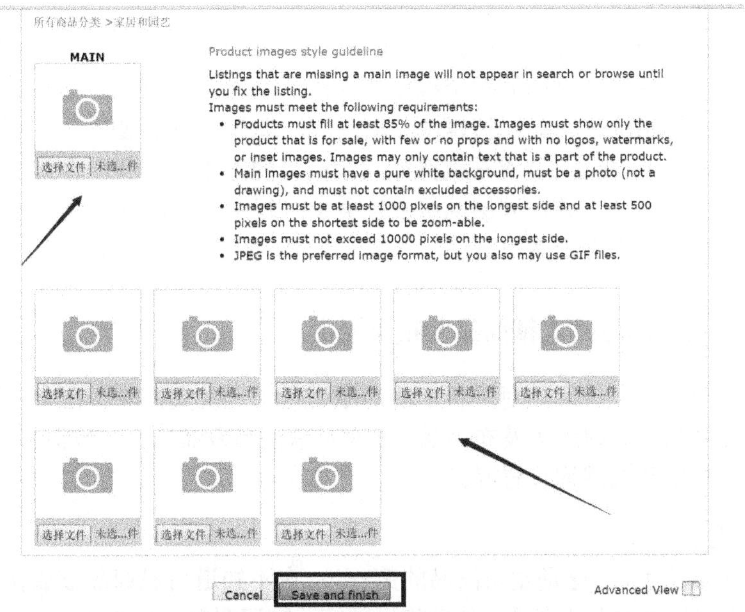

图 4-37　亚马逊商品图片上传界面

2. 亚马逊商品优化

在优化商品时，必须根据后台数据的反馈考虑“优先级和紧迫性”，然后逐步进行一些小调整。不要以“我认为”的自我态度进行优化，如果你突然有一个想法，随意调整商品列表（listing），那就不能称为优化。对于亚马逊商品进行优化需要注意以下 5 点。

（1）标题方面。

最好在上架前就考虑好标题，后期不要经常更改标题，也不要堆积关键词，并要有正确的语法逻辑；在其他搜索平台上，一定数量重复关键词和短语非常适合排名，但是在 Amazon 平台上，你无须在商品列表中堆积过多的关键词。很多亚马逊新手卖家在首次创建商品标题时会犯一个错误，就是商品标题由各种关键词组成，而且不合逻辑，这样就会使消费者对商品感到困惑，不清楚到底卖的是什么，因此商品标题必须连贯且易于阅读。

（2）详情页方面。

优化详细信息页面时，不要完全替换，可以替换部分内容，不要超过三分之一。

在每次优化详细信息页面时，最好将市场需求趋势与平均点击消耗（Cost Per Click，CPC）分析的关键词数据评估结合起来，以替换少量的“属性词”。

（3）商品图片方面。

优化商品主图时，如果不能保证“替换图”的点击率高于“被替换图”的点击率，则最好不要将其放在第一张图片中，并且不要同时把五张图片更换掉。如果有变体，可以在销售欠佳的变体上先进行 AB 测试，如果测试有效，然后再去爆款上更改图片。

（4）商品价格方面。

商品的促销价格不要经常更改，可以先参考市场价格范围的百分比，然后评估当前订单上升和下降的稳定性。将 3～5 天划分为小优化期，高于或低于 30%，权重都会丢失。价格不要一天内多次修改，且波动不得超过 40%。如果一定要低价促销，可以使用优惠券或折扣来进行人工干预。价格较低的商品，更改价格后，一定要去前台查看是否过低，是否被亚马逊加入“ADD ON ITEM”标签中，如果是，应继续调整价格。

（5）其他方面。

切勿更改类别及上架已经确定好的属性词。在上架时，必须具有完整的操作思路。然后，再将思路贯穿商品详情页面的每个维度，这样后期优化的难度会降低一半以上。标题中的关键词排序、原始价格、类别和属性、主图等，都需要在上架时考虑完整。

当商品上架时，Amazon A9 算法就开始收录商品的基本信息和即将累积的权重值，从中判断其是否为优质商品，并在同层同级的竞争中进行考核。因此，频繁地优化商品各项维度，平台会多次审查“是否偷换商品”“重新计算优化尺寸的权重”等。

（三）阿里巴巴国际站店铺商品发布与优化

为了迎合客户需求，国际站对平台上的商品进行了一次大扫除。在大扫除之后，卖家不需要像之前一样铺天盖地地去发布商品，而是每款商品发布 3～5 个即可，这里就需要卖家把每个商品的标题和关键词设置好。

1. 全方位覆盖关键词

先要选择正确的类目，这是发布商品的第一步。在不知道自己商品该放在哪个类目时，可以参考同行自然排名前五的商品，然后将标题的关键词覆盖。公式为：

营销短语+属性词（1～2 个）+词干/核心关键词+for 应用场景

例如，High Quality 20W 12V Led Underwater Light for Swimming Pool

以上标题，介词前为核心关键词，并且热度越高的属性词越靠近核心关键词。通常情况下，关键词设置有以下 3 种。

（1）营销词 + 核心关键词：High Quality Underwater Light。

（2）属性词 + 核心关键词：12V Led Underwater Light。

（3）营销词/重要属性词+核心关键词近义词/变体：led RGB underwater lamp。

2. 商品属性优化

商品属性包含固定属性和自定义属性。所有属性都应填完，且不重复，不冲突，如图 4-38 所示。商品属性也有排序，同样的商品，不同卖家展示的属性排序不同。

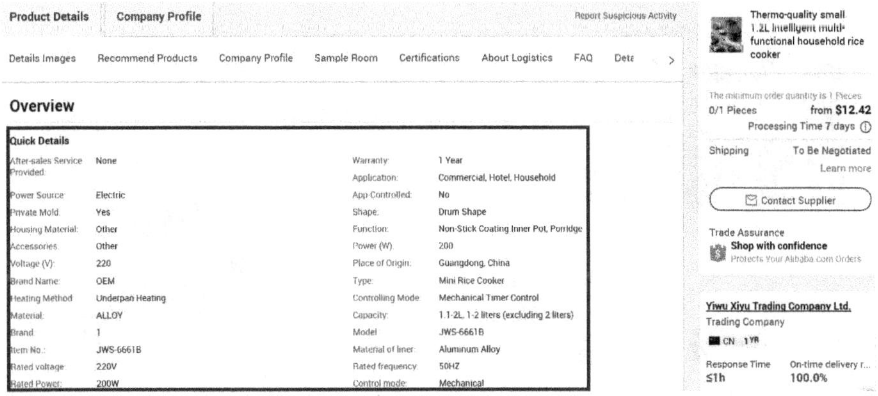

图 4-38 国际站商品属性优化

商品标题比较简短时，要把客户关心的，能补充商品标题的属性放在最前面，这样也能提高店铺商品的点击率，如图 4-39 所示。

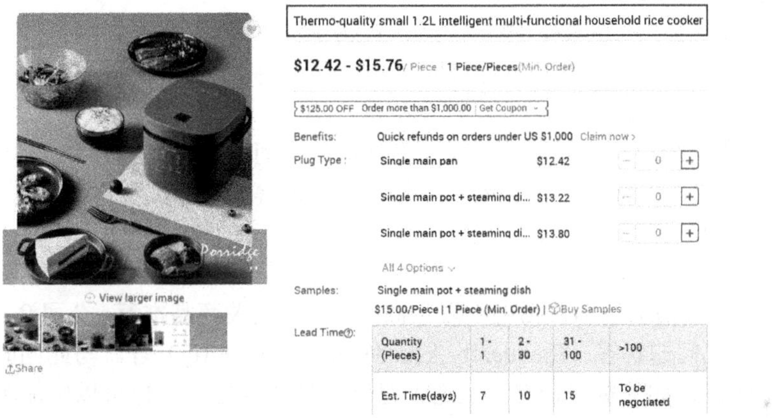

图 4-39 国际站商品标题

3. 交易信息优化

交易信息需要注意价格的填写。关于定价，有以下 3 种方法。

（1）BOM 定价：商品价格 ＝ 物料清单（Bill of Material，BOM）价格×（1＋ 毛利考核）。

（2）基于竞品定价：对比友商相似定位的商品，根据对比情况来调整定价。

（3）价格陪衬：当确定主价格和价格区间时，适当引入一些低单价或高单价的商品，可以衬托出主力商品的合理性。

最后，就国际站规则而言，价格跨度不要太大，定价跨度太大会被系统判定为价格不合理，从而沦为低质商品。

4. 商品详情页优化

众所周知，商品详情页的好坏影响商品的反馈率。详情页的优劣对比如图 4-40 所示。

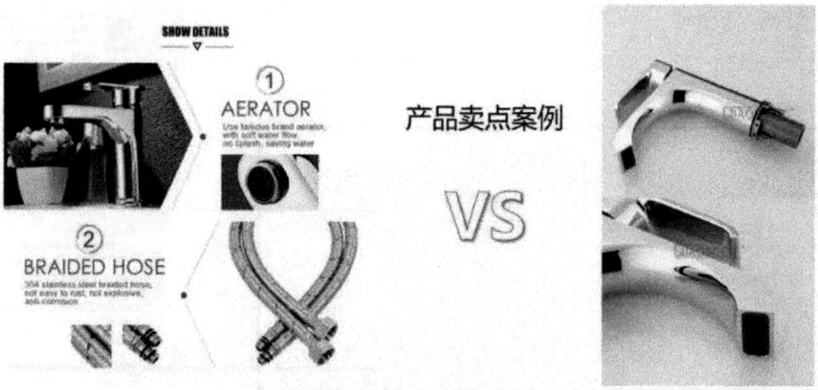

图 4-40 国际站商品详情页对比

上图中左侧相比于右侧更容易让人接受，设计优于右侧。优秀的详情页一般具备以下 3 个特征。

（1）文本信息整理。

① 固有属性：功能参数、技术特点、普遍特征等。

② 个性信息：款式、颜色、设计、卖点、优势等。

（2）图片信息整理。

① 商品通用图片：应用领域、证书、展厅、车间、办公室图片等。

② 商品个性细节图片：特征图片、颜色、用途等。

（3）相关商品推荐。

添加相关商品展示，并能跳转到对应商品详情页。

综上所述，详情页基本包括但不限于商品展示、相关商品推荐、公司介绍、展会证书、包装物流、常见问题解答（Frequently Asked Questions，FAQ）等。与此同时，可以在详情页增加优惠信息，如免费代金券、发送询盘立马领取等方式。也可以增加跳转链接，吸引客户询盘。

5. 商品视频优化

（1）主图视频。

主图视频时长不得超过 45 秒，大小不超过 100MB，展示位置在商品首图第一张，示例商品视频时长 39 秒，如图 4-41 所示。

建议主图视频只拍商品。应多角度展示商品，如商品使用介绍、商品实物结构拆分等。每个视频最多能绑定 20 个商品，如果平台商品多，则可以多拍一些。

（2）详情页视频。

详情视频时长不得超过 10 分钟，大小不超过 500MB，展示位置在商品详情描述的上方。

详情页视频更多的是展示公司实力，可以从样品室、展会、办公室、设计人员工作情况、生产车间、发货装车等角度去拍摄。结合公司自身优势，突出重点。

总之，按照平台规则拍摄的视频，商品信息质量分能提升 0.1 分；如果商品本身已经 4.9 分，再添加视频则不影响商品评分，但是能影响商品的转化率。有视频的商品点击率和反馈率会高于没有视频的商品。

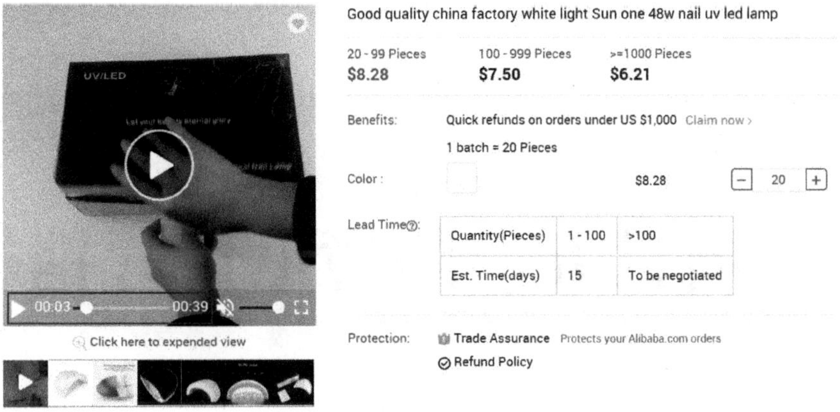

图 4-41　国际站商品视频

相关知识

关于“发布商品”的不同称谓

发布商品是电商平台最为重要的环节，在不同的平台称呼也不太一样。在天猫、淘宝平台发布商品叫上架宝贝；在独立站发布商品叫优化商品；在国际站发布商品叫发布优质商品；在亚马逊发布商品叫编辑商品列表。

任务小结

通过对该任务的学习，大家能够从系统化的角度去进行跨境电商店铺开设，具备国际化、全球化视野。

拓展练习

在速卖通、亚马逊模拟实训平台上完成店铺商品发布与优化。按附录申请的实训平台免费账号，登录实训平台进行操作。

项目五　跨境电商营销推广

◇ 学习目标 ◇

知识目标

1. 了解店铺各种营销推广活动和商品推广的展示位置。
2. 掌握直通车推广的展示位置。
3. 了解站外营销的作用。

技能目标

1. 能够掌握店铺营销工具的设置方法。
2. 能够掌握直通车推广的设置方法。
3. 能够掌握站外营销推广引流技巧。

素质目标

1. 培养跨境电商人才营销推广岗位需求。
2. 培养学生具备良好的营销理论知识与实操技能。

【情景案例】 用诚信留下买家好印象

在校学生团队在运营速卖通店铺中进行了一次营销推广活动。在营销活动尚未终止的情况下，该团队发放了 100 个 10 美元的优惠券。第二天，接到 65 个订单，但是惊讶地发现，每个订单的金额只有零点几美元。65 个订单总额也只有 50 多美元，该店铺经营的是连衣裙，这个结果显然是不正常的。

经过团队的分析，发现优惠券是针对几十美元的连衣裙发放，但是定价在十几美元的 T 恤也可以把折扣和优惠券同时使用，这就造成这些十几美元的 T 恤打完折后不足 1 美元的情况，作为消费者，当然不会放过这个机会，造就了这 65 个订单。

当时，学生团队面临亏损，这对于团队的打击无疑是巨大的，但是他们选择的是面对，将这些订单造成的损失一一承担，也得到了买家一致的好评，从他们与买家交流的过程得到了买家良好的反馈，其中一位买家回复道：你们这次活动一定有很大的损失，但是你们真实地发货了，是诚实的卖家。

案例解析

在跨境电商 B2C 平台营销推广中，越来越多的平台开始重视买家的反馈和体验感，主要有两方面的原因。

一方面是买家是平台的用户，卖家是平台的供应商，以速卖通平台为例，现在基本趋于数据化运营与管理，买家在速卖通平台上采购什么，偏好什么，速卖通平台可以通过这些行为动向采集买家的数据。而为了留住这些买家，速卖通平台通过对采集的数据进行整理分析，从而关注并提高买家的体验度。

另一方面是流量增长较为平缓，用户规模触达网民规模天花板，广告渠道越来越多，价格却越来越贵。随着速卖通平台越来越成熟，新用户流量达到饱和，行业进入存量时代，各大跨境电商企业为对已有用户的维护与竞争采取不同的流量广告投放，使得广告商通过抬高价格决定流量池的分布。

任务一　跨境电商店铺营销活动

任务背景

学生团队在学校运营速卖通店铺时，发现近段时间店铺日访客量较少，导致店铺商品转化率较低。学生主动找老师指导，老师发现店铺商品数量达标，但一直没有参加各种站内外营销推广活动。老师告诉学生，做好店铺上架商品只是运营店铺的基本内容，要适当给店铺做营销活动。只有这样，店铺才能取得更高的收益。

速卖通店铺的销量实际上与进入店铺的流量有很大关系，速卖通流量源于商品自然排名，店铺要想获得更多订单，只有不断优化营销推广效果，如店铺流量、访客量、商品等方面的内容，同时店铺的自然排名也会提升。平台营销活动和店铺营销活动也是获取流量的重要来源，如图 5-1 所示。

图 5-1　营销活动

任务实施

（一）单品折扣

单品折扣是指单品级优惠后的价格（商品详情页价格），是用于店铺自主营销的最核心的方法。

单品的打折减价、促销价等信息将在搜索页面、详情页面、购物车等买家路径中展示，这样可以提高买家购买转化，快速出单。在店铺中，有折扣的商品必然比无折扣的商品更有优势，转化率更高。

1. 单品折扣设置的注意事项（以速卖通平台为例）

（1）设置名称：活动名称最长不超过 32 个字符，只供查看，不展示在买家端。

（2）设置时间：活动起止时间为美国太平洋时间。

注意：活动设置的时间开始后，活动即时生效（如在设置过程中到了活动展示时间，则设置完成后活动立即开始）。

（3）设置时长：最长支持设置 180 天的活动，且取消每月活动时长、次数的限制。

（4）生效时间：设置后即时生效。

注意：同一个商品只能参与同个时间段内一场单品折扣活动，可同时参加同个时间段的平台活动，平台活动等级优先于单品折扣，因此平台活动折扣生效。

2. “单品折扣”设置的操作步骤

步骤 1：登录速卖通后台，然后单击“营销活动”中“店铺活动”，选择“单品折扣”，然后单击“创建”，完成“单品折扣优惠”的创建，如图 5-2 所示。

步骤 2：单击“创建活动”，然后编辑活动基本信息（活动名称、活动起止时间等），如图 5-3 所示。

步骤 3：编辑活动基本信息完成后，单击“活动优惠信息设置”，可筛选全部已选商品和未设置优惠商品，此时可以通过输入商品 ID 进行搜索，如图 5-4 所示。

然后可以批量设置折扣、批量设置限购、批量删除，如图 5-5 所示。注意在“批量设置”的操作中，默认所有商品 SKU 都参加活动。

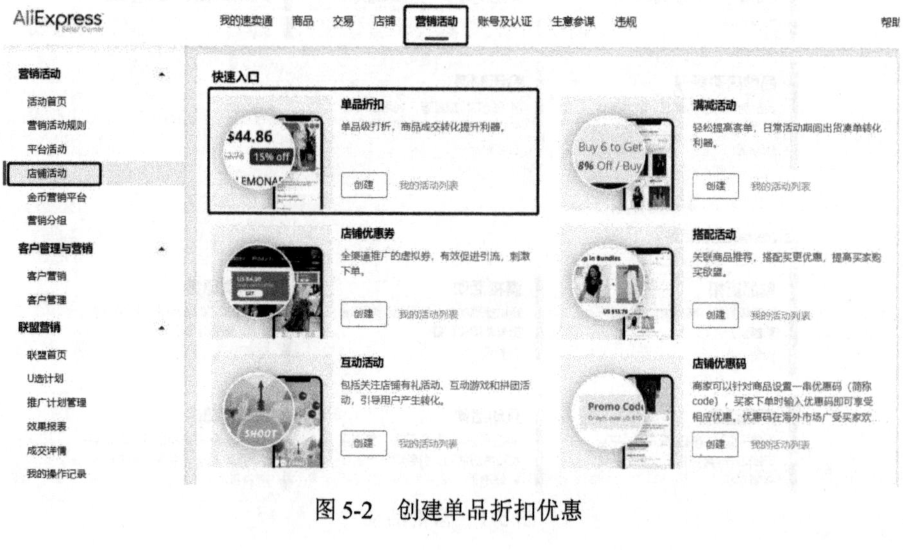

图 5-2　创建单品折扣优惠

图 5-3　编辑活动基本信息

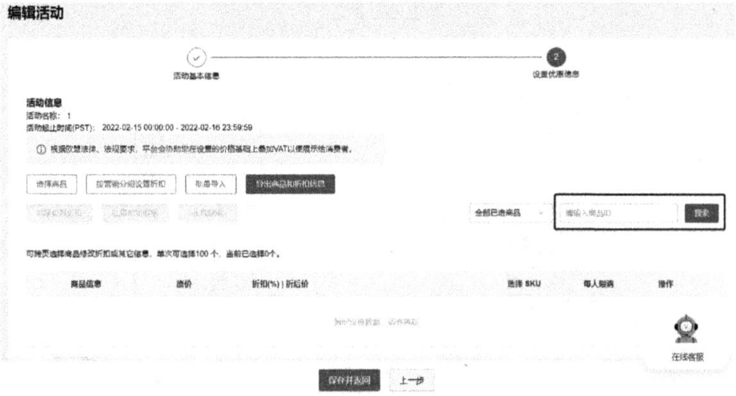

图 5-4　活动优惠信息设置

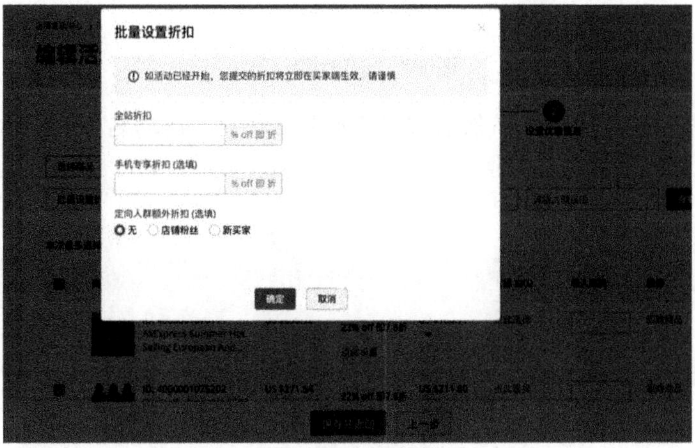

图 5-5　批量设置折扣

（二）满减活动

满减活动是一款有效的店铺促销工具，可以根据卖家自身经营状况，对店铺设置“满 *X* 元优惠 *Y* 元”的促销规则，即订单总额满足 *X* 元，买家付款时则享受 *Y* 元扣减。

满件折/满立减的优惠是与其他店铺活动优惠叠加使用的，对于已经参加折扣活动的商品，买家购买时以折扣后的价格计入满件折/满立减规则。

1. 满减活动订单运费设置

满减活动分为全店满减活动和商品满减活动两种。

（1）选择“全店所有商品”，即为全店所有商品均设置了参与满立减活动，订单金额包含商品价格（不含运费），所有商品按折后价参与。

（2）选择“部分商品”，即为活动的部分商品设置了参与满立减活动，订单金额包含商品价格（不包含运费），商品按折后价参与。

2.“满减活动”设置的操作步骤

步骤 1：登录速卖通后台，单击“营销活动”中的“店铺活动”，选择“满减活动”，然后单击“创建”，完成“满减活动”的创建，如图 5-6 所示。

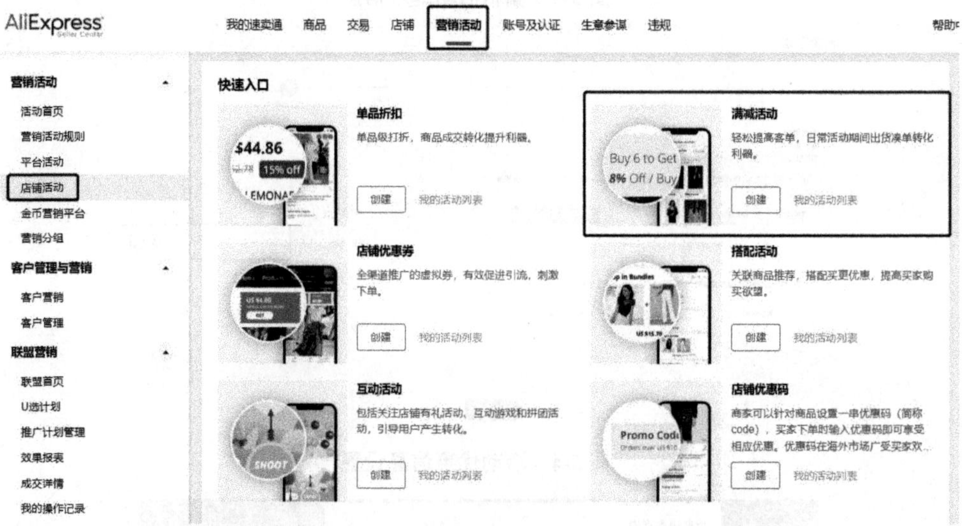

图 5-6　创建满减活动

步骤 2：单击“创建活动”，然后编辑活动基本信息（活动名称、活动起止时间等），如图 5-7 所示。

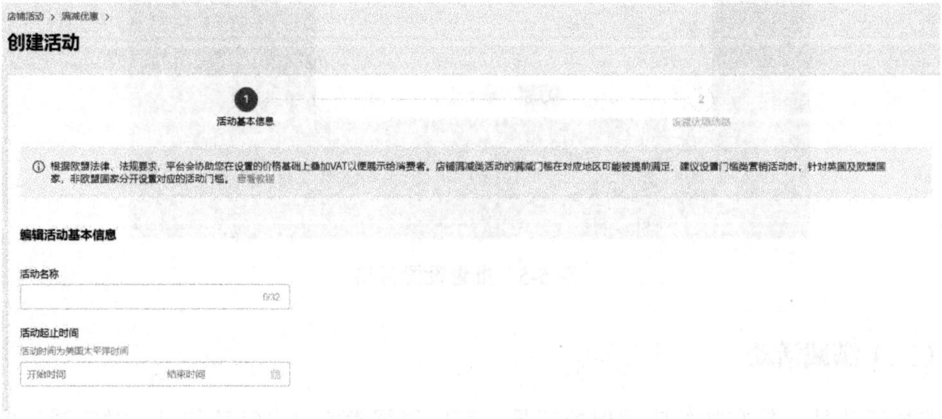

图 5-7　编辑活动基本信息

步骤 3：编辑活动基本信息完成后，单击“设置活动类型和活动详情”，完成相关信息的设置，如图 5-8 所示。

设置活动类型和活动详情

活动类型
○满立减 ⓘ　○满件折 ⓘ　○满包邮 ⓘ

活动使用范围
●部分商品　○全店所有商品

满减适用国家
由于部分国家（俄罗斯、哈萨克斯坦、亚美尼亚、格鲁吉亚、塔吉克斯坦、阿塞拜疆、白俄罗斯、土库曼斯坦、摩尔多瓦、吉尔吉斯斯坦、乌兹别克斯坦）的特殊性，目前暂时不支持设置分国家满减活动。

●全部国家　○部分国家

活动详情

条件梯度 1

单笔订单金额大于等于　　　　　　　　　　　　　　　　USD

立减　　　　　　　　　　　　　　　　　　　　　　　　USD

☐ 优惠可累加，上不封顶 即当促销规则为满100减10时，则满200减20，满300减30；依此类推，上不封顶。

图 5-8　设置活动类型和活动详情

（三）店铺优惠券

店铺优惠券是用于店铺自主营销与推广的工具。它可以通过多种渠道进行推广，通过设置优惠金额和使用门槛，刺激转化提高客单量。常用的优惠券有领取型、定向发放型和互动型 3 种类型。

1. 店铺优惠券的使用规则

（1）一笔订单只能使用一张店铺优惠券，店铺优惠券不能叠加使用。

（2）若买家拥有店铺里多种类型的优惠券，如金币兑换的优惠券、领取型优惠券及定向发放型优惠券等，在一个订单里也只能使用一张优惠券；若买家既有店铺优惠券又有平台优惠券，则一个订单可以用一张店铺优惠券和一张平台优惠券。

2. "店铺优惠券"设置的操作步骤

步骤1：登录速卖通后台，单击"营销活动"中的"店铺活动"，选择"店铺优惠券"，然后单击"创建"，完成"店铺优惠券"的创建，如图 5-9 所示。

图 5-9　店铺优惠券

步骤 2：单击“创建活动”，然后编辑活动基本信息（发放渠道、活动起止时间、活动名称等），如图 5-10 所示。

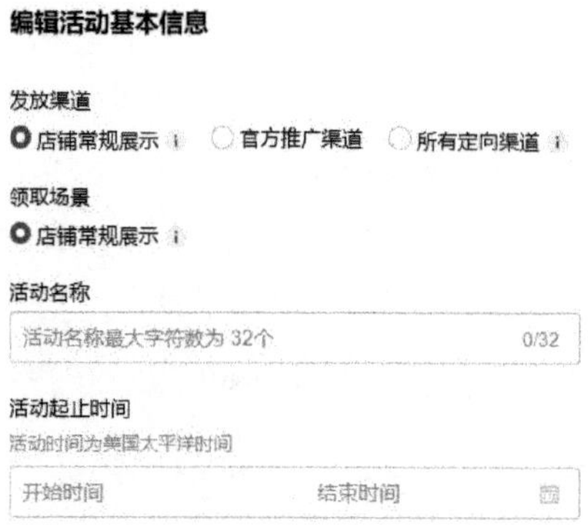

图 5-10　编辑活动基本信息

步骤 3：编辑活动基本信息完成后，单击“设置优惠券详细内容”，完成相关信息的设置，如图 5-11 所示。

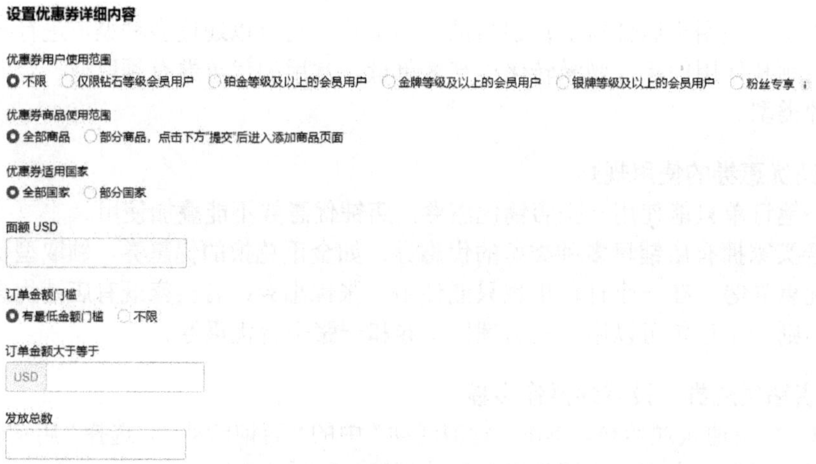

图 5-11　设置优惠券详细内容

（四）搭配活动

搭配活动是指去掉了算法搭配折扣比例，卖家可以编辑算法创建的搭配套餐，进行自主定价。将店铺商品进行组合销售（关联商品推荐销售），可以刺激转化，提高客单量。

1. 搭配套餐展示渠道

搭配套餐设置成功后会自动在 App 端展示，暂时不支持 PC 端展示。

2. “搭配活动”设置的操作步骤

步骤 1：登录速卖通后台，单击“营销活动”中的“店铺活动”，选择“搭配活动”，然后单击“创建”，完成“搭配活动”的创建，如图 5-12 所示。

图 5-12　搭配活动

步骤 2：选择主商品和搭配的子商品，选择 1 个主商品（必须有）和 1～4 个子商品（最多选择 4 个商品），同时设置搭配价，如图 5-13 所示。一个商品最多可作为主商品出现在 3 个搭配套餐中，最多可作为子商品出现在 100 个搭配套餐中。

图 5-13　创建搭配套餐

注意事项：

（1）设置搭配价：可以批量设置或单个进行设置，搭配价不能高于商品原价。

（2）通过“删除”已选的商品，重新进行商品选择。

（3）通过“前移”“后移”，可以进行子商品的顺序移动，确认在对消费者展示时的子商品搭配顺序。

步骤 3：编辑搭配商品信息后提交创建搭配套餐，完成“搭配套餐”活动的创建，如图 5-14 所示。

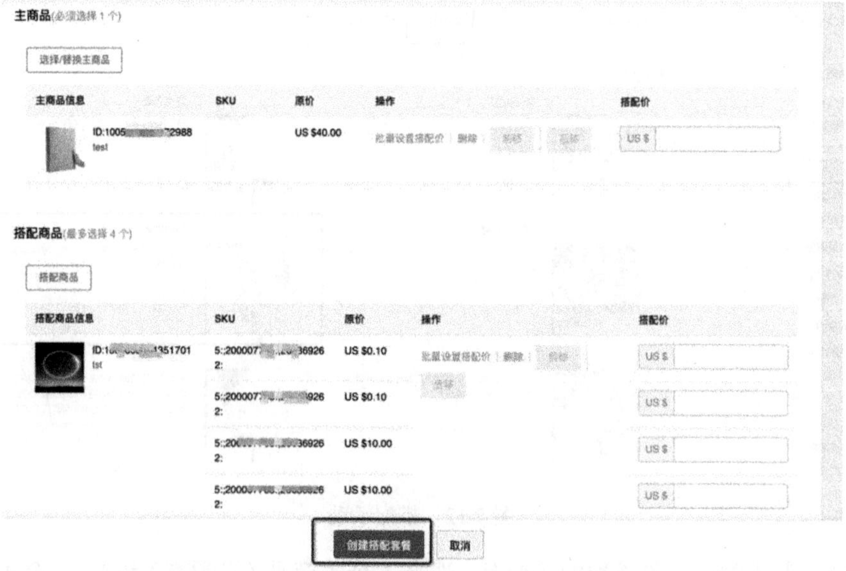

图 5-14　选择搭配主商品和子商品

（五）互动活动

互动活动是指能有效增加店铺整体流量，提升商品转化的营销工具。互动活动包括“翻牌子”“打泡泡”“收藏有礼”3 种，其中活动时间、买家互动次数和奖品都可自行设置。

1. 设置店铺互动奖励的注意事项

设置了优惠券，但是设置店铺互动奖励时无法选择。出现这种情况，应该核查如下 3 种设置。

（1）确认设置的优惠券类型是否为定向发放型优惠券（不要选择二维码）。设置入口：营销活动→店铺活动→店铺优惠券→定向发放型优惠券活动。

（2）检查优惠券的活动时间是否包含了互动游戏的活动时间，即优惠券开始时间早于互动游戏开始时间，结束时间晚于互动游戏结束时间。

（3）请确认优惠券没有被发放完毕，仍旧有可发放的数量。

2. “互动活动”设置的操作步骤

步骤 1：登录速卖通后台，单击“营销活动”中的“店铺活动”，选择“互动活动”，再单击“创建”，完成“互动活动”的创建，如图 5-15 所示。

步骤 2：单击“创建活动”，然后编辑活动基本信息（活动名称、活动起止时间等），如图 5-16 所示。

步骤 3：编辑活动基本信息完成后，单击“设置游戏类型和详情”，完成相关信息的设置，如图 5-17 所示。

（六）店铺优惠码

卖家可针对商品设置一串优惠码，客户在下订单时输入优惠码即可享受相应优惠。优惠码在海外市场广受买家欢迎，使用习惯更符合海外买家偏好，可帮助商家提升转化率和客单量。

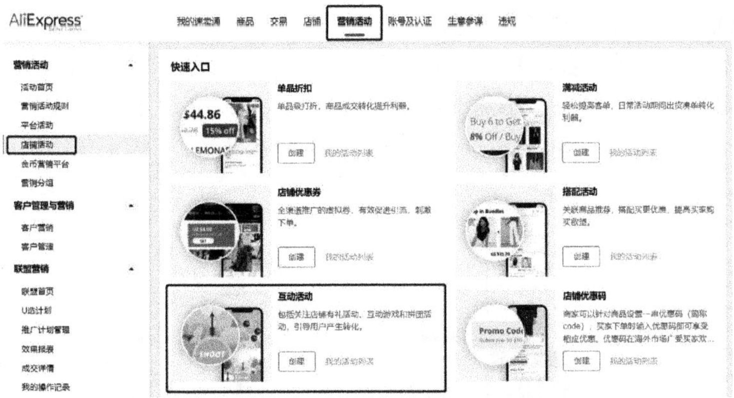

图 5-15　互动活动

图 5-16　编辑活动基本信息

图 5-17　设置游戏类型和详情

1. 店铺优惠码买家使用规则

店铺优惠码一般由卖家自行设置，卖家可以设置一个用户多次领取，也可以设置仅能领取一次。这样的设置可以让更多买家参与到活动中来，能够显著提升店铺的销售数据，从而获得更好的活动宣传效果。

2. “店铺优惠码”设置的操作步骤

步骤 1： 登录速卖通后台，单击“营销活动”中的“店铺活动”，选择“店铺优惠码”，然后单击“创建”，完成“店铺优惠码”的创建，如图 5-18 所示。

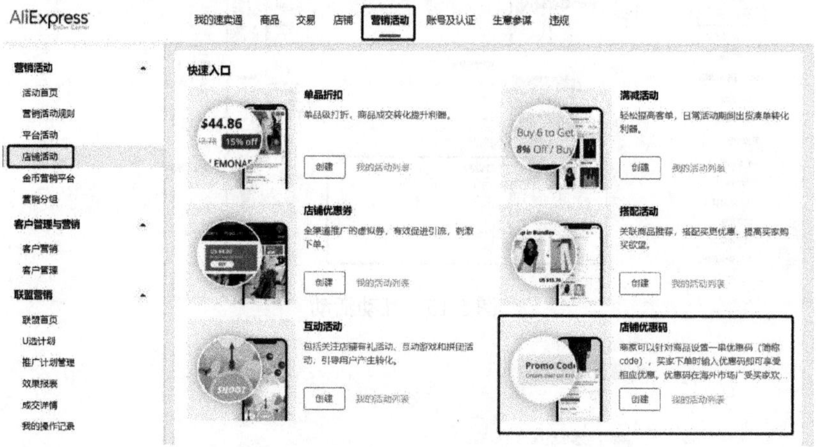

图 5-18　店铺优惠码

步骤 2： 单击“创建活动”，然后编辑活动基本信息（活动名称、活动起止时间等），如图 5-19 所示。

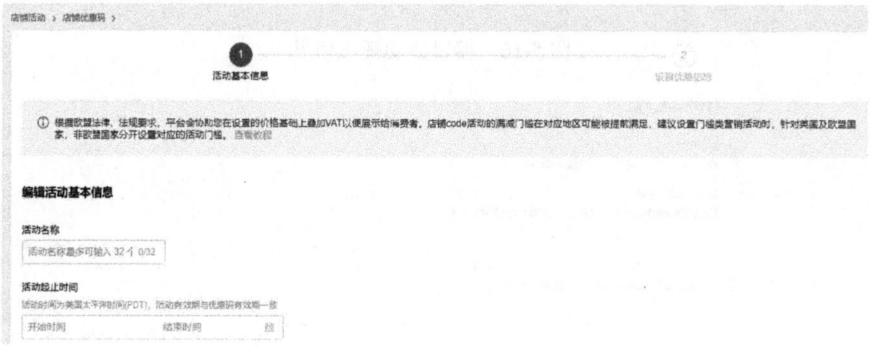

图 5-19　编辑活动基本信息

步骤 3： 编辑活动信息完成后，单击“设置活动详情”，完成相关信息的设置，如图 5-20 所示。

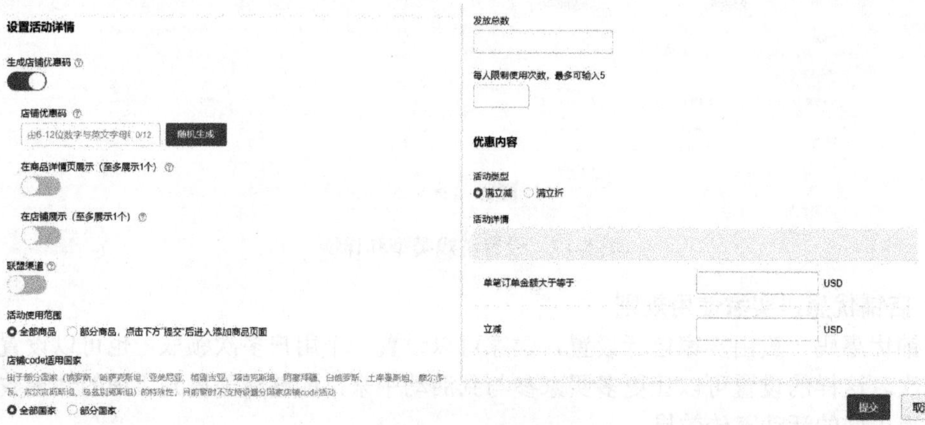

图 5-20　设置活动详情

（七）直通车推广

1. 直通车的定义

直通车主要是为速卖通平台进行精准投放，卖家可以设置多个维度商品关键词，来展示店铺商品信息，通过大量曝光商品吸引客户，并按照点击付费广告方式进行营销推广工具，如图 5-21 所示。

图 5-21 速卖通平台直通车推广

2. 新增推广计划的操作步骤

步骤 1：登录速卖通后台，单击“直通车”中的“推广管理”，选择“新增推广计划”，如图 5-22 所示。

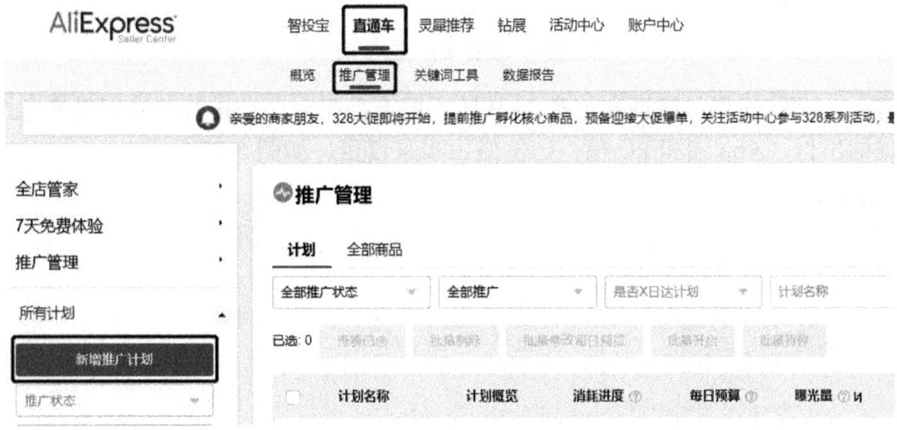

图 5-22 新增推广计划

步骤 2：单击“第一步 添加推广商品”，然后填写相关信息，完成后单击“下一步，设置推广详情”，如图 5-23 所示。

图 5-23　添加推广商品

步骤 3：在推广详情页面中选择推广方式，填写“计划推广名称”，设置“每日预算”，如图 5-24 所示。

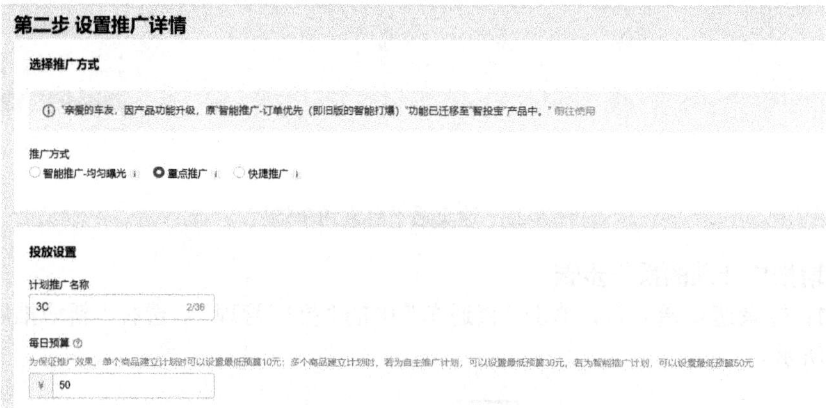

图 5-24　设置推广方式和投放

步骤 4：选择“设置关键词和创意”（按照不同商品平台自动推荐关键词供卖家选择），设置关键词出价（App 端和 PC 端），价格由卖家自定，如图 5-25 所示。

图 5-25　添加推广关键词

步骤 5：单击“设置投放地域”，可以设置“全部地域”或针对地域，如欧洲、北美洲、南美洲、亚洲、大洋洲、非洲等地区进行投放，如图 5-26 所示。

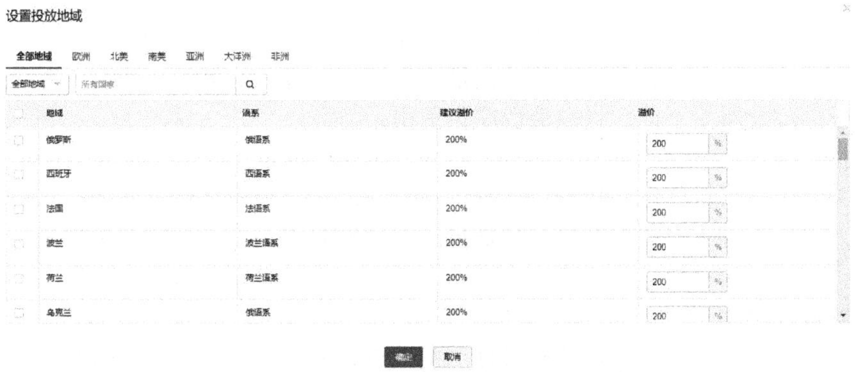

图 5-26　设置投放区域

步骤 6：单击“增加投放人群标签”，根据实际情况设置相关信息，然后单击“提交，开始推广”，直通车推广流程就设置完成了，如图 5-27 所示。

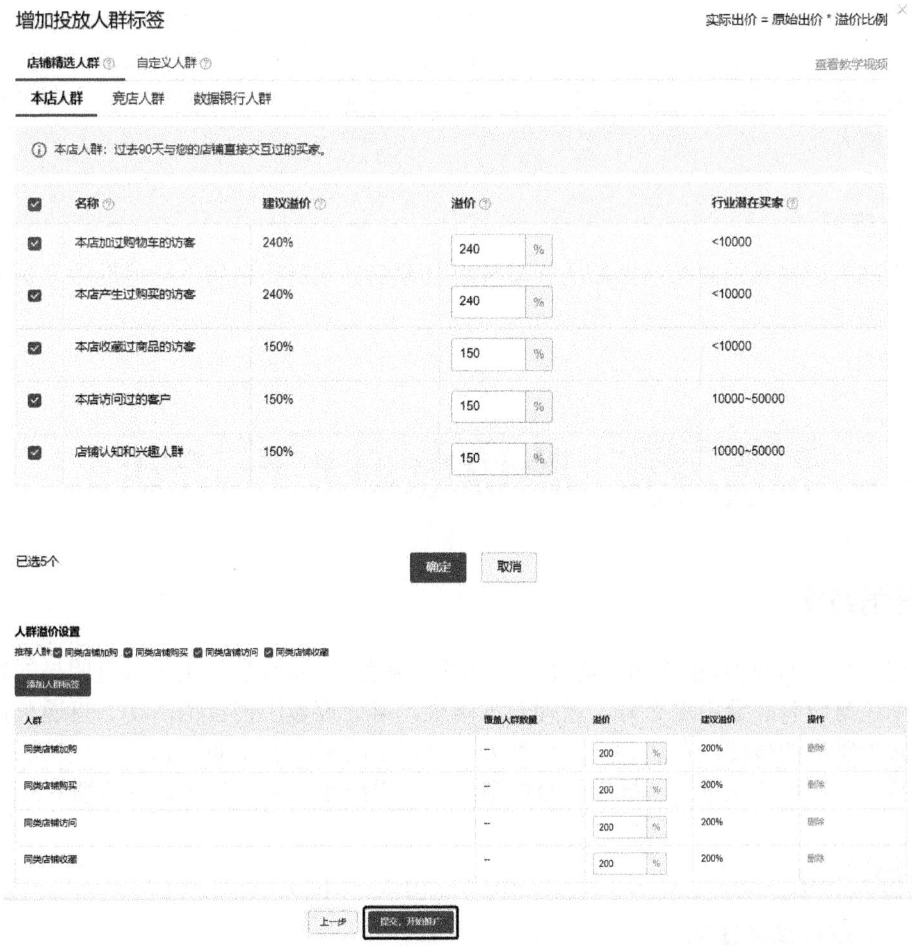

图 5-27　设置投放人群标签

3. 直通车推广技巧

（1）操作技巧。

先看直通车的展示位置，假设我们排名在第 5 页，竞争对手在首页展示。listing 的综合推广评分会与“商品信息质量、关键词是否有关联、客户认可度”挂钩，否则 listing 进行直通车推广综合质量不佳，只会浪费广告费用。

（2）推广方式。

推广方式有重点推广和快捷推广两种，重点推广主要针对店铺有潜力、有销量的商品进行推广，可以起到“爆款”效果；快捷推广主要针对新品，添加多个关键词，可以起到测词效果。

（3）筛选关键词。

直通车推广进行一星期后，应检查使用的关键词是否有曝光率、点击率，如果有曝光率，没有点击率，关键词不符合商品本身，可以考虑更换关键词；如果有曝光率，有点击率，但两者都不高，可以尝试调整关键词出价。

任务小结

店铺活动是获取速卖通流量的来源，利用好现有的店铺活动，熟练应用店铺营销活动技巧，可以给店铺销售额锦上添花。在使用直通车推广时，要经常观察直通车后台的数据，查看关键词是否有递增或递减效果分析，根据不同情况进行优化和调整，让直通车数据达到曝光率最大化。

拓展练习

在店铺中选择热销商品，然后选择多种组合营销方式进行销售，一星期后分析营销效果并进行优化。

任务二　跨境电商平台活动

任务背景

经过两个月的努力，精英团队通过一系列的店铺营销活动，虽然出单量有明显的提升，但转化率还是没有想象中那么好。老师告诉学生，学会设置店铺营销活动、直通车推广是运营者必须掌握的技能。在店铺提升到另外一个层次之后，要不断留意平台促销活动，平台活动是一个巨大的流量池，报名平台促销活动归根结底也离不开店铺各项绩效的要求。

任务实施

（一）平台活动认知

平台活动是针对大促活动，在卖家报名后，符合招商门槛的卖家即可进入活动报名页面进行提交商品。提交成功后，商品进入审核阶段，在招商过程中同时进行审核，审核通过的商品将无法自主退出、编辑商品信息。活动开始后将会被投放至各行业会场页面，以千人千面的形式呈现给消费者。平台活动主要包括平台促销活动和频道活动两种，具体内容，如表 5-1 所示。

表 5-1 平台活动

<table>
<tr><th>活动分类</th><th>类型</th><th>活动买家端展示位</th><th>怎么参加</th></tr>
<tr><td rowspan="3">平台促销活动</td><td>大型促销活动，618，双 11，黑五，冬季清仓等</td><td>大促期间网站首页，商品详情页，大促 banner 等整体网站气氛宣导</td><td rowspan="10">由于各个活动的营销目标有差异，各活动对参与的店铺和商品会有不同指标要求。因此不是所有活动，所有店铺都能参加。各店铺能参加的活动在后台“平台活动→可报名”筛选，后台没有招商入口即无法参与</td></tr>
<tr><td>日常促销活动</td><td>活动时间内网站首页</td></tr>
<tr><td>分国家营销</td><td>活动对应的国家站首页</td></tr>
<tr><td rowspan="7">频道活动</td><td>金币频道</td><td>买家 App 的 Coins 频道或买家互动游戏内</td></tr>
<tr><td>品牌闪购</td><td>买家首页轮播图为活动入口</td></tr>
<tr><td>试用频道</td><td>买家 App 首页 Freebies 频道</td></tr>
<tr><td>俄罗斯低价频道</td><td>俄罗斯买家 App 固定展位</td></tr>
<tr><td>Super Deals
（含俄罗斯团购）</td><td>买家首页 Super Deals 频道</td></tr>
<tr><td>砍价</td><td>买家 App 首页的 Slash it</td></tr>
<tr><td>会员活动</td><td>买家 App-Account-MemberCenter</td></tr>
</table>

（二）“平台大促”操作步骤

步骤 1： 登录速卖通后台，单击“营销活动”，在“平台活动营销中心”中有醒目的大促活动入口，不同招商中的大促活动都会出现在这里，我们以“【TrendSpotting】2022 年 3 月风尚周大促”为例，单击“立即报名”即进入大促报名独立详情页，如图 5-28 所示。

图 5-28 TrendSpotting 活动报名

步骤 2：进入“【TrendSpotting】2022 年 3 月风尚周大促”仔细阅读报名攻略后，了解平台活动对店铺资质要求，再进行下一步，如图 5-29 所示。

图 5-29　阅读报名攻略

步骤 3：我们可以看到该店铺资质审核符合“【TrendSpotting】2022 年 3 月风尚周大促”报名要求，卖家在签署《全球速卖通平台营销卖家协议》后可进入“下一步，报名入围活动”，如图 5-30 所示。

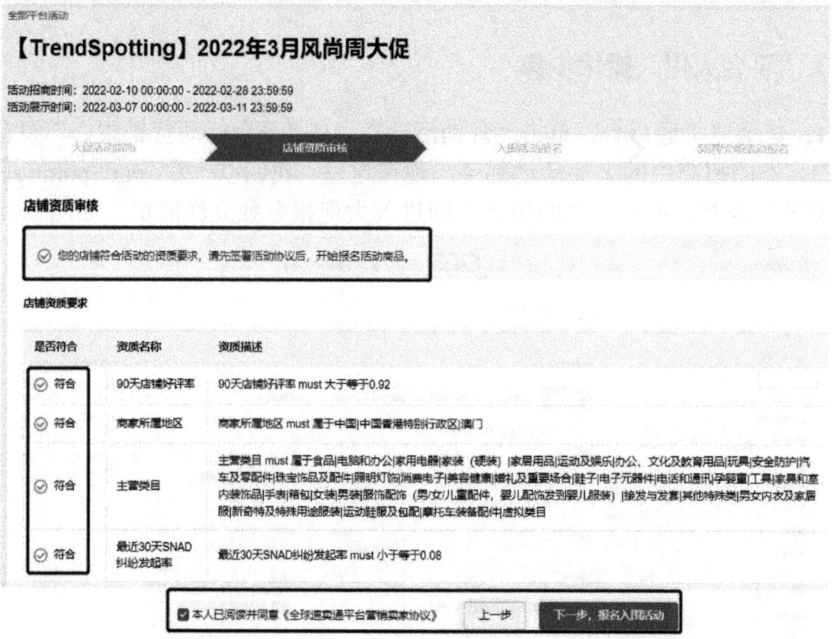

图 5-30　店铺资质审核要求

步骤 4：进入入围活动报名中的“基本活动要求”“商品资质要求”，卖家需要了解清楚自身情况再进行，若无问题直接单击“开始报名活动商品”，如图 5-31 所示。

图 5-31　选择报名活动商品

步骤 5：进入“频道/会场活动报名”，选择活动类型进行报名（不用全部都报名，按照需求报名即可），报名成功后选择“下一步，素材报名”，如图 5-32 所示。

图 5-32　选择活动类型报名

步骤 6：完成“素材招商”，整个流程报名成功，如图 5-33 所示。

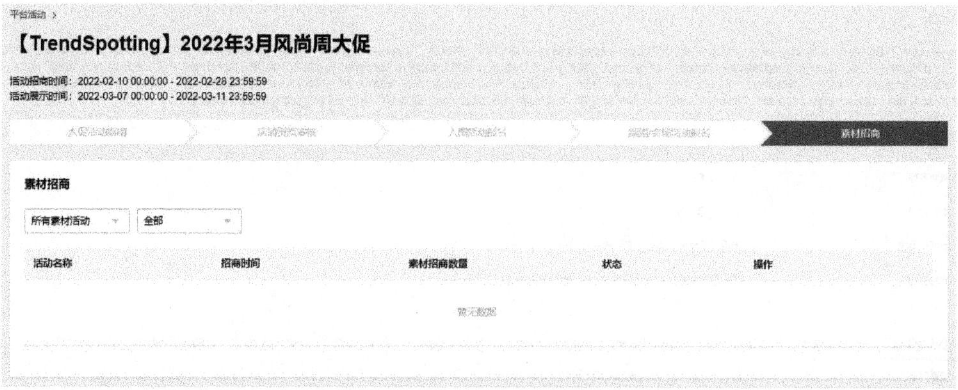

图 5-33　完成活动报名

（三）频道促销

频道促销是速卖通平台根据不同的用户需求开辟的营销专区，卖家可以根据自己的实际情况进行选择。

目前有 Flash Deals（含俄罗斯团购）、金币频道、品牌闪购频道、团购、试用频道、俄罗斯低价频道、砍价等比较固定的频道活动。不同的频道活动都有不同的参与要求，所展现的效果也会有所不同，如图 5-34 所示。

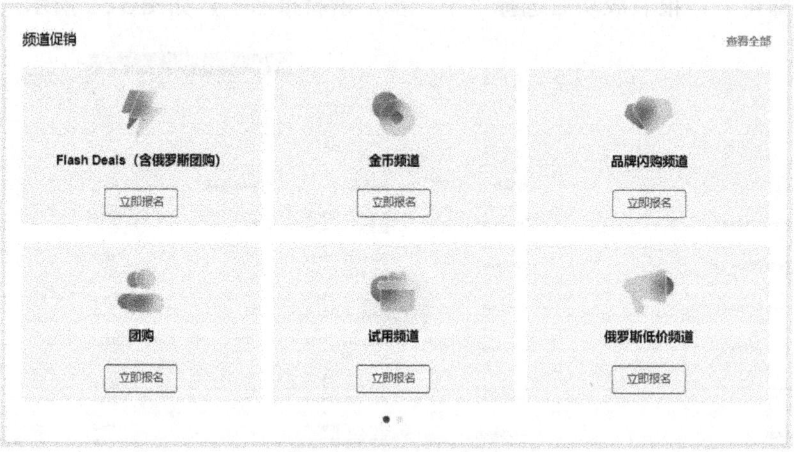

图 5-34　频道促销

Flash Deals（含俄罗斯团购）：是根据不同行业的特性，推出的行业营销性活动，针对有销量、高折扣的促销商品进行招商。

1. 报名 Flash Deals（含俄罗斯团购）的操作步骤

步骤 1：登录速卖通后台，单击“营销活动”，在“平台活动”向下拉有不同的频道促销活动入口，单击“Flash Deals（含俄罗斯团购）”下的“立即报名”，如图 5-35 所示。

步骤 2：确定“招商类型”“活动类型”“频道类型”并选择符合条件活动，我们以“Flash Deals-主题团普货 3 月 1 日—买一赠一主题”为例，单击“立即报名”，如图 5-36 所示。

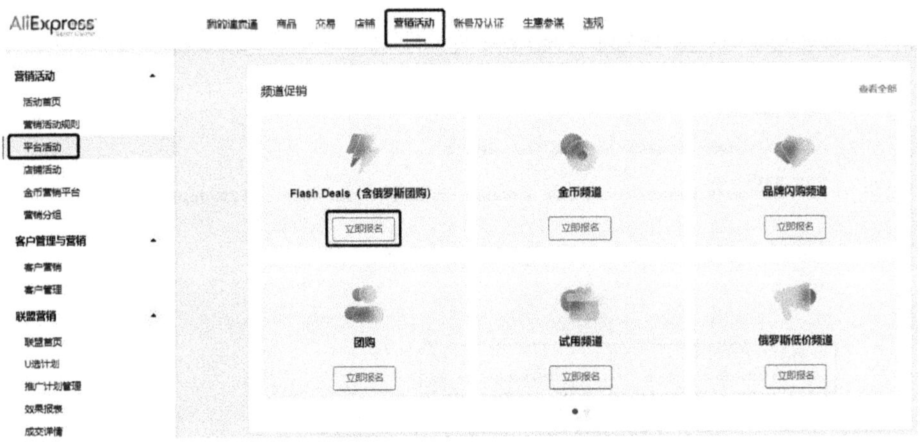

图 5-35　Flash Deals（含俄罗斯团购）

图 5-36　选择活动类型报名

步骤 3： 进入“Flash Deals-主题团普货 3 月 1 日—买一赠一主题”，根据“活动介绍与招商规则”可以看到该店铺资质符合招商活动，如图 5-37 所示。

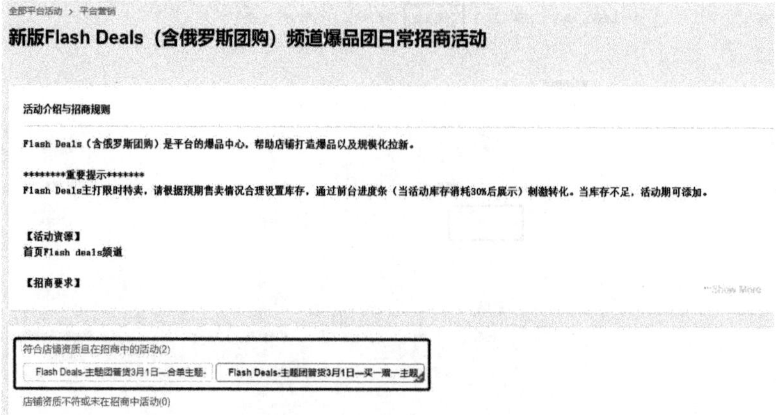

图 5-37　活动介绍与招商规则

步骤 4：进入“基本活动要求”“店铺资质要求”，此店铺也符合相关条件与要求，单击“立即报名活动”，如图 5-38 所示。

图 5-38　立即报名活动

步骤 5：阅读并签署《全球速卖通平台营销卖家协议》，单击“下一步”，如图 5-39 所示。

步骤 6：添加参与活动的商品，单击“全部提交报名”，完成“Flash Deals（含俄罗斯团购）”报名流程，如图 5-40 所示。

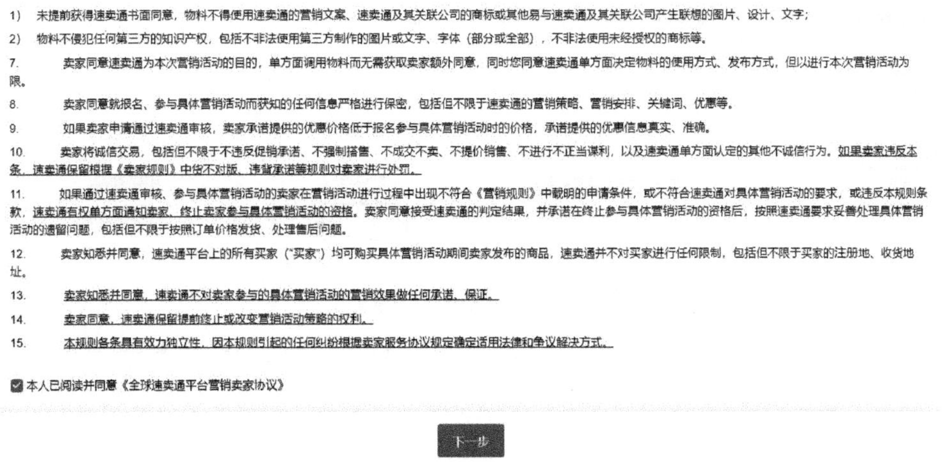

1）　未提前获得速卖通书面同意，物料不得使用速卖通的营销文案、速卖通及其关联公司的商标或其他易与速卖通及其关联公司产生联想的图片、设计、文字；

2）　物料不侵犯任何第三方的知识产权，包括不非法使用第三方制作的图片或文字、字体（部分或全部），不非法使用未经授权的商标等。

7.　卖家同意速卖通为本次营销活动的目的，单方面调用物料而无需获取卖家额外同意，同时您同意速卖通单方面决定物料的使用方式、发布方式，但以进行本次营销活动为限。

8.　卖家同意就报名、参与具体营销活动而获知的任何信息严格进行保密，包括但不限于速卖通的营销策略、营销安排、关键词、优惠等。

9.　如果卖家申请通过速卖通审核，卖家承诺提供的优惠价格低于报名参与具体营销活动时的价格，承诺提供的优惠信息真实、准确。

10.　卖家将诚信交易，包括但不限于不违反促销承诺、不强制搭售、不成交不卖、不提价销售、不进行不正当谋利，以及速卖通单方面认定的其他不诚信行为。如果卖家违反本条，速卖通保留根据《卖家规则》中货不对版、违背承诺等规则对卖家进行处罚。

11.　如果通过速卖通审核、参与具体营销活动的卖家在营销活动进行过程中出现不符合《营销规则》中载明的申请条件，或不符合速卖通对具体营销活动的要求，或违反本规则条款，速卖通有权单方面通知卖家、终止卖家参与具体营销活动的资格。卖家同意接受速卖通的判定结果，并承诺在终止参与具体营销活动的资格后，按照速卖通要求妥善处理具体营销活动的遗留问题，包括但不限于按照订单价格发货、处理售后问题。

12.　卖家知悉并同意，速卖通平台上的所有买家（"买家"）均可购买具体营销活动期间卖家发布的商品，速卖通并不对买家进行任何限制，包括但不限于买家的注册地、收货地址。

13.　卖家知悉并同意，速卖通不对卖家参与的具体营销活动的营销效果做任何承诺、保证。

14.　卖家同意，速卖通保留提前终止或改变营销活动策略的权利。

15.　本规则各条具有效力独立性，因本规则引起的任何纠纷根据卖家服务协议规定确定适用法律和争议解决方式。

☑ 本人已阅读并同意《全球速卖通平台营销卖家协议》

下一步

图 5-39　全球速卖通平台营销卖家协议

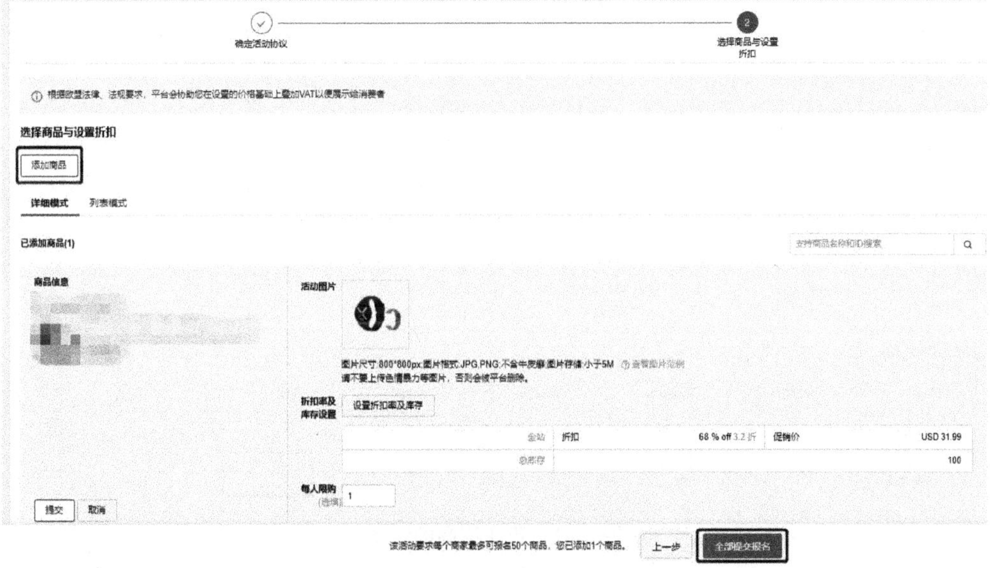

图 5-40　添加商品及全部提交报名

注：每个商家最多可报名 50 个商品。

金币频道：平台提供领金币、抵折扣、兑换、互动等玩法工具给消费者，客户获得和使用权益时，查看卖家广告和购买卖家商品时获得折扣。

2. 报名"金币频道"的操作步骤

步骤 1：登录速卖通后台，单击"营销活动"，在"平台活动"向下拉有不同的频道促销活动入口，单击"金币频道"下的"立即报名"，如图 5-41 所示。

步骤 2：确定"招商类型""活动类型""频道类型""报名资质""报名状态"，选择"无线金币频道兑换商品 2022 年 2 月 26 日招商活动"单击"立即报名"，如图 5-42 所示。

步骤 3：进入"无线金币频道兑换商品 2022 年 2 月 26 日招商活动"中的"基本活动要求""店铺资质要求""商品资质要求"，可以看到该店铺资质符合招商活动，单击"立即报名活动"，如图 5-43（a）、（b）所示。

基本活动要求

活动要求	活动要求描述
支付时限	60分钟
最低价要求	常规30天最低价 常规30天最低价包含范围：最近30天内前台生效过的商品原价，店铺单品折扣活动价格，平台促销活动价格（不包含S级）查看最低价规则
图片要求	图片尺寸:800*800px;图片格式:JPG,PNG;不含牛皮癣;图片存储:小于5M

店铺资质要求

是否符合	资质名称	资质描述	当前得分
符合	90天店铺好评率	90天店铺好评率必须大于等于0.92	0.961977186311787
符合	最近30天SNAD纠纷发起率	最近30天SNAD纠纷发起率必须小于等于0.08	0.0333333333333333

商品资质要求

资质名称	商品资质要求
近90天DSR商品描述分	近90天DSR商品描述分必须大于等于4.5
5天上网率	5天上网率必须大于等于0.8
包邮区域	包邮区域必须属于俄罗斯|西班牙|法国

子活动

无线金币频道兑换商品2022年2月26日招商活动

活动面向国家

全球

活动招商时间：

2022-02-14 00:00:00 - 2022-02-20 23:59:59

活动展示时间：

2022-02-26 00:00:00 - 2022-02-26 23:59:59

立即报名活动

图 5-43　立即报名活动（b）

步骤 4：阅读并签署《全球速卖通平台营销卖家协议》，单击“下一步”，如图 5-44 所示。

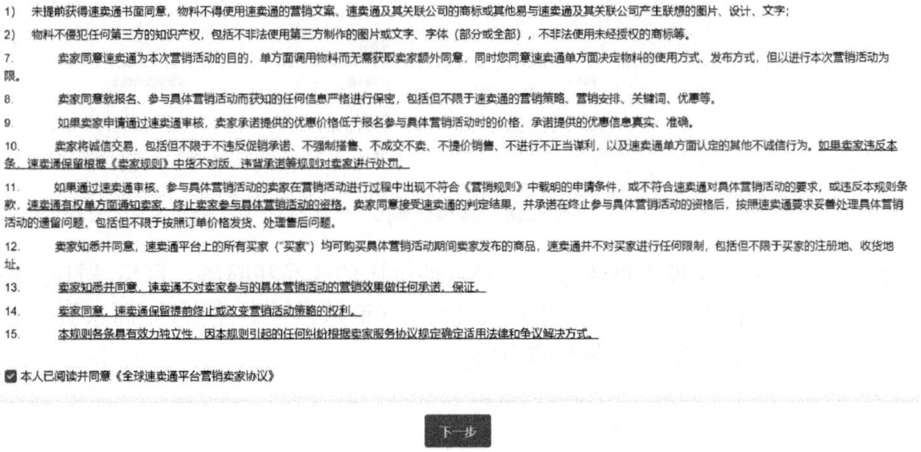
1）　未提前获得速卖通书面同意，物料不得使用速卖通的营销文案、速卖通及其关联公司的商标或其他易与速卖通及其关联公司产生联想的图片、设计、文字；

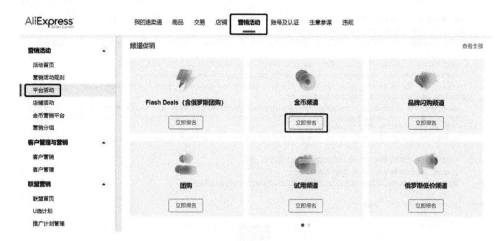

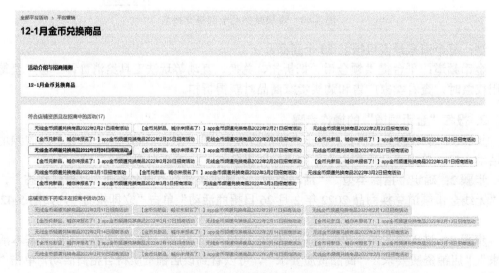

2）　物料不侵犯任何第三方的知识产权，包括不非法使用第三方制作的图片或文字、字体（部分或全部），不非法使用未经授权的商标等。

7.　卖家同意速卖通为本次营销活动的目的，单方面调用物料而无需获取卖家额外同意，同时您同意速卖通单方面决定物料的使用方式、发布方式，但以进行本次营销活动为限。

8.　卖家同意就报名、参与具体营销活动而获知的任何信息严格进行保密，包括但不限于速卖通的营销策略、营销安排、关键词、优惠等。

9.　如果卖家申请通过速卖通审核，卖家承诺提供的优惠价格低于报名参与具体营销活动时的价格，承诺提供的优惠信息真实、准确。

10.　卖家将诚信交易，包括但不限于不违反促销承诺、不强制搭售、不成交不卖、不提价销售、不进行不正当谋利，以及速卖通单方面认定的其他不诚信行为。如果卖家违反本条，速卖通保留根据《卖家规则》中货不对版、违背承诺等规则对卖家进行处罚。

11.　如果通过速卖通审核、参与具体营销活动的卖家在营销活动进行过程中出现不符合《营销规则》中载明的申请条件，或不符合速卖通对具体营销活动的要求，或违反本规则条款，速卖通有权单方面通知卖家、终止卖家参与具体营销活动的资格。卖家同意接受速卖通的判定结果，并承诺在终止参与具体营销活动的资格后，按照速卖通要求妥善处理具体营销活动的遗留问题，包括但不限于按照订单价格发货、处理售后问题。

12.　卖家知悉并同意，速卖通平台上的所有买家（"买家"）均可购买具体营销活动期间卖家发布的商品，速卖通并不对买家进行任何限制，包括但不限于买家的注册地、收货地址。

13.　卖家知悉并同意，速卖通不对卖家参与的具体营销活动的营销效果做任何承诺、保证。

14.　卖家同意，速卖通保留提前终止或改变营销活动策略的权利。

15.　本规则各条具有效力独立性，因本规则引起的任何纠纷根据卖家服务协议规定确定适用法律和争议解决方式。

☑ 本人已阅读并同意《全球速卖通平台营销卖家协议》

下一步

图 5-44　全球速卖通平台营销卖家协议

步骤 5：添加参与活动的商品，单击“全部提交报名”，完成“金币频道”报名流程，如图 5-45 所示。

注：每个商家最多可报名 5 个商品。

图 5-45　添加商品及全部提交报名

品牌闪购频道：每周频道会固定为单个品牌举办常态活动，而配合节日等特殊节点，平台也会选择多个品牌集中发力。经过筹备期和预热期，将流量集中到一天内爆发。无论是在预热期还是活动当天，平台都会拿出首焦、后台、行业楼层、搜索框、各站顶通等多个黄金资源位，确保品牌能够最大限度地触达消费者，如图 5-46 所示。

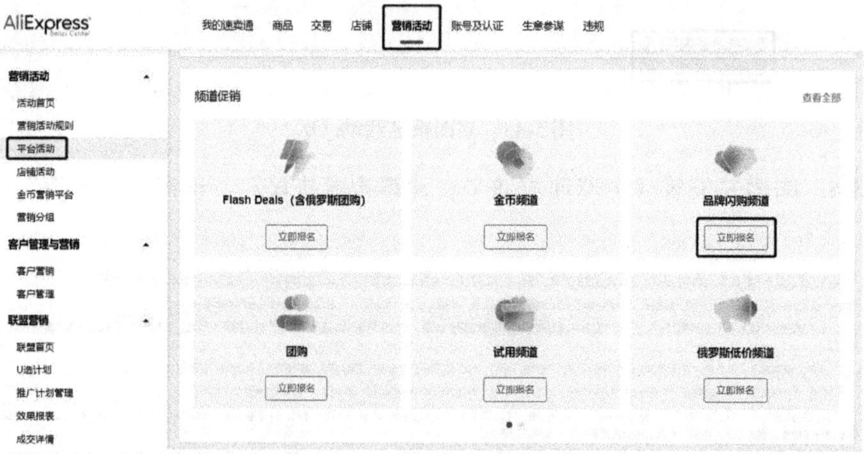

图 5-46　品牌闪购频道

团购：团购的宗旨是提供俄语系买家极致性价比的商品和服务，目标是打造最火爆的折扣频道。团购组织者在招商的时候非常重视价格（商家供应链能力）、商家服务能力（服务保障）、商品好评和销量，如图 5-47 所示。

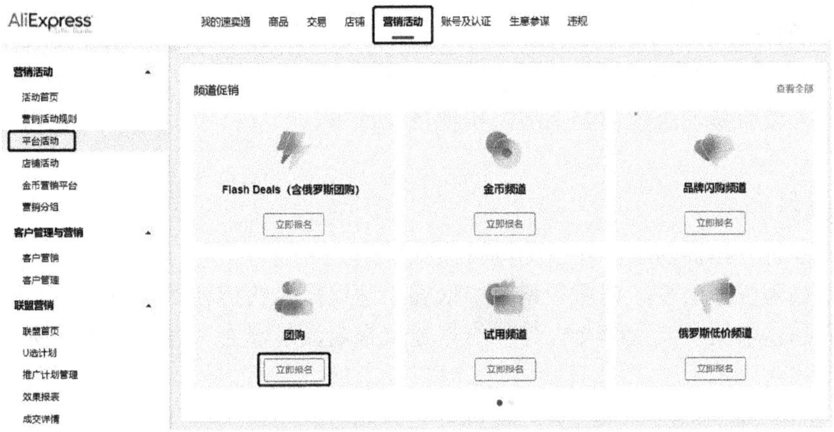

图 5-47　团购

试用频道：速卖通平台提供的商品免费试用中心，最专业的全球试客分享平台，特推出集用户营销、活动营销、口碑营销、商品营销为一体的营销导购平台，如图 5-48 所示。

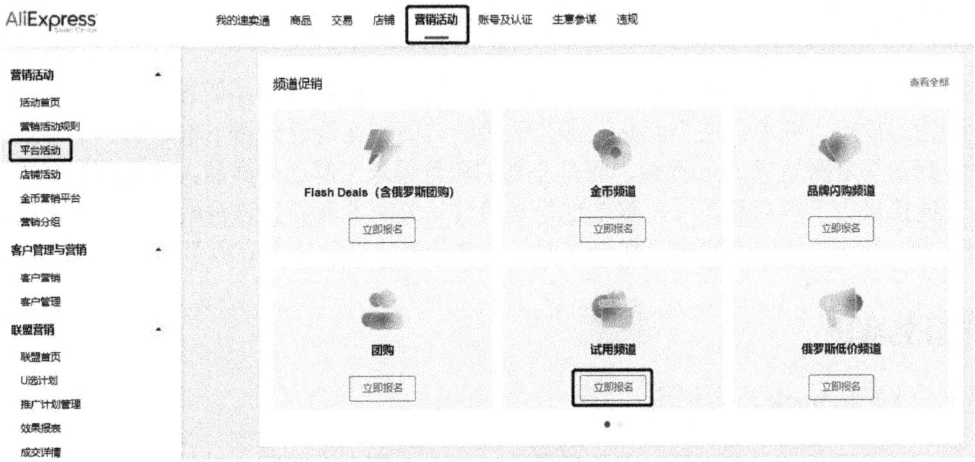

图 5-48　试用频道

砍价：基于货品引爆社交裂变的营销商品与模式，是新店铺或新品有效破零的方法，商品被砍成功，用户下单支付后计入常规销量当中，如图 5-49 所示。

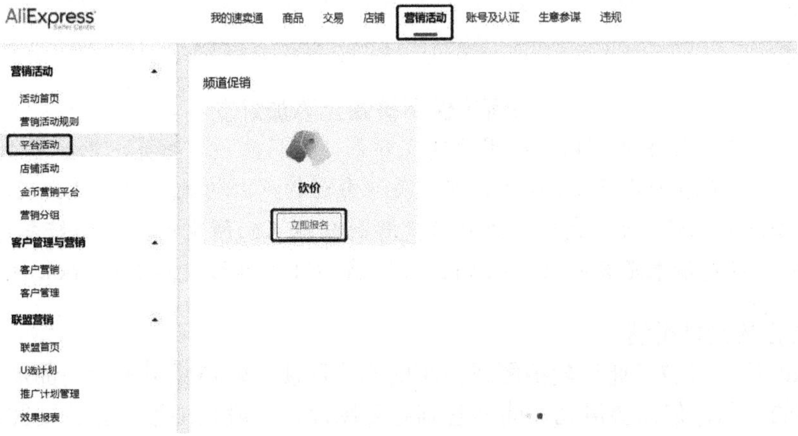

图 5-49　砍价

任务小结

打造一些上榜商品参加各类平台活动，使店铺在既有引流商品，又有爆款商品的情况下，带来一大波流量使店铺访客上涨，实现持续出单。

拓展练习

报名“砍价”招商活动，在下面两种模式任选一种进行报名。

（1）商品需快速破零、销量积累及中低客单建议报名快速转化（不拉人）模式。

（2）商品需求更多流量曝光、粉丝积累建议报名流量曝光（需要拉人）模式。

任务三 站外营销推广

任务背景

站外流量，简单来说就是买家在其他网站或其他 App 看到商品信息，然后对这件商品产生购物的欲望，并单击这个商品广告或链接跳转回到亚马逊网站下单购买。这个过程买家没有到亚马逊网站或 App 搜索，而是在别的流量渠道了解这件商品大致的信息，再单击广告或链接进去了解商品详情，整个过程是通过站外流量商品。这种站外渠道搜索商品的购物欲望会低一些，因为需求没那么强烈，除非价格或功能性很有吸引力。

任务实施

（一）Facebook 广告引流

Facebook 是投放付费广告的首选场所，Facebook 拥有社交网络中最大的用户基础，也是最活跃的社交网络之一。Facebook 广告是每个人都不会放过的重要流量渠道，具有至关重要的营销价值。Facebook 广告是可以在 Instagram 和 Facebook 相关的社交网络上投放营销广告，以此来吸引客户。

想一想

如何确保不被禁止添加好友

如果想与现实生活中并不认识的用户建立联系（如明星、运动员、艺术家等），请关注他们，而不是将他们添加为好友。仅允许别人关注自己的用户的姓名旁边只会显示关注按钮。

被阻止添加好友请求时，我们的账户只是暂时被阻止向陌生人发送加好友请求和消息。另外，阻止发送好友请求是暂时性，在阻止期间，我们可以继续使用 Facebook 的其他功能。

1. 广告投放素材类型

Facebook 广告投放是通过轮播图或视频的形式展现。轮播图可多种商品展示，将客户引导至不同的页面，但需要滑动才能够看到更多图片，一般来讲第一张轮播图较为重要，所以在文案设计中要有技巧地引导客户点击。

视频展示商品，目的是让用户在你的帖子停留较长的时间，客户停留在你的帖子时间越长就对商品越感兴趣。Facebook 和 Instagram 上的视频广告会自动播放。通常视频是默认静音的，我们可以通过无声的视频来吸引别人的注意力，在制作视频的时候需要将视频制作为无须声音讲解用户也能看得懂的视频。

2. 广告投放优化

Facebook 广告投放优化帖子的帖文互动，先把帖子的点赞、转发、评论、阅读优化上去，目的是让 Facebook 了解到帖子的受众类型，以便后期推送更佳精准。

（二）YouTube 联系博主推广

YouTube 正迅速成为广受欢迎的博主营销渠道之一。随着互联网速度的提高，视频已经成为大多数人在线体验不可或缺的一部分。卖家根据业务需求，向博主发送商品推广信息，博主对品牌宣传和商品推广，提升客户对店铺的认知和对商品的购买欲，促进购买的营销行为。

1. 分析 YouTube 博主真实影响力

频道订阅数量，可以理解成粉丝数量。在 YouTube 经常可以看到有些博主的粉丝动辄几十万、上百万，这种一般都由团队运营。除非商品很奇特或能支付高额的推广费用，否则一般无法合作，与粉丝数量不多的博主合作推广效果会较好，与之对接的可能只有一两家。

2. 研究博主发布的视频内容

与博主合作时，通过数据分析，可以预判该博主的专业度。研究该博主更新的视频内容是否类目跨度较大，如果是，而且也不在一个大范围之内，建议放弃。找相对专业的博主推广效果最佳。

3. 研究博主视频推广效果

站外推广一般都是新品，为了提升曝光量，进一步促使转化率。合作推广后还要每天都让博主截图反馈情况或卖家去跟进视频的浏览量、粉丝评论数量及博主回复粉丝咨询的商品问题。

（三）TikTok 营销推广

TikTok 用户覆盖全球 160 多个国家，全球下载量超过 30 亿人，这是一个庞大的流量新阵地。在流量获取难、流量成本高的跨境市场环境下，TikTok 直播无疑成为跨境流量获取的新赛道和新机会。

想一想

TikTok 跨境卖家如何高效地和博主沟通

标题：卖家一定要宣传邮件的标题，就是在前面的标题，或在重点内容上添加符号。

文案：邮件应该明了简单，切忌啰唆，讲述自己公司的历史；标题应标明合作，写清楚来意，如寻找合作伙伴或广告合作等。

排版：可以做一个关于邮件排版的 AB 测试，相同的邮件内容和品牌商品，一种用纯文字、正式的版式排版；一种添加了图片并适当调整大小、颜色及标出重点，两种邮件都各发出 100 封。

商品：卖家的商品简单，又可以帮助博主的粉丝，他们就会喜欢了。在沟通的时候，卖家也可以突出商品优势。

1. TikTok 账号类型

流量号：目的为了追求曝光率，视频上传的内容和商品推广与带货营销无关，只为快速涨粉和增加视频播放量，后期的变现方向也包括成为博主账号接广告单。

带货号：用于生活用品、简易工具等内容的营销，受广告商青睐，带货能力较强。

IP 号：人物或宠物账号，粉丝群体精准，可以很好地结合广告、电商平台进行变现。

2. TikTok 学会定位账号

兴趣：喜欢美妆，就做美妆类的视频；喜欢篮球，就做篮球类的视频。自己有兴趣，才有动力做下去。

热门：首页搜索框显示出来的热门，说明当下这个品类比较火，也可以紧跟一波流量。

任务小结

站外引流可以让卖家根据不同社交媒体平台反馈的信息，了解不同广告信息和不同投放社交渠道所带来的流量和转化结果，优化投放策略，进而提高转化率，推动流量和销量增长。通过掌握店铺营销技巧、站外营销推广并结合多种后台数据分析，店铺才能不断有曝光量，商品转化率才能不断提升。

当流量逻辑不清晰时，必须清楚需要哪些流量，是通过站内营销还是站外推广去获得，如直通车关键词流量的坑位、关联位置、类目排名、受众如何投放等。不一定所有流量都要去抓取，而是选择合适的流量去抓取。

拓展练习

使用 Facebook 创建主页，登录 Facebook 官网选择主页类型，从下拉菜单中选择更细分的类别并按照要求填写相关信息。

项目六　跨境电商数据分析

◇ 学习目标 ◇

知识目标

1. 掌握数据分析的内涵。
2. 了解数据分析的关键技术。
3. 掌握跨境电商数据分析的核心指标。
4. 了解跨境电商数据分析工具。

技能目标

1. 能够运用各类工具采集跨境电商相关的数据。
2. 能够根据需求进行跨境电商数据分析与处理。
3. 能够根据数据分析结果进行店铺及商品优化与调整。

素质目标

1. 培养学生精益求精的工匠精神。
2. 强化学生数字素养，提升学生数字技能。
3. 培养学生数据思维和创新思维。

【情景案例】 HAN RIVER 深耕印度尼西亚跨境电商小家电市场

HAN RIVER 品牌进入印度尼西亚市场后，迅速在 Shopee、Lazada、JD.ID、Tokopedia 等电商平台全面布局，商品涵盖烤箱、空气炸锅、吹风机、热水壶等。2021 年“双 12”，当天销售额超出预期，稳坐关键客户（Key Account，KA）卖家队列。

HAN RIVER 在海外市场获得成功主要体现在以下 4 个方面。

1. 合理利用跨境电商平台进行竞品数据分析

刚开始，在印度尼西亚主流的电商平台上，除了大品牌飞利浦，并没有品牌做空气炸锅。然而，大品牌单价比较高，HAN RIVER 通过数据分析后，迅速开发性价比较高的空气炸锅商品进入印度尼西亚市场，并在 2020 年取得市场第一的位置。

2. 敢于尝试和创新，引领市场潮流

人们通常会认为，像印度尼西亚这样的人口大国，每个家庭的成员会比较多，便选择卖大容量的小家电商品。实际上，电商很多时候都在一个国家的首都推广。大城市有很多人都是打工人，一般都是1～2人住，并不需要大容量的小家电商品。因此，HAN RIVER团队进行调整，及时推出一些小容量的小家电产品，在2022年取得了非常好的效果。

3. 数据化服务提升客户体验

HAN RIVER非常重视客户体验，尤其是售前和售后服务，以及时效服务。印度尼西亚是世界上最大的岛国，由超过1.7万个岛屿组成。如果只在雅加达地区设立仓库，其他地区的订单派送耗时很长，消费者的用户体验也比较差。于是，HAN RIVER在印度尼西亚多个大岛布局了多个仓库，大部分消费者下单一两天后就能收到快递。在客服层面，HAN RIVER要求团队的客服模式做到接近中国国内的电商客服模式。从早上8点到晚上12点，客服都在线，全年无休，要求客服回复率达到100%。

4. 数字化催生企业品牌区域化延伸

小家电品牌大卖后，HAN RIVER的计划是纵向深耕印度尼西亚市场，横向做品牌区域化，HAN RIVER已经把市场扩张到泰国、菲律宾和越南。由于小家电这个类目比较特殊，壁垒比较低，同质化严重，需要花更多的精力分析研究市场情况。

案例解析

大多数人对于HAN RIVER这个品牌十分陌生，其之所以能够在印度尼西亚市场获得成功，这取决于企业在跨境电商运营环节的精益求精。在进入印度尼西亚市场初期，该企业利用数据分析在目标市场确定、爆款打造等方面取得了很好的效果。为了更好地服务用户，HAN RIVER不断提升自身的客服水平，提高客户的体验度。为了满足更多用户的需求，HAN RIVER在小家电这个类目里不断推陈出新。依托RCEP，品牌商品立足印度尼西亚，辐射东南亚市场。

任务一 数据分析的认知

任务背景

进入数据时代，互联网公司无一例外都在强调自己的数据驱动决策；传统企业最重要的战略就是数字化转型。数据在我们的工作和生活中，已经成了像空气和水一样的生活必需品。数据思维或数据分析能力已经成为这个时代的必需项，而不是可选项。中国互联网获取流量成本很高，企业并没有那么多机会不断试错。要提高的决策准确性，主要依赖数据分析。

任务实施

（一）数据分析的内涵

想一想

思考下面 3 个内容的区别

170/170cm/小明的身高是 170cm。

170 是一个数值，170cm 是一个带单位的数值，而小明的身高是 170cm 就是一个数据了。

1. 数据的定义

数据是事实或观察的结果，是对客观事物的逻辑归纳，是用于表示客观事物的未经加工的原始素材。

2. 数据分析的定义

数据分析是一个从数据中通过分析方法与手段发现业务价值并实现价值的过程。对于数据分析而言，很多人会把实现价值的过程忽略，认为发现有价值的内容后就已经结束了，但能把事情落地并且实际产生了效益，才是数据分析真正价值的体现。

3. 数据分析流程

数据分析涉及的主要流程，如图 6-1 所示。

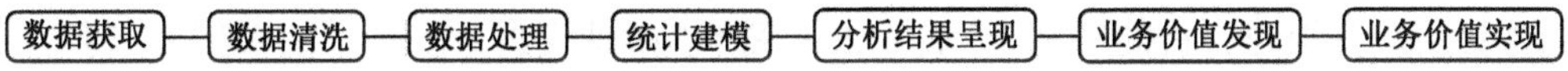

图 6-1　数据分析主要流程

（1）数据获取。

根据分析的目标，获取有用的数据。在这个阶段，必须明确一个分析目标，哪怕这个目标没有那么明确清晰，必须要有大致的方向。大中型企业已拥有的数据是海量的，如果没有分析目标限制，面对各种各样的数据就会无从下手。

（2）数据清洗。

数据清洗主要包括异常数据的处理、缺失数据的处理、数据的一致性变换、编码的替换等。

（3）数据处理。

数据处理过程包括数据的简单汇总聚合或行列转变等，以使数据可用于后期的统计建模的处理。

（4）统计建模。

用统计分析方法或机器学习算法对数据统计建模，以便描述业务现状或对未来进行预测。

（5）分析结果呈现。

分析结果呈现是把分析的结果以图、表等可视化方式简洁明了地呈现出来，重点是注明分析结论。很多人会把这个阶段的重点误认为是可视化展示，做出一些复杂的可视化图表，以体现自己数据分析的能力。这样反而陷入了误区，在这个阶段呈现结果不是目的，目的应该是让业务方对分析结果有充分的理解，保证双方认知的一致性。此外，呈现的手段除可视化外，沟通也很重要，并且沟通是双向的，这样才可以最大限度地保证数据人员和业务人员同时理解这个结果。

（6）业务价值发现。

数据分析师和业务人员共同基于分析结果发现对应的业务价值，但发现的业务价值只有被业务人员认可才有可能实现。因此，此处的“发现”应该是数据分析师和业务人员的“共同认知”。

（7）业务价值实现。

业务价值的实现是整个分析过程的最后一个阶段，这个阶段虽然主要由业务人员掌控，但是仍然需要数据分析师的深度参与。因为双方对于分析结果的理解和价值的发现经常出现偏差，需要在实践中逐步达到统一，并且最终也需要数据分析师把业务价值的落地效果通过数据展示出来。

4. 数据分析的案例

下面来看一个数据分析的应用案例，某电商平台改版前和改版后的支付界面，如图 6-2 和图 6-3 所示。

参照国内竞品调研和商品交互设计师自以为的商品目标：给用户传递安全感，通过增加底部“确认支付”按钮来实现。

支付需要用户冲动消费，不需要理性思考。按钮操作会增加仪式感，反而增加了用户的犹豫心理。例如，淘宝换成了指纹支付或刷脸支付后，转化率提高。用户使用了指纹支付后，下单支付快了很多。也有消费者一不小心刷脸支付成功，就懒得再发起退款了。

支付商品的核心是安全和快捷。如果品牌背书让用户觉得已经安全，那么接下来去掉按钮才让用户有快速支付的感觉。于是，去掉底部“确认支付”按钮，用户选择支付方式，可以快进到支付环节。

图 6-2　电商平台改版前支付界面

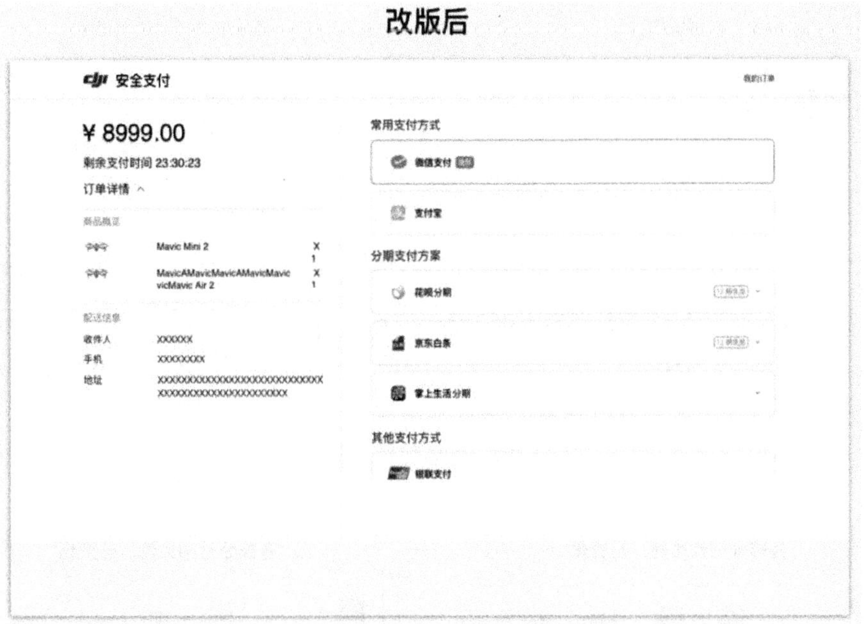

图 6-3　电商平台改版后支付界面

改版后的页面，平台订单转化率得到了提升。这个案例说明，我们自以为更好的方案从用户或业务角度并不是最好的，用数据来验证功能成效是最有说服力的手段。

（二）数据分析的方法

从本质上看，几乎所有工作都和数据有关系，或多或少需要数据分析。但数据本身是有门槛的，下面介绍 9 种基础数据分析方法。

1. 周期性分析法

周期性分析法是把一个指标的观察时间拉长，看它是否有周期变化规律。这种方法分析起来简单，但是非常实用。因为新手经常因为不懂看周期变化，引发笑话。例如：

“我发现昨天指标大跌”——昨天是周末，下跌是正常现象（自然周期变化）。

“我发现 A 商品卖得很好”——A 商品刚上市，销量好是正常现象（商品生命周期）。

两种统计方法周期完全不同，自然周期以年月日为统计区间，商品生命周期以商品上市的第一天开始往后统计，因此得到的结果也是不同的，如图 6-4 所示（图中纵坐标为等比例缩放数值，仅表示趋势时使用，无单位，以下同）。

2. 结构分析法

结构分析法是指对经济系统中各组成部分及其对比关系变动规律的分析。如总公司包括分公司 A、分公司 B、分公司 C 等；总销售包括商品 A、商品 B、商品 C 等。因此，我们在看到一个总体指标以后，可以根据它的组成部分，对总体做拆解，了解各部分组成，是为结构分析法（分析总体的内部结构）。结构分析法在很多时候都适用，如解释业绩下滑的原因是××区域没有做好，通过看结构，能很快找到责任人。结构变化还能解释总体指标波动的原因，如发现实体店在缩减的趋势，如图 6-5 所示。

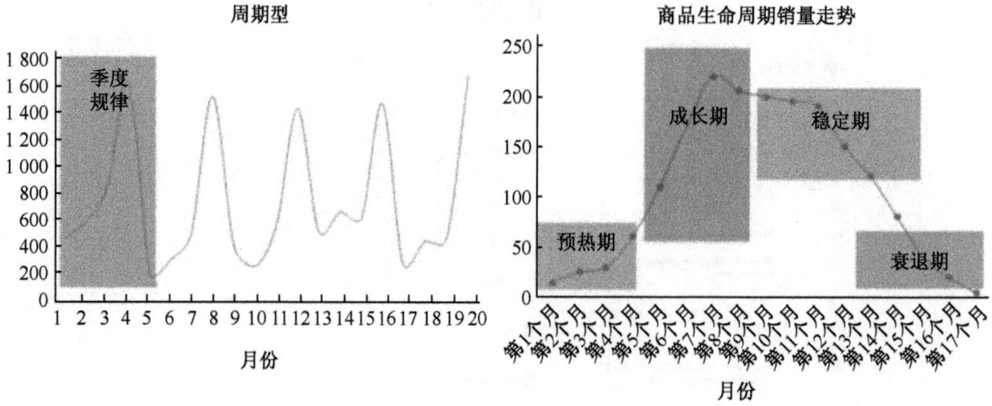

图 6-4　周期趋势图

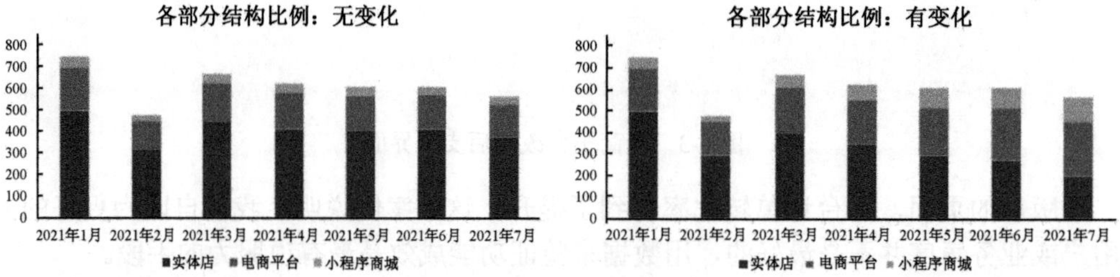

图 6-5　结构分析结果对比图

3. 分层分析法

分层分析法是指在进行质量因素分析时，把性质相同的问题点，在同一条件下收集的数据归纳在一起，以便进行比较分析的一种方法。如人们喜欢做排名，区分高、中、低，通过分层分析法，可以很直观地看到业务人员的业绩水平。如表 6-1 所示，第 4 级和第 5 级的业务员比较多，一枝独秀的人很少，这也符合规律。

表 6-1　销售人员分层分析结果

销售编号	单人业绩	平均值倍数	分层
A1	650	6.5	第 1 级
A2	320	3.2	第 2 级
A3	160	1.6	第 3 级
A4	105	1.1	第 3 级
A5	80	0.8	第 4 级
A6	75	0.8	第 4 级
A7	70	0.7	第 4 级
A8	65	0.7	第 4 级
A9	64	0.6	第 4 级
A10	55	0.6	第 4 级
A11	54	0.5	第 4 级
A12	42	0.42	第 5 级

续表

销售编号	单人业绩	平均值倍数	分层
A13	41	0.41	第 5 级
A14	40	0.40	第 5 级
A15	35	0.35	第 5 级
A16	35	0.35	第 5 级
A17	30	0.30	第 5 级
A18	28	0.28	第 5 级
A19	26	0.26	第 5 级
A20	25	0.25	第 5 级

4. 矩阵分析法

矩阵分析法是通过两个指标的交叉，构造分析矩阵，利用平均值切出 4 个象限，从而发现问题。如图 6-6 所示，如果两个指标高度相关，大部分点会集中在 45° 斜线上，因此左下和右下矩阵，经常能发现问题。

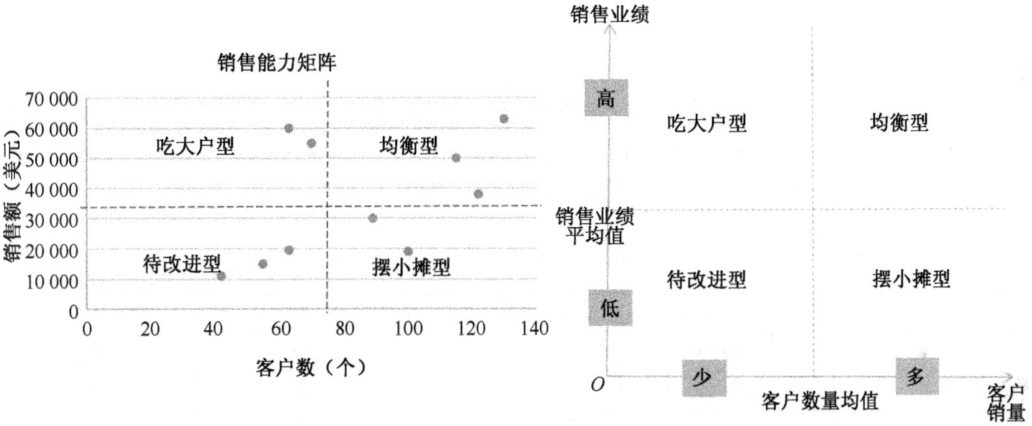

图 6-6　矩阵分析图

矩阵分析法的最大优势在于直观易懂，我们可以很容易从两个指标的交叉对比中发现问题。特别是当这两个指标是投入/成本指标时，成本高+收入低与成本低+收入高两个类别，能直接为业务指示出改进方向，因此极大避免了“不知道如何评价好坏”的问题。

很多咨询公司都喜欢用这种方法，类似 KANO 模型或波士顿矩阵，本质就是找到两个很好的评价指标，通过两个指标交叉构造矩阵，对业务分类。分类的区分效果很好，就广为流传了。

5. 漏斗分析法

漏斗分析法能够科学反映用户行为状态，以及从起点到终点各业务流程的用户转化率情况，是一种重要的流程式数据分析方法。例如，对于电商来说，其最终目的是让用户购买商品，但整个流程的转化率由每一步的转化率综合而定。这时，我们就可以通过漏斗分析模型进行监测。

我们可以观察用户在每一个环节上的转化率，寻找转化路径的薄弱点，优化商品，提升用户体验，最终提升整体的转化率，如图 6-7 所示。

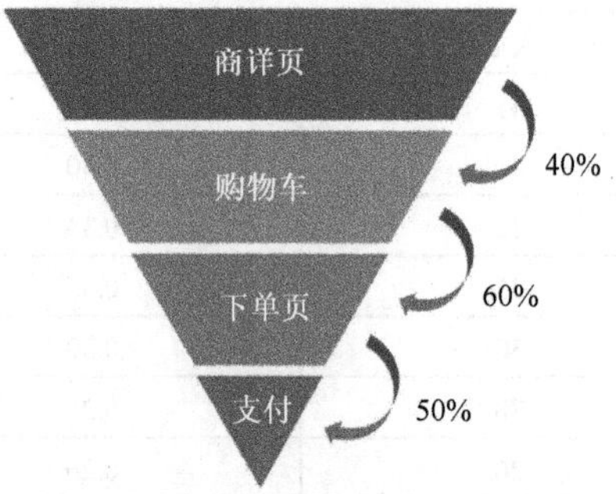

图 6-7　电商平台漏斗分析图

所有互联网商品、数据分析都离不开漏斗分析法，无论是注册转化漏斗，还是电商下单漏斗。需要关注两点：第一点是关注哪一步流失最多，第二点是关注流失的人都有哪些行为。转化率最低的环节，往往是总投资收益率（Return on Investment，ROI）价值最大的地方。

6. 指标分解法

指标分解法是指将一个相对复杂的指标分解成若干个子指标再对每一个子指标进行研究，从而达到易于分析，便于实施的目的。一般在经营分析中使用较多。例如，一个小程序商城，上月销售业绩 150 万元，本月 120 万元。如果只看结果，除了业绩少了 30 万元以外一无所知。但是进行指标拆解以后，就能发现很多线索，如表 6-2 所示。

表 6-2　某平台销售数据截图

	销售金额（元）	注册用户数（人）	有消费比例	客单价（元）
上月	1 500 000	100 000	15%	100
本月	1 200 000	120 000	10%	100
差异	−300 000	20 000	−5%	0

表中的销售金额=注册用户数×有消费比例×客单价，通过拆解以后，可以明显看出：本月虽然注册用户人数增加了，但是消费率大幅度降低，所以收入少了。根据这一结果，分析者后续可以进一步思考如何提高消费率。

7. 相关分析法

相关分析法是一种测定经济现象之间相关关系的方向及程度，并据此进行预测和控制的分析方法。在工作中，人们也很想知道一些数据或指标之间有没有关系，如广告投入与销售业绩、下雨刮风和门店人流、用户点击率和消费行为等。此时，需要掌握相关分析法。应注意，指标之间可能天生存在相关关系。常见的相关关系，有如下 3 种形态。

（1）在结构分析法中，整体指标与部分指标之间关系。

（2）在指标分解法中，主指标与子指标之间的关系。

（3）在漏斗分析法中，前后步骤指标之间的关系。

以上 3 种情况，称为直接相关。直接相关不需要数据计算，通过指标梳理就能看清楚关系。相关分析法更多是利用散点图或相关系数，找到潜在的相关关系，如图 6-8 所示。

	广告投入（万元）	销售额（万元）
2019年Q1	12.5	148
2019年Q2	3.7	5.5
2019年Q3	21.6	338
2019年Q4	60	994
2020年Q1	37.6	541
2020年Q2	6.1	89
2020年Q3	16.8	12.5
2020年Q4	41.2	379

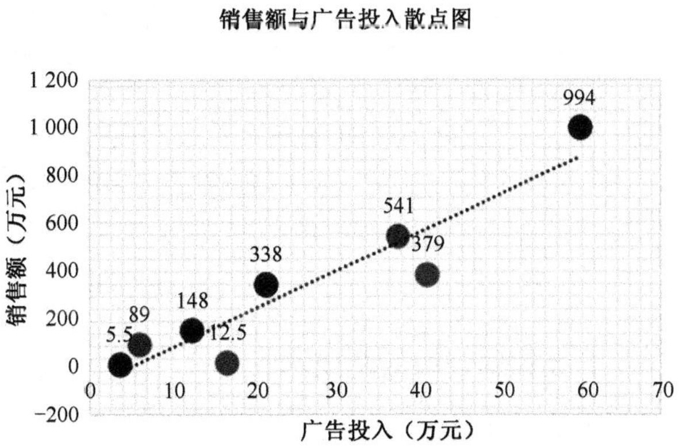

图 6-8 销售额与广告投入分析

通过上图中散点图的分布，可以发现该图像是一条有规律的直线，这说明广告投入和销售额有相关关系。当然也可以利用统计学的相关系数公式直接计算。

8. 标签分析法

标签分析法特指用打标签的方式，把难以量化的因素转化成标签进而分析该因素与其他事情的关系。

例如，南方某省 8 月经常下暴雨。大家都觉得下雨会影响门店业绩，按照标签分析法，可以针对该省份门店，做出分析，如图 6-9 所示。

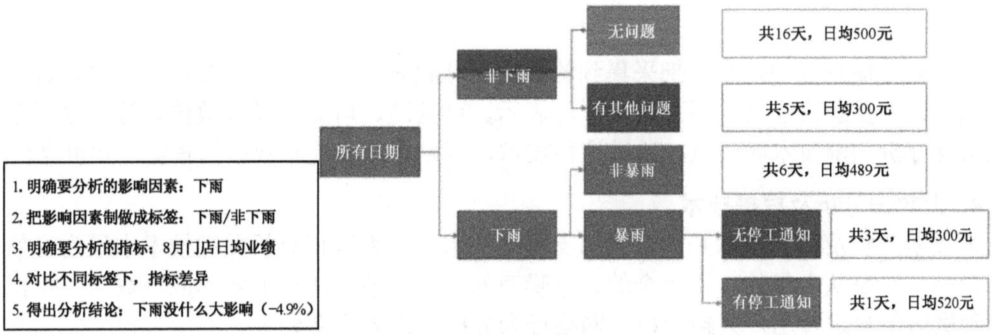

图 6-9 标签分析法应用

以上例子中，标签做得很粗糙，只有简单的下雨和非下雨两类。除了下雨，还可能有台风、冰雹、高温等情况。标签的精细程度，决定了标签分析的准确度。而能否选取到合适的标签，考验的则是分析人员对业务的理解程度。

9. MECE 法

MECE 法（Mutually Exclusive Collectively Exhaustive）指的是能够做到不重叠，不遗漏的分类，而且能够借此有效把握问题的核心，并找出解决问题的方法。例如，某人 LSP（Layered Service Provider，分层服务提供商）发表了“深圳人才多”的感慨后，在数据分析群里引发了 MECE 分析，如图 6-10 所示。

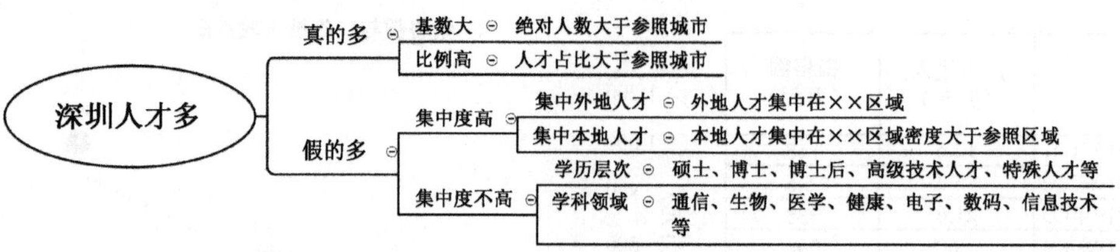

图 6-10　MECE 分析应用

（三）大数据分析关键技术

1. 大数据采集技术

大数据采集技术一般分为大数据智能感知层和基础支撑层，智能感知层是通过数据传感体系、网络通信体系、传感适配体系、智能识别体系及软硬件资源接入系统，来实现对海量数据的智能化识别、定位、跟踪、接入、传输、监控的初步处理和管理。基础支撑层是提供大数据服务平台所需的虚拟服务器，数据库及物联网络资源等基础支撑环境，可视为基础保障的技术。

2. 大数据预处理技术

大数据预处理技术主要是对已接收大数据进行辨析、抽取、清洗等操作。我们获取的数据可能具有多种结构和类型，因此可以通过数据抽取过程将这些复杂的数据转化为单一的或便于处理的构型，以便快速分析处理。且大数据并不全是有价值的，有些数据可能会干扰到我们所关心的内容，因此要对数据进行过滤“去噪”，从而提取出有效数据。

3. 大数据存储及管理技术

大数据存储及管理技术是把采集到的数据存储起来，建立相应的数据库，并且进行管理和调用，主要解决了大数据可存储、可表示、可处理、可靠性及有效传输等关键问题，是大数据分析关键技术的要点，通过这种技术，可以更好地提升数据的真实性和可靠性。

4. 大数据分析及挖掘技术

大数据分析及挖掘技术是大数据的支撑性技术，是大数据分析关键技术中最为有效的技术之一。它是从大量的、不完全的、有噪声的、模糊的、随机的实际应用数据中挖掘出有效数据对用户进行用户兴趣分析、网络行为分析及情感语义分析。

5. 大数据展现与应用技术

大数据展现和应用技术是将隐藏于海量数据中的信息和知识挖掘出来，给人们的社会活动提供依据，从而提高各行业的效率及整个社会的集约化程度，从而达到整合优化的效果。

任务小结

该任务主要通过一些案例，让大家认识数据分析的重要性。通过这部分内容的学习，了解数据分析的含义，掌握数据分析的流程，以及如何使用数据分析的方法去优化商品。通过学习大数据的关键核心技术，了解企业数字化转型升级趋势。通过该任务的学习，使得同学们具备一定的数据思维逻辑。

拓展练习

登录贝壳网，如图 6-11 所示。查询你所在城市二手房相关数据，分析后回答以下问题。

图 6-11　贝壳网

在分析的过程中特别注意以下 3 点内容。

1. 你所在的城市二手房价走势是否稳定？相较于新房有什么区别？
2. 你所在的城市二手房成交价格走势如何？
3. 你所在的城市二手房成交套数与时间变化和成交价格是否有关？

任务二　跨境电商数据分析的认知

任务背景

过去几年，全球跨境电商高速发展。全球消费趋势从线下转到线上，跨境电商行业的发展机遇与挑战并存。随着跨境电商消费者中年轻一代比例的上升，跨境电商平台可以结合数据来对消费者画像、消费喜好等方面进行评估，进而针对跨境电商自身特点，做好电商平台的运营数据工作的分析。

任务实施

（一）跨境电商数据分析目标

对于跨境电商基础卖家，需要掌握选择商品、编辑商品、采购货物、正常发运等技能；对于跨境电商进阶卖家，需要做好客服工作，开好直通车，做好店铺活动营销，保证店铺销售平稳增长等重点工作；对于跨境电商明星卖家、超级卖家，要整合供应链，提高库存周转率，提升议价能力，建立品牌意识，做行业 TOP10 店铺。以上工作都需要以数据分析为背景支持进行调整和优化。

跨境电商店铺运营包括行业对比、选品开发、店铺监控、商品分析、打造爆款等，在所有运营环节中能够为决策提供客观依据的就是数据分析。数据分析的目标是找到最适合自己店铺的运营方案，达到销售利润最大化。通过聚合跨境电商全渠道、全平台、全触点的用户反馈声音，挖掘结构化与非结构化文本数据背后的知识洞察和趋势分布，助力企业精准判断消费者的需求痛点和兴趣偏好，打通消费者反馈闭环，实现数据驱动的决策运营。

因此，跨境电商数据分析的最终目的是收集数据，了解客户，优化商品和流程，以满足并超越用户的期望为目标，最终帮助企业提高市场占有率和核心竞争力。

（二）跨境电商数据分析步骤

1. 确定目标

在获取数据之前，运营人员应该明确通过数据分析需要解决说明的问题。如果没有明确的目的和分析内容的框架，在这个过程中会非常迷茫。因为没有明确的目的，就不知道该做什么，只是一张又一张不停地做图表，却没有想过做这张图表有什么用、能达到什么目的。因此，在数据分析时，第一步要做的是确定想要的结果是什么，梳理好分析思路，把目标分解开来。

2. 收集数据

收集数据的工作往往从以下 3 个方面开展。

（1）店铺数据。

对于收集店铺数据而言，以前的销售记录、交易转化数据、广告推广效果等是最真实、最有价值的，应该定期收集整理存档。

（2）平台数据。

以速卖通为例，卖家后台提供的数据纵横工具，是速卖通基于平台海量数据打造的一款数据商品，卖家可以充分利用它了解行业状况。平台买家端会有销量榜、热销榜等榜单信息，仔细观察可以收集到行业销售数据和竞品数据。

（3）第三方数据。

有的平台提供给卖家的数据不丰富，无法满足卖家对数据分析的需求，因此可以利用第三方数据工具收集更多的数据。有些第三方数据工具是专门服务于跨境电商卖家的，通常可以监测平台整体数据、行业数据、竞品数据等；有些是体现全网网民搜索趋势的，如 Google 趋势。

3. 整理数据

即使有了明确的目的和分析内容的框架，采集到的数据也难免是杂乱无章的、不规律的，这个时候需要进行数据处理，如取消合并单元格，文本转换为数字，统一格式、制作数据可视化图表，除此之外，也可用 Excel 的公式及数据透视表功能进行统计运算等。

4. 对比数据

通常需要通过对比数据才能得出结论和做出判断，如本月和上月的数据对比、不同商品的数据对比等。数据对比主要是横向和纵向两个角度，横向对比可以帮我们认识预期值的合理性，纵向对比可以帮我们分析变化趋势以分析店铺的成交额为例：

（1）纵向对比。

把一段时间的成交额显示在坐标轴上，这样就可以很明显地看到这段时间的成交额是否达到了预期。另外，要结合实际场景进行分析，如通过数据发现今天的成交额比昨天高很多，可能因为今天是周六或者是节日等。因此，在做纵向对比时，要判断今天（假设是周六）的成交额是否合理，除了看最近 30 天的趋势数据，还可以看一下最近 10 周的周六的成交额趋势。如果今天是节日，就可以和上一年的同一天做对比，不过因为间隔时间比较长，掺杂的干扰因素可能比较多，数据反映出来的意义比较有限。

（2）横向对比。

如果你的店铺这周的成交额上涨了 10%，是不是一个好消息呢？上涨看起来应该是进步了，但是也可能是一种落后的表现，假设你通过横向对比后发现竞争对手们这周的成交额都上涨了 20%，那这 10%就是一种坏现象。也就是说，判断一个现象好不好，是需要参照体系的。

5. 做出判断，优化方案

通过对比数据发现需要改进的地方，或筛选出较优的方案。尝试建一个新方案进行数据测试，如做直通车推广时多尝试几张不同风格的广告图。

6. 前后对比，确定最优方案

测试 A、B 方案后选择最优方案，达到效果最优化。

想一想

可以获得哪些跨境电商数据

数据来源渠道分析，如表 6-3 所示。

表 6-3　数据来源渠道分析

数据来源渠道	数据分析关键点
平台数据	有些需要借助软件或程序，没有软件也可以从平台上获取一些商品销售相关的数据（如销售情况、评价情况、图片质量，价格、发货地，listing 时间，类目名次等），有些平台的大数据（如阿里巴巴国际站、阿里巴巴速卖通的后台数据）也可供参考，按品类选择查看一些宏观数据，对选品，最优化商品结构，对目标市场都有指导性意义
店铺数据	如果店铺运营一段时间，会获取该店铺在平台内部的一些数据，如每个 SKU 曝光点击销售情况，店铺在平台内的流量来源，转化率情况等。这些数据看似不重要，但是如果深度挖掘，你会发现未来需要重视哪些流量，主推哪些商品，淘汰哪些商品，优化哪些商品（价格、图片、描述）等，不一而足
关键词数据	只要有搜索，就有搜索排名规则，就与关键词密切相关。无论 Amazon、速卖通，还是其他平台都可以从平台、竞争对手、Google 及一些关键词分析挖掘工具，去完善自己的关键词数据
价格数据	完成选品后，该如何定价？需要将相似商品、相似品牌、相似卖家的价格做个对比，从而形成一个价格分析数据表供参考。最终定价还是要依托商品本身，市场接受预期及盈利目标等

当然，有很多数据初期很难获取，但经过 3～6 个月的积累，就会获得一些宝贵的基础数据沉淀，这个时候就需要沉下心，慢慢去分析。这几个月投入了什么，数据是否匹配，然后根据数据做运营调整。降价销售量就上升、做 FBA 的销售明显增加、采购成本是否还有余地、某些商品是否可以下架、促销是否有带动其他商品销售、要不要持续做活动、是否可以优化物流方案、运营人员的提成比例是否合适、如何留住跳出率高的流量、是否增加新品类等，这些都要通过数据来说话。

（三）跨境电商数据分析关键指标

跨境电商数据分析的基本指标体系主要分为六大类：总体运营指标、网站流量指标、销售转化指标、客户价值指标、商品类指标、市场竞争类指标。

1. 总体运营指标

把控运营趋势总体运营指标是从流量、订单、总体销售业绩等方面进行整体把控，总体运营指标包括流量类指标、订单产生效率指标、总体销售业绩指标、整体指标，如图 6-12 所示。

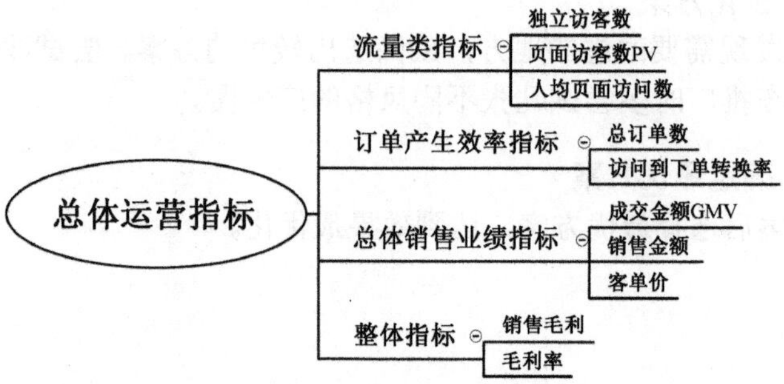

图 6-12　总体运营指标

2. 网站流量指标

网站流量指标即对访问网站的访客进行分析，基于这些数据可以对网页进行改进，从而得出运营细节中的重点，并在运营过程中将这些重点逐个突破，成功改善消费者的购物体验。网站流量指标包括流量规模类指标、流量成本类指标、流量质量类指标与会员类指标，如图 6-13 所示。

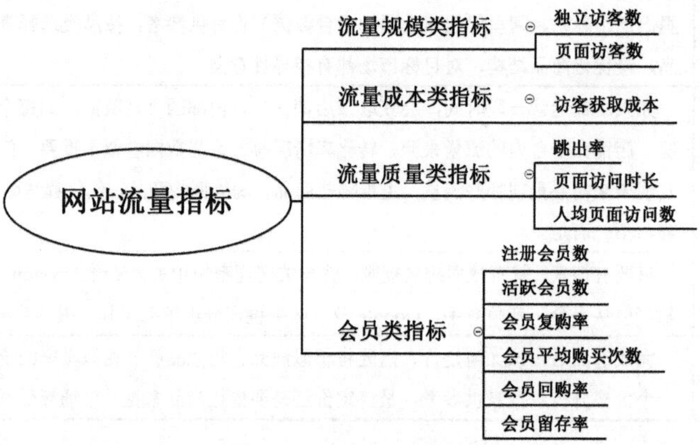

图 6-13　网站流量指标

3. 销售转化指标

销售转化指标是指分析从下单到支付过程的消费者决策因素，帮助商家提升商品转化率，也被用来分析一些频繁异常的数据。销售转化指标包括购物车类指标、下单类指标、支付类指标、交易类指标，如图 6-14 所示。

4. 客户价值指标

客户价值指标是分析客户价值，建立客户关系管理模型的基础。客户价值指标有利于商家快速找到有价值的客户，进行精准营销。客户价值指标包括累计购买客户数、客单价、老客户指标、新客户指标 4 方面，如图 6-15 所示。

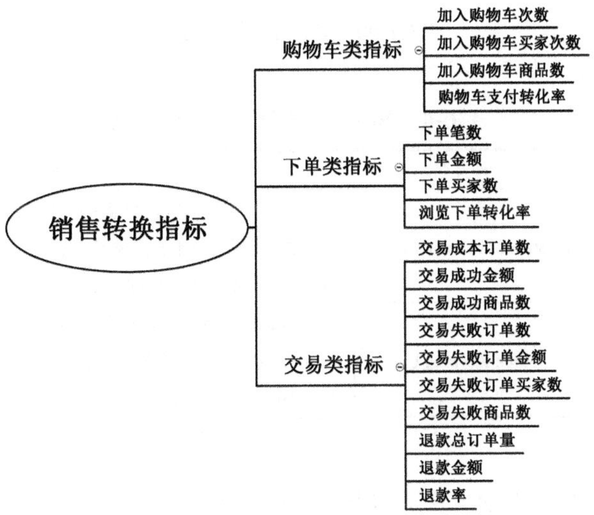

图 6-14 销售转化指标

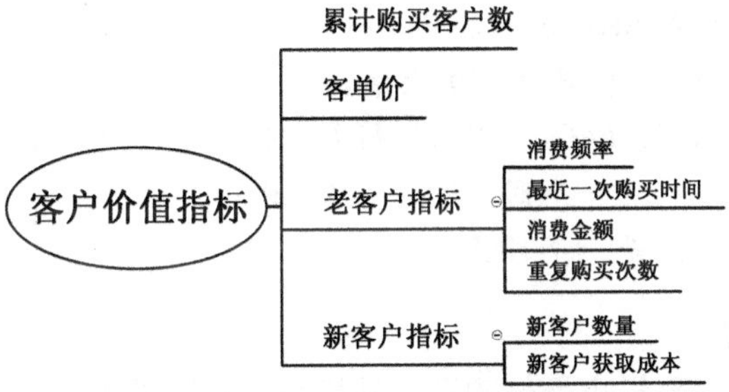

图 6-15 客户价值指标

5. 商品类指标

商品类指标主要分析商品的种类，便于商家建立关联模型，对热销商品与滞销商品进行捆绑销售，带动店铺其他商品的销售。商品类指标包括商品总数指标、商品优势性指标、品牌存量、上架、首发五大类，如图 6-16 所示。

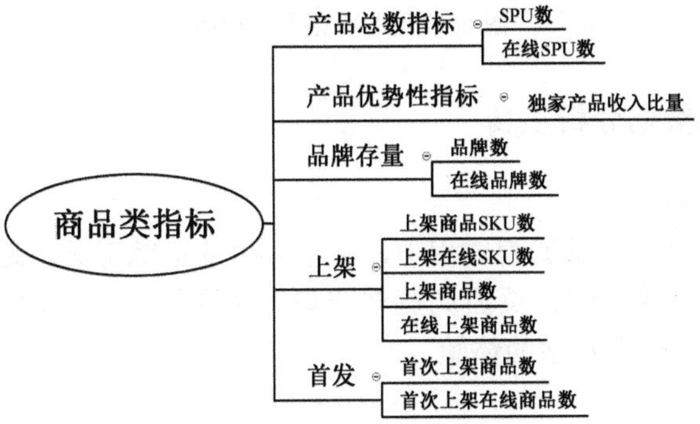

图 6-16 商品类指标

相关知识

SPU 和 SKU 介绍及区别

① 两者概念对比，如表 6-4 所示。

表 6-4　SPU 和 SKU 的概念对比

指标	全称	外文名	内涵
SPU	标准化商品单元	Standard Product Unit	SPU 是商品信息聚合的最小单位，是一组可复用、易检索的标准化信息的集合，该集合描述了一个商品的特性。通俗点讲，属性值、特性相同的商品就可以称为一个 SPU
SKU	库存量单位	Stock Keeping Unit	SKU 即库存进出计量的单位，可以是以件、盒、托盘等为单位。SKU 是物理上不可分割的最小存货单元。在使用时要根据不同业态，不同管理模式来处理。在服装、鞋类商品中使用最多最普遍

② 举例说明：

你想要一台华为 P13，店员也会再继续问：你想要什么华为 P13? 16G 银色还是 64G 白色? 每一台华为 P13 的毛重都是 420.00g，产地也都是中国大陆，这两个属性就属于 SPU 属性。

而容量和颜色，这种会影响价格和库存的（如 16G 与 64G 的价格不同，16G 银色还有货，金色卖完了）属性就是 SKU 属性。

SPU 属性：毛重 420.00 g；产地中国大陆。

SKU 属性：容量：16G、64G、128G；颜色：银、白、玫瑰金。

例如：华为 P13 可以确定一个商品即为一个 SPU。

例如：华为 P13 银色则是一个 SKU。

6. 市场竞争类指标

市场竞争类指标主要分析市场份额及网站排名，有助于进一步优化改进店铺及商品。市场份额包括市场占有率、市场扩大率、用户份额等。网站排名包括交易额排名、流量排名等，如图 6-17 所示。

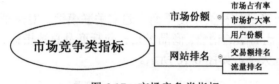

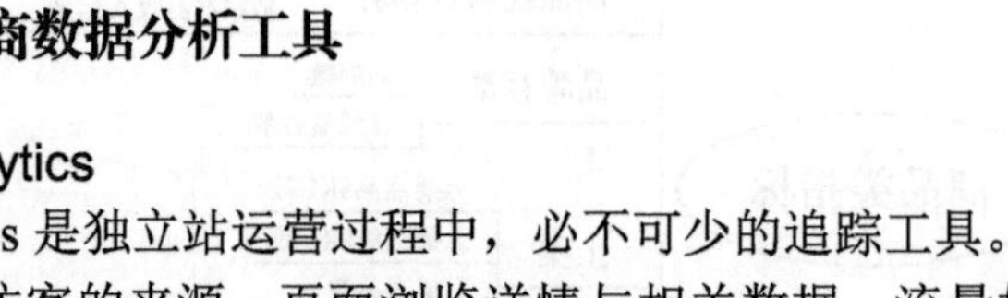

图 6-17　市场竞争类指标

（四）跨境电商数据分析工具

1. Google Analytics

Google Analytics 是独立站运营过程中，必不可少的追踪工具。通过 Google Analytics，卖家可以得知网站访客的来源，页面浏览详情与相关数据，流量如何转化。通过 Google Analytics 的数据来优化改进网站的体验。

2. Domo

Domo 涵盖多种跨境电商数据源，不仅包括电子商务报告，还涉及市场营销、库存管理和销售报告等数据分析。凭借 1 000 多个数据源，Domo 成为功能强大的工具之一。Domo

可抓取的数据类型包括数据存储、数据刷新速率、数据查询量和用户数量。Domo 也有其他功能相当的工具，主要有 Tableau、Datorama。

3. Looker

Looker 不仅拥有漂亮的可视化页面，而且使用起来非常简单。Looker 拥有高级的数据分析能力，适合大多数中型企业。Microsoft 和 Sisense 的 Power BI 也可代替 Looker。

跨境电商的大数据分析及运用，会帮助跨境电商卖家搭建最简单的用户模型，紧抓住消费者的消费动向。各位跨境电商卖家也应该认识到，用户消费模型是大数据思维的本质，分析这些数据的本质也是为了清楚这个用户消费模型。

任务小结

该任务主要通过一些知识点，让大家了解跨境电商数据分析目标和步骤。通过这部分内容的学习，了解跨境电商数据分析的关键指标，掌握跨境电商数据分析的流程，为后续跨境电商平台数据分析做好知识和技能储备。

拓展练习

（1）登录海鹰数据平台官网，如图 6-18 所示。

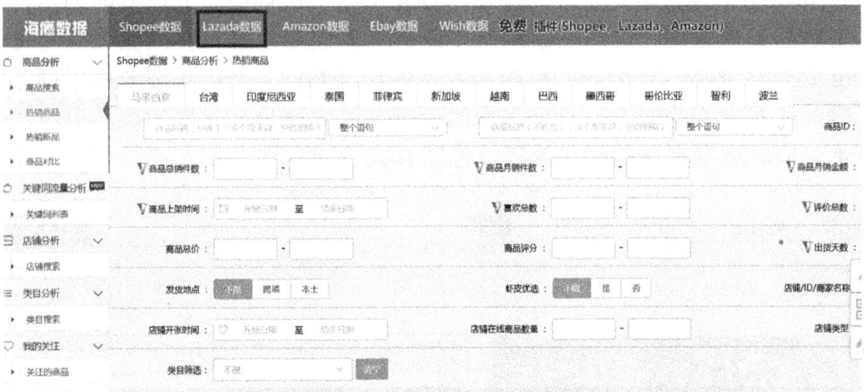

图 6-18　海鹰数据平台官网

（2）以 Lazada 平台马来西亚市场为例，如图 6-19 所示。分析抓取到的数据，分小组讨论，看看能得到哪些结论？

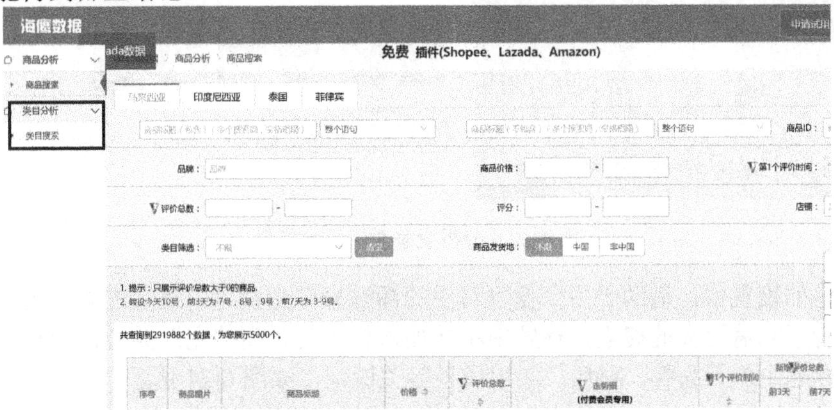

图 6-19　海鹰数据平台类目分析

任务三　跨境电商主流平台店铺数据分析

任务背景

在跨境电商店铺运营中，即使是已经入行有经验的卖家，也还是会对平台上各种数据感到困惑，不知重点，不懂如何分析，更不了解这些数据的作用。然而，具备数据整理、数据分析的能力，是一个优秀运营必备的技能。

任务实施

（一）速卖通店铺数据分析

1. 速卖通店铺竞品数据分析

（1）竞品标题分析。

标题在 listing 中具有举足轻重的作用。标题中的关键词要达到两方面的目的：一方面是，搜索引擎能够抓取到，进入搜索结果中；另一方面是，客户在浏览页面时可以准确理解该 listing 是什么商品。一个好的标题，要具备让顾客读了之后不需要再看商品描述就能够产生正确的购买行为的能力。一个优秀的标题可以实现最大化的为商品引流，提高曝光量和订单量，同时激发客户的购买欲望，如图 6-20 所示。

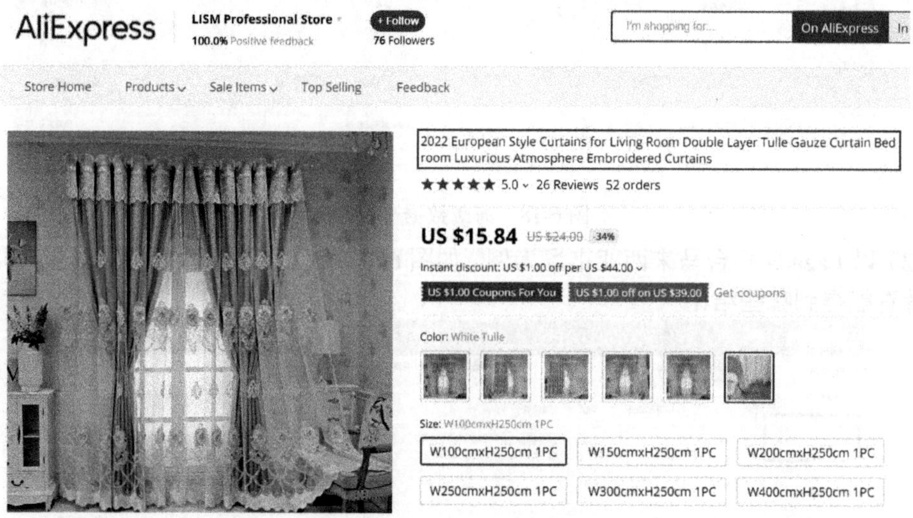

图 6-20　分析竞争对手商品标题

在标题的设置中，借助于多个竞争对手的标题来作为参考，逐层过滤筛选。除了精准关键词，为了涵盖更多的搜索，标题中不妨加入相关度较高的宽泛关键词和长尾关键词，如在商品标题中加入品牌、材质、实用场景等关键词，如图 6-21 所示。

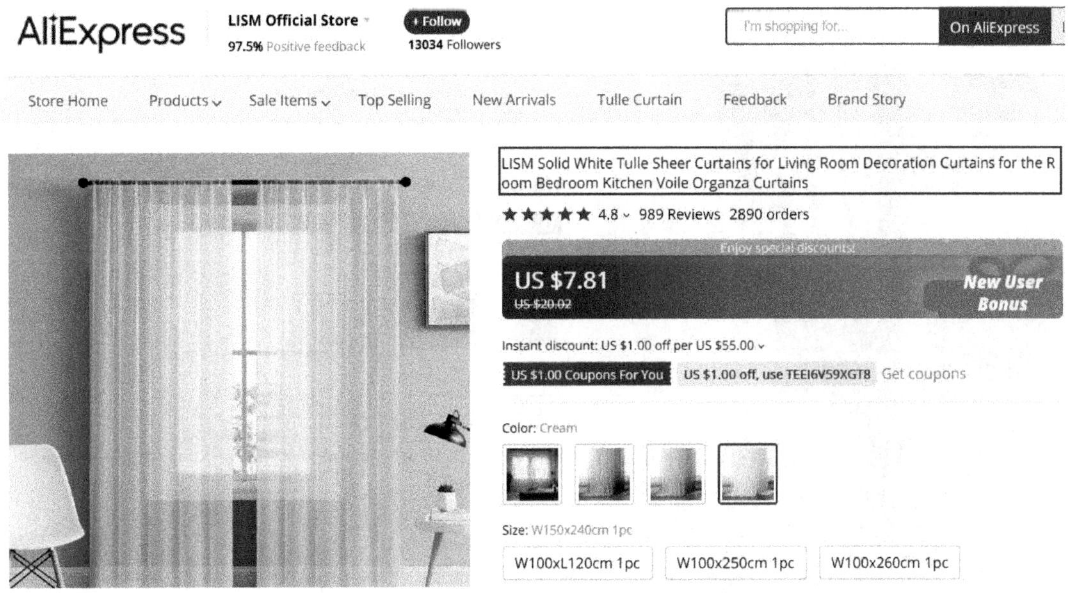

图 6-21　分析竞争对手商品标题长尾关键词

全球速卖通店铺标题建议注意一下 4 点。

① 真实准确的概括描述商品，符合海外买家的语法习惯，没有错别字及语法错误，请不要千篇一律的描述，买家也有审美疲劳。

② 标题中切记避免关键词堆砌。

③ 标题中切记避免虚假描述，如卖家销售的商品是 curtains，但为了获取更多的曝光，在标题中填写类似“cloth”字样的描述，有算法可以监测此类的作弊商品，同时虚假的描述也会影响商品的转化情况，得不偿失。

④ 标题除必须写出商品名称外，商品的属性、尺寸等都应标出，但是，切记不要加标点符号，特别是引号、句号等。因为客户搜索商品从来不会在关键词之间加这样的标点符号，大部分都是用空格。

（2）竞品主图分析。

标题可以体现出该商品的属性及特征，而主图可以直观体现出商品的款式及优点。观察商品的图片，确认竞品与描述是否一致，商品标题与图片匹配度越高，越能增加买家下单的信心，提高转化率。分析竞争对手主图展示的主要信息，以及其他几张图片是如何展示的，从而在上架商品的时候能够在商品图片中更好地突出自己的卖点，进行图片布局，如图 6-22 所示。

（3）竞品价格分析。

在店铺经营活动中，价格是消费者最关注的，自然也就影响着店铺的转化率。用户在前台搜索商品时，会有价格排名，单击价格排名，商品就会根据价格的高低来展现，如图 6-23 所示。

仔细观察，什么价位的商品才是消费者点击次数最多的，即买家最能接受的商品价格范围。这能让卖家更简单也更准确地了解消费者对商品的价格需求，也能有效地帮助我们的商品找到合适的价格定位。

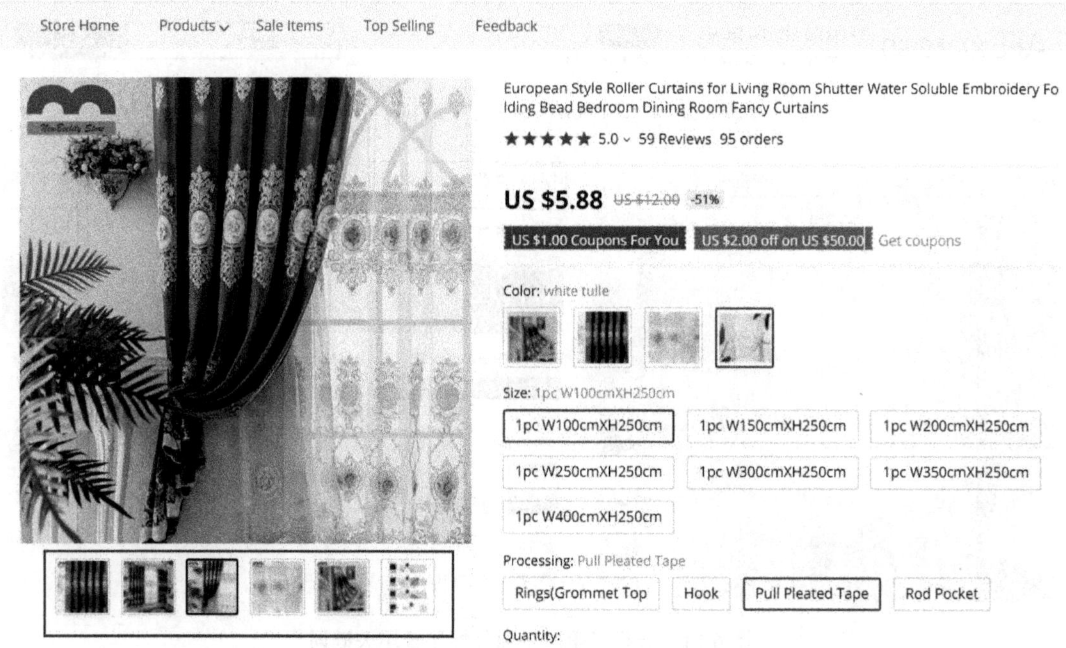

图 6-22　分析竞争对手的主图

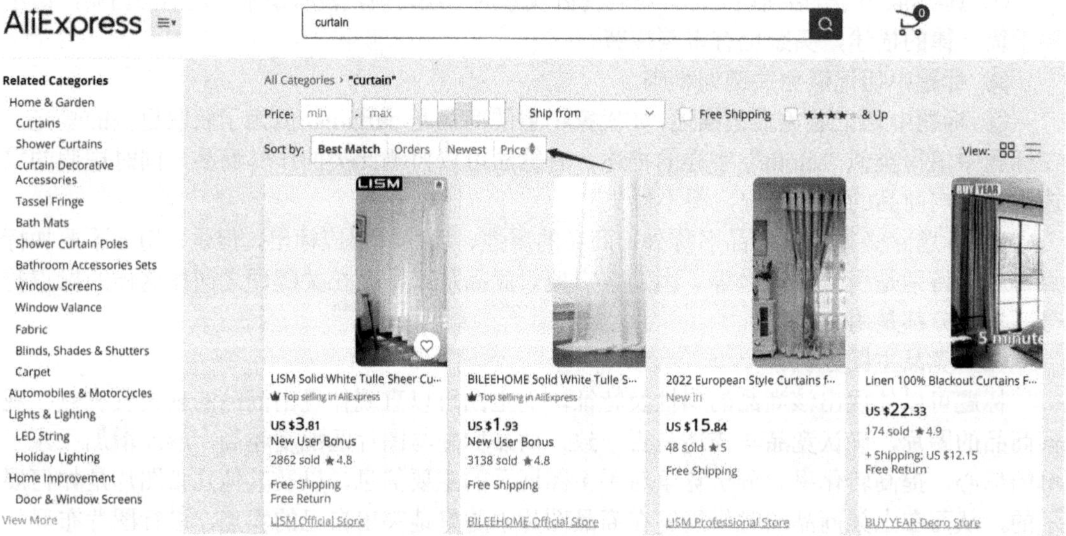

图 6-23　价格排名

一般情况下，卖家需要权衡是追求数量最大化，还是利润最大化。利润率高，单量少；利润率低，单量多。

分析对手价格，思考自己的哪些卖点能赋予商品更高的价值。切记价格要结合对手的热销商品价格，主推关键词，对手的对应市场的价格来分析。最后结合自己店铺目标客户群体，进行商品价格的调整优化，才能更好地提高自身商品的转化率。

（4）竞品收藏数分析。

用户浏览店铺商品时遇较比较喜欢的商品，会单击收藏。竞品的收藏数量可以从侧面反映商品受买家喜爱的程度，如图 6-24 所示。在做竞品分析时，可以进入商品的详情页面，通过观察和收集商品的收藏数据，对比自身商品，找出差距。可以以某个时间区间为标准收集，如一周或一个月的商品的收藏数量。最好能够制作成趋势图，观察竞品收藏数据的变化。如果通过一个时间区间的观察，发现竞品的收藏数据呈上涨的虚趋势，说明竞品是比较受客户欢迎的；如果同一时期内自身商品的收藏数量过少，可以尝试设置一些店铺活动，如常见的收藏有礼或参加平台的活动等。此外，还可以通过优化商品主图/详情页、增加商品视频等方式，提升自身商品的收藏数。

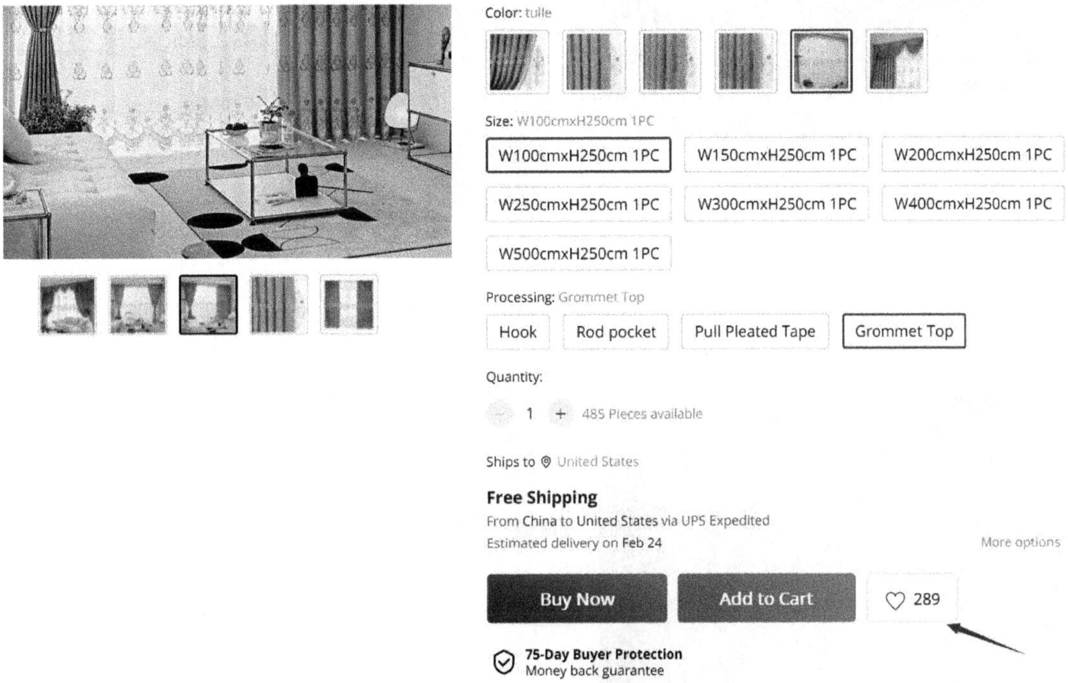

图 6-24　查看商品收藏数量

（5）竞品营销活动分析。

速卖通店铺经常会开展各种营销活动，如发放店铺优惠券和满减等。有时候还会根据节假日的流量情况，定期组织营销活动。在竞品分析的过程中，要及时了解优惠活动的力度及时间安排，如图 6-25 所示。同时也可以观察竞品是否参加了平台权益计划，如西法 10 日达、AE plus 计划等。店铺优惠活动可以提高商品转化率，而加入平台的一些权益计划，将获得额外的打标、曝光等权益。通过竞品分析，在自身运营商品的过程中，可以提供营销推广活动设置方面的参考。此外也可以在优惠方式的设置上与竞品区分开来，以获得更多展示机会。

（6）竞品订单量分析。

竞品分析中商品订单量分析是竞品分析的重点，在商品详情页可以直接查看到该商品近 6 个月的订单量，如图 6-26 所示。

图 6-25　优惠活动

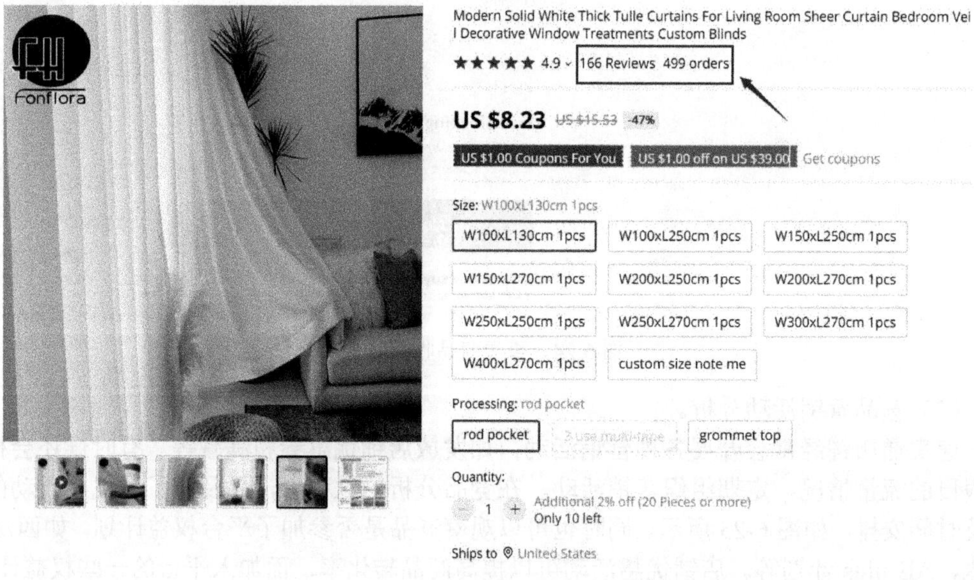

图 6-26　商品订单量

商品页面展示的是 180 天的订单量，可以参考得出同类商品每天出单量，然后为自身商品定制每天的出单目标提供参考。同时也要注意分析竞争对手有没有刷单的嫌疑。结合卖家的 ID 和国家简称，检查是否一致。例如，卖家的 ID 和国家都是法国的，但评价内容全是英文，或连续的评价都来自俄罗斯，卖家秀图片拍摄角度也差不多，那么这类订单极有可能是刷单的订单。在结合竞品销量制定自身销量目标时，需要考虑完成该销量目标的普遍前提是什么。以服装为例，自身商品颜色尺码如果不全，卖家数量会减少，也会影响商品转化率。与竞品价格接近，如果自身商品价格高于竞品，那自身商品的市场竞争力就会下降；与竞品运费模板相似，如果自身商品运输方式不全，主流销售国家运费不包邮或运费偏高也会影响商品转化率。

（7）竞品运费模板分析。

在跨境电商运营过程中，商品的运费是非常大的支出，占成本的比重较大。因此在进行竞品分析的过程当中，要仔细对标竞品运费模板的设置。可以查看竞品选择了哪些物流方式，是否包邮，是否需要补运费差价，如图6-27所示。通过比较可以给我们选择物流方式设置运费模板提供参考，另外也可以给我们设置运费补差价提供思路，有些买家愿意为了更快收到商品付费，所以运费补差价也可以参考。

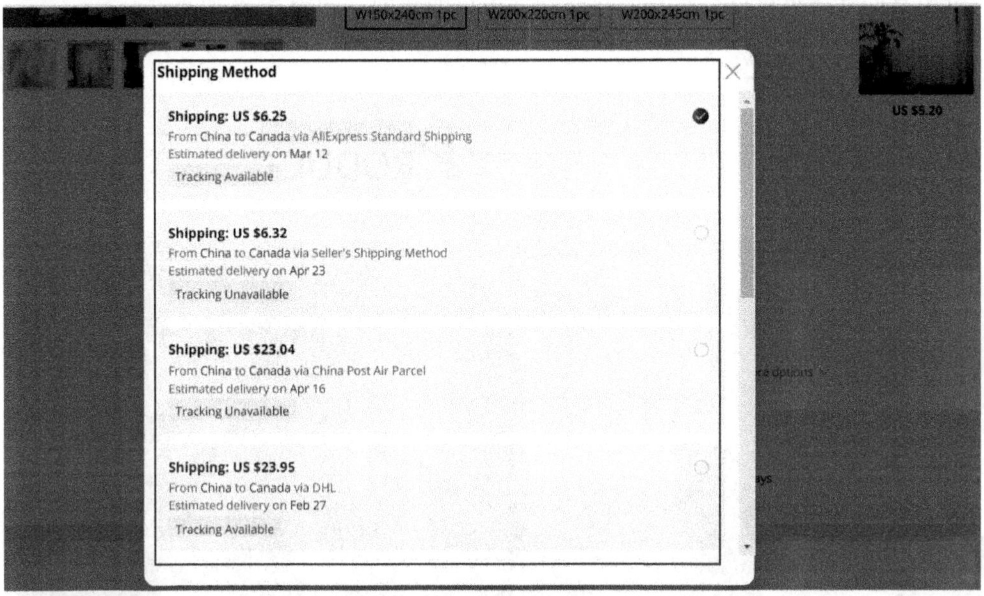

图6-27　商品物流方式

（8）竞品的属性分析。

竞品的属性分为系统属性和自定义属性。卖家在发布商品时会填写，如图6-28所示。

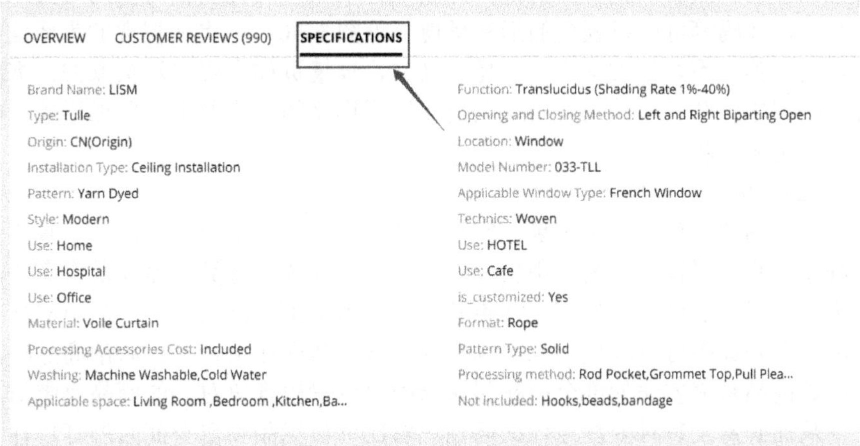

图6-28　竞品属性

想一想

竞品属性分析应该关注那些点

分析图 6-28 显示的商品属性，该商品的使用场景有哪些？作为消费者，你会关注该商品的哪些属性？请说明原因。

在查看竞品属性时，可以了解竞品的功能和材质卖点等信息，从而了解到自身商品与竞品之间的差异，在编辑商品属性时，可以参考竞品的系统属性及自定义属性。不一定要完全跟竞品一样，但可以参考竞品属性的全面性。通常情况下，定义属性也建议填写。

（9）竞品详情页分析。

分析竞品详情页可以参考竞争对手的详情页的布局，如图 6-29 所示。

图 6-29　竞品详情页

找出竞品详情页突出的重点及卖点，为自己详情页布局提供参考，同时要注意以下几个方面，其一，尺码等可以以表格的形式呈现（见图 6-30），更加直观的重要信息直接用文字展示，避免英文不好的卖家无法看懂。其二，详情页如果要展示买家秀，需要注意视觉效果色差等问题。其三，涉及使用说明的可以用图文的形式展示，更加形象，或增加视频说明，这样更加直观。

（10）竞品订单评价分析。

对竞品订单的评价分析非常重要。它可以从一个侧面反映出用户的一个真实情况。在分析的过程中，我们要综合权衡。不仅要看好评，还要关注竞品的差评及买家秀。在用户的好评中去发现用户认可商品的部分，也就是可以提取出商品的卖点，从而取长补短优化自身的商品；在差评中可以看出卖家不满意的部分，从而在上架自己店铺商品时，可以提前规避可能给商品带来差评的部分；在买家秀中可以看出竞争对手的商品包装信息和是否有赠品等，从而确定发货时要注意什么问题。对比分析竞品和自身商品的订单评价可以为自身商品或店铺服务优化创新提供思路，如图 6-31 所示。

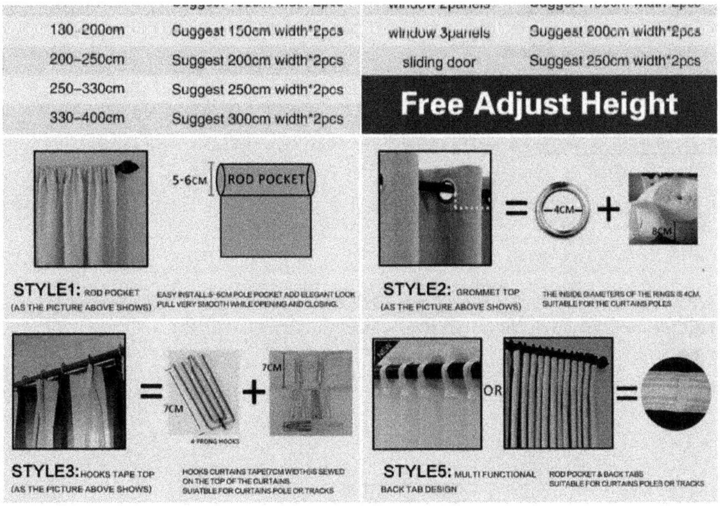

图 6-30　商品尺寸

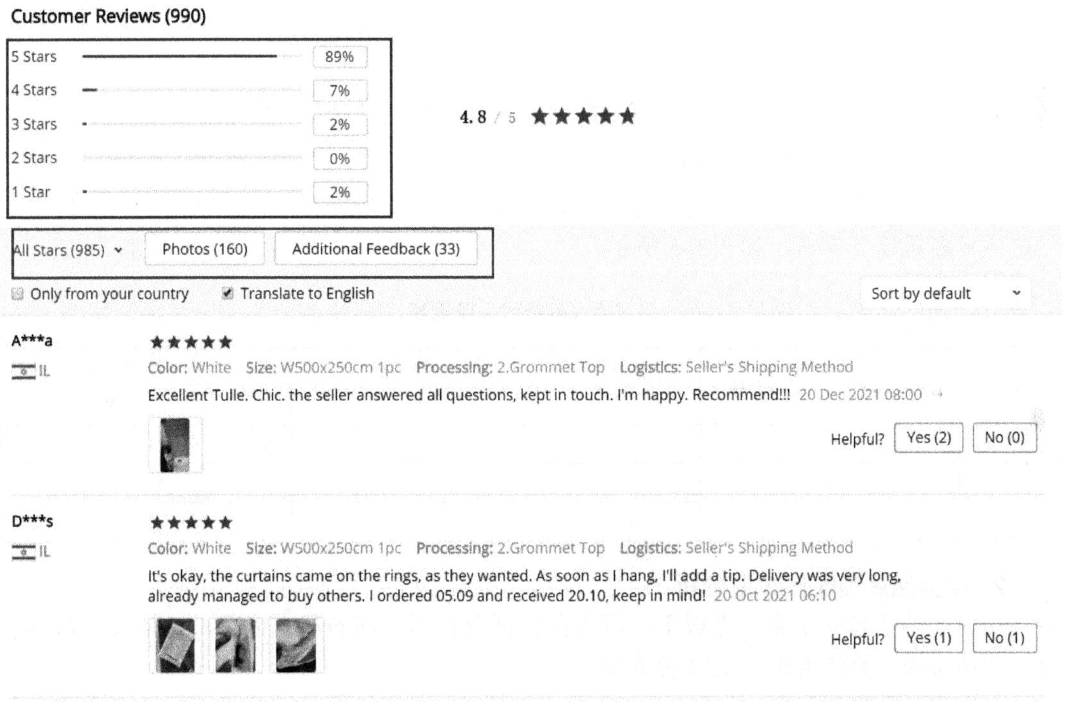

图 6-31　用户整体评价情况查看

对竞品的订单评价分析后，发现客户反馈物流较慢，商品实物与描述有不一致的情况，如图 6-32 所示。对于用户反映的物流问题，要分析客户订单的目的地国家，了解是否是受疫情的影响，导致物流延迟。对于客户评价收到的商品与描述不一致，要仔细分析商品详情描述，是否存在商品的某些细节描述不到位的情况。如图中的窗帘，由于有镂空等细节，是否在英语的语言表达方面存在歧义。在全面了解到客户的评价后，分析者就能总结出买家的需求，进而对标自己的商品分析出哪些是买家认可的，需要继续保持；哪些是商品不够优秀的地方，需要向竞品学习。这样才能够做到取长补短，为继续优化自身商品提供依据。

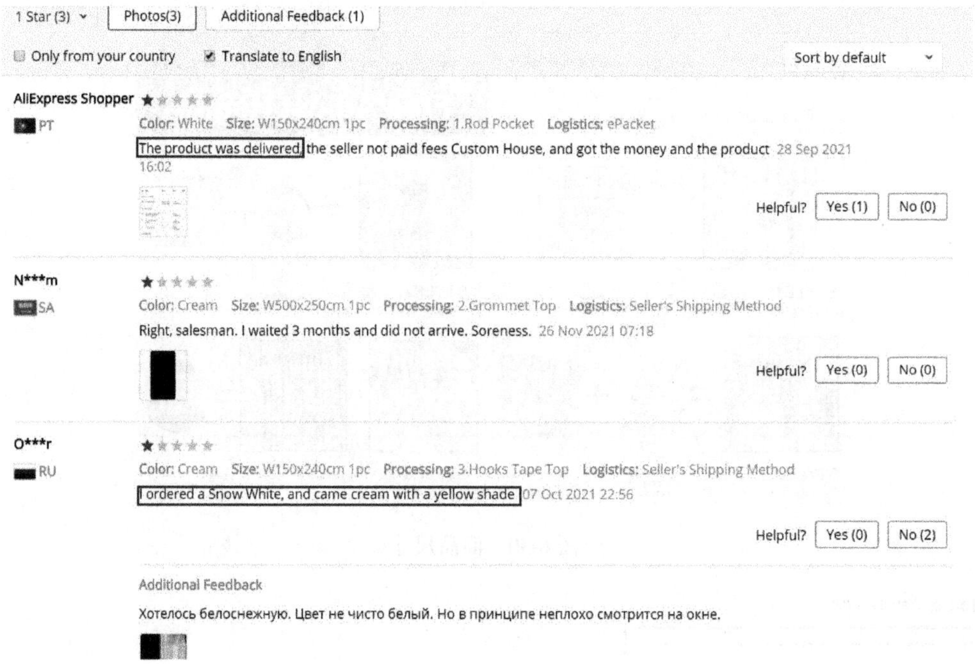

图 6-32 用户评价分析

（11）制定竞争对手“监控表”。

对竞品店铺及竞品链接这些数据进行长期跟踪，确保数据有效性，从而为自己打造商品提供更多思路及参考，如表 6-5 所示。

表 6-5 竞争对手监控表

店铺 ID	店铺名称	店铺链接	开店时间	是否金银牌	主营商品	商品数量	销量最高商品的订单数

2. 速卖通店铺整体数据分析

在速卖通后台的生意参谋板下，可以在首页查看到店铺的基本情况，包括实时数据情况、店铺层级、整体看板、实时榜单等。

（1）实时数据情况。

实时数据可以帮助卖家快速了解店铺的单日成交金额与昨日成交金额的对比变化。充分了解今日销售情况是否合理。同时可以判断店铺成交金额最高的商品，通过成交金额判断进行的商品优化和营销活动是否有积极的效果和作用。根据不同时段的成交金额，可以对直通车等推广计划的启动时间进行调整。

该实时数据部分展示了截至浏览时间，当前的支付金额，访客数，支付买家数及支付主订单数，浏览量等数据。还可以查看移动端支付金额占比及与店铺昨日同时段支付金额对比的折线图，如图 6-33 所示。

（2）店铺层级。

店铺层级部分展示了店铺近 30 天支付金额及行业内近 30 天支付金额排行。行业内近 30 天支付金额排行指店铺所属主营二级行业的实时排名，店铺排名 200 名之外用 200+显示，如图 6-33 所示。

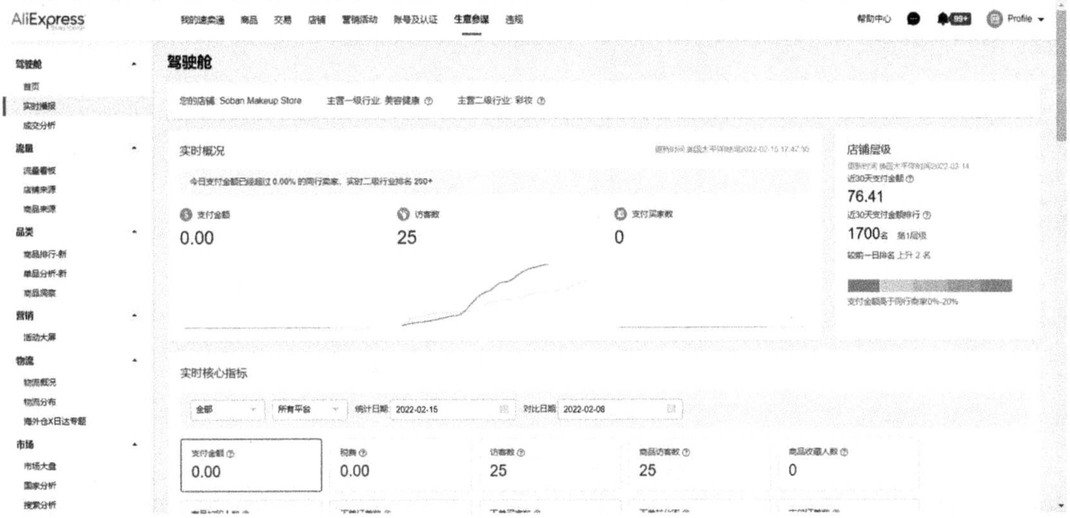

图 6-33　店铺实时数据

相关知识

速卖通平台店铺层级划分

店铺层级一般分为 5 个层级，按照近 30 天支付金额排序后，按照商家数量占比来划分。

① 第 1 级的商家数量占比为 0%～40%。

② 第 2 级的商家数量占比为 40%～60%。

③ 第 3 级的商家数量占比为 60%～80%。

④ 第 4 级的商家数量占比为 80%～95%。

⑤ 第 5 级的商家数量占比达到 95%以上。

通过店铺层级下的数据可以观察店铺所处层级变化，即在层级中的排名变化，根据近 30 天支付，金额排行及支付总额上升下降趋势，可以判断出 30 天店铺数量整体变化情况及与行业其他卖家之间的差距。如果店铺近 30 天支付金额呈现上升趋势，但是近 30 天支付金额排行缺位，提升甚至出现下降，说明有一些比较强势的店铺加入竞争或原本销量不如自身店铺的，销量已经超过这层店铺，保持店铺现有销量已经不足以抢占市场。还需要打造热门的商品，加快提升店铺销量。

（3）整体看板。

在生意参谋整体看板页面，可以通过不同时间维度，如日、周、月查看店铺的支付金额，店铺访客数，支付转换率，客单价，成功退款金额等数据，还可以查看自身店铺与同行同层平均及同行同层优秀对比，如图 6-34 所示。

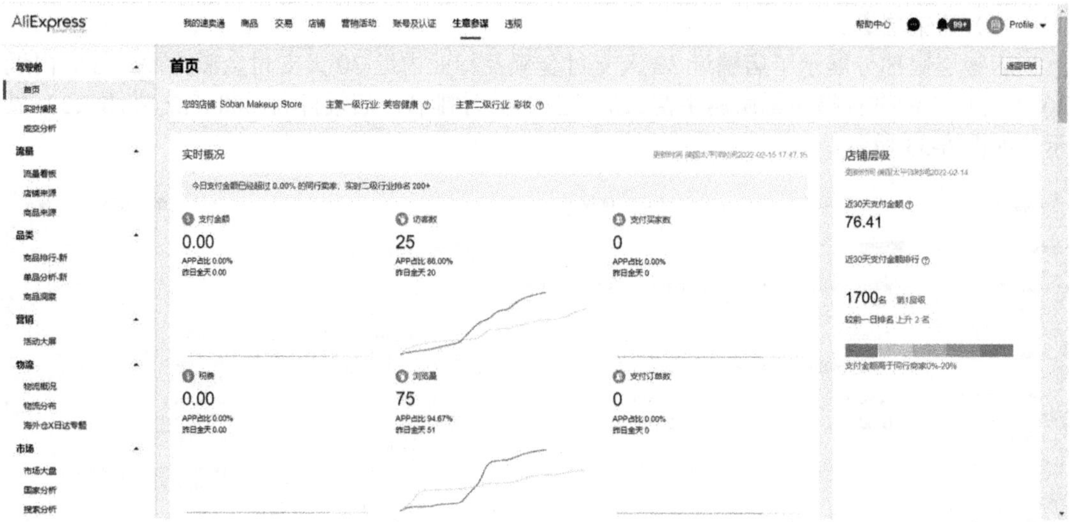

图 6-34　同行业同层实时数据对比概况

（4）实时榜单。

在整体数据里还可以查看商品的实时访客榜、实时国家访客榜、实时商品支付榜。这些榜单，对于分析店铺爆款商品，确定店铺主流市场国家及新兴市场国家，提供了重要的分析依据，如下表 6-6 所示。

表 6-6　实时榜单的分析依据与结论

序号	分析依据	分析结论
1	观察榜单数据，找出店铺成交金额高且稳定的国家，作为店铺的主流国家市场	确定目标市场区域
2	观察店铺访客量高，成交量高的商品的变化情况，找出店铺爆款或潜在爆款	确定爆款商品
3	找出店铺访客高，但成交金额少的国家，这些国家可以进行拓展和布局	确定新兴市场区域

3. 速卖通店铺流量数据分析

从事跨境电商运营工作对流量的把控至关重要，基于线上渠道的流量数据分析是决定后续各项运营工作的基础。在店铺流量数据分析环节，不仅要关注自己店铺的流量数据，也要了解平台及整个行业的流量趋势情况。

（1）流量看板。

在流量总览页面可以以日、周、月等不同维度查看店铺数据，也支持按照国家平台等筛选。选择不同时间维度查看店铺的访客数、商品的访客数、支付买家数、浏览量、跳失率、人均浏览量、平均停留时长、新访客数以及新访客占比的数据及变化趋势等，可以了解店铺表现情况，如图 6-35 所示。

在实际运营过程中，可以找出高访客、高加购、高转化的国家作为店铺的重要市场，做营销推广时侧重对这些国家市场的投入；也可以找出高访客、高加购、低转化的国家作为机会国家尝试进行定向营销，刺激该国家市场的买家下单转化。

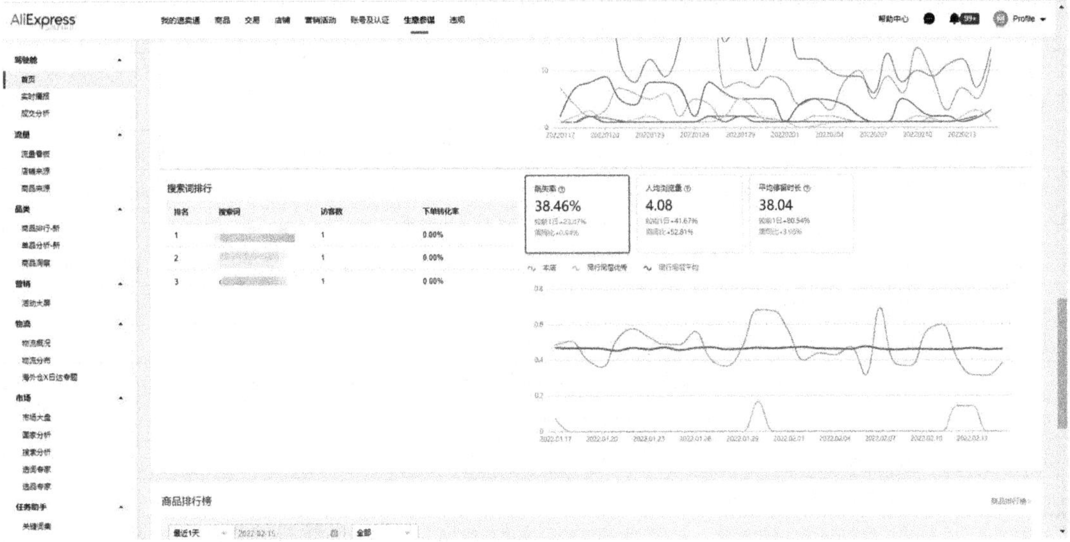

图 6-35　速卖通流量看板

（2）页面流量。

① 页面流量来源。

在该页面不仅可以看到店铺流量来源的主要途径，还能看到来自各来源流量的具体访客数及下单转换率。根据流量变化的曲线图，可以很直观地看到不同来源流量的变化趋势。从而方便决策者制定店铺的营销推广计划，合理分配推广资金，如图 6-36 所示。

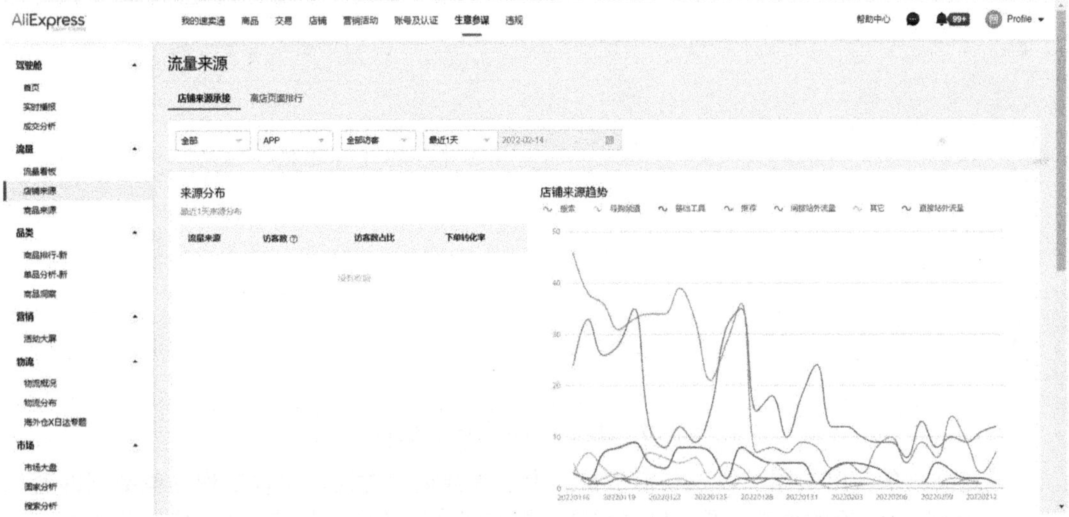

图 6-36　速卖通后台店铺流量来源

相关知识

速卖通平台页面流量来源渠道

通常情况下，速卖通平台页面流量的来源构成有很多种，如表 6-7 所示。

表 6-7　速卖通流量来源

载体	流量来源形式
商品页面	通过商品详情页或商品相关页面记录的流量
首页	平台基于算法推荐给用户引导进入店铺，如通过首页推荐心愿单推荐和购物车推荐等进入的流量
搜索	通过 AE 搜索进入店铺的用户，含直通车，如来自搜索文字，搜索图片，搜索类目导航等访问的流量
其他	除其他站内渠道外进入店铺的用户，如关联搭配等带来的流量
会场	通过会场进入店铺的用户，一般是通过促销活动搭建的活动会场、行业会场、主会场、人群会场等带来的流量
购物车	通过网站购物车带来的流量
用户后台	通过用户后台进入店铺，如用户后台的订单列表
收藏夹	单击宝贝收藏、购物车、店铺收藏、已买到商品等直接访问到商品或店铺的流量
购物频道	通过前台导购场进入店铺的访客，如新人专区、直播等
店铺页面	访问店铺页面的，如访问店铺首页，店铺商品列表等带来的流量
feed	短视频等渠道进入店铺的流量
站外	非速卖通平台带来的流量，如通过联盟站外渠道推广链接，站外搜索引擎，社交网站等带来的流量

② 用户行为分析。

用户行为指标主要展示了跳失率，人均浏览量及平均停留时长 3 个数据，这 3 个数据都能在一定程度上反映流量的质量情况，如图 6-37 所示。

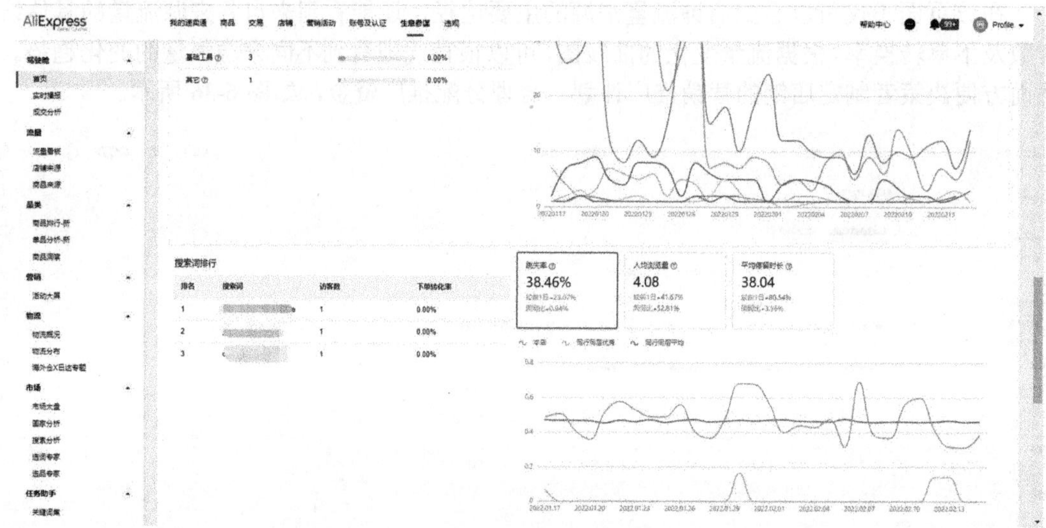

图 6-37　速卖通后台用户行为分析

通过此处的实时数据，以及与前一日、上一周数据的对比，可以发现这些数据的变化情况，通过时间维度的调整，可以观察数据不同时间维度的变化趋势，如果店铺跳失率高，人均浏览量较少，平均停留时长比较短，说明商品对买家的吸引力一般，不能引起关注。此时需要对店铺的商品进行优化，如主图标题详情页、商品质量、商品评价等。

③ 搜索词排行。

搜索词排行榜可以观察到店铺维度的商品相关搜索词带来的访客数及下单转化率。如图 6-38 所示。从而判断该关键词是否能给店铺带来访客，是否有较高转化。如果关键词能带来高访客高转化，说明该关键词表现优秀，做商品标题优化或后续类似商品上新时，可以运用该关键词。

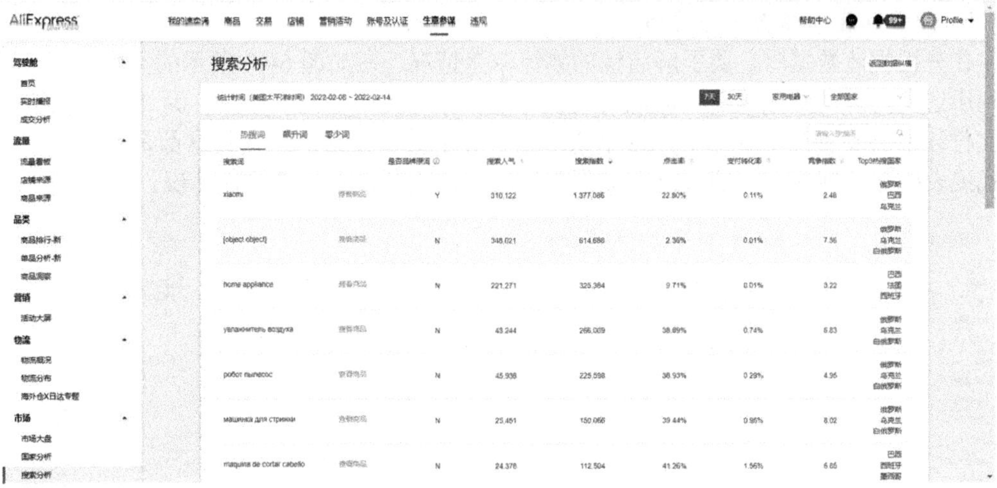

图 6-38　速卖通后台搜索分析

4. 速卖通店铺商品数据分析

（1）转化看板。

通常情况下，访客的转化根据操作不同，可以分为收藏转化、加购转化及支付转化。在转化看板数据中，可以通过设置不同时间维度查看店铺转化率情况，方便运营人员及时做出应对。与此同时，在该页面还能够看到商品的访客加购、收藏及支付情况，可以针对一些高加购高收藏的商品做定向营销，吸引买家下单。

（2）客单看板。

在客单看板页面，可以看到客单分布及支付件数分布两种数据。从客单分布可以查看店铺平均每个支付买家的支付金额集中在哪个价格区间，单击折线图还能看到该价格区间的买家占比，为店铺商品价格布局提供参考。

（3）单品分析。

单个商品的转化率，主要取决于两个因素：一是商品价格，由主要国家定价和运费模板决定；二是详情展示，包括商品评分，评价和商品图片及描述。

分析时抓住主要因素，即商品定价和评价。作为卖家，要学会换位思考。价格低并不是真的低，要让买家认为我们的价格确实是最有性价比的才行，如图 6-39 所示。

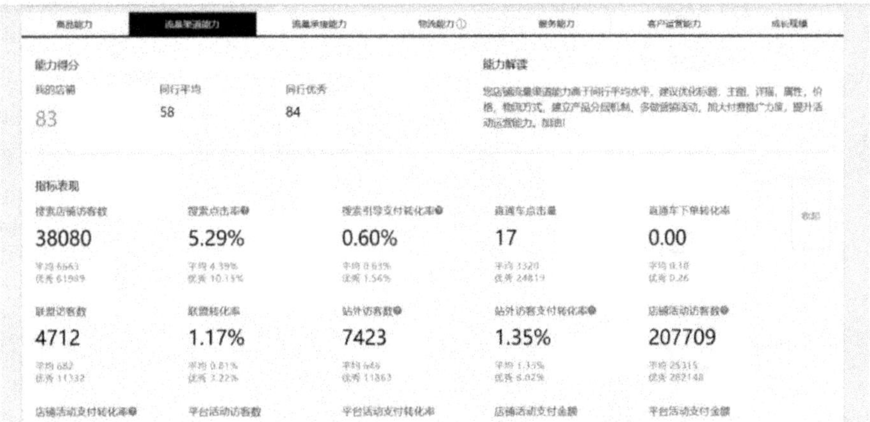

图 6-39　速卖通后台单品分析

5. 速卖通店铺物流数据分析

在分析物流数据时，要了解店铺的物流单量情况。在如图 6-40 所示的页面中，可以查看到所选支付时间到最近统计时间的物流单量数据，可以通过日、周、月不同时间维度查看支付订单量发货订单量，上网订单量，签收订单量等数据，这些数据都是支持通过图表格式或表格形式展现的。通过这些数据可以看出店铺的发货速度物流情况。

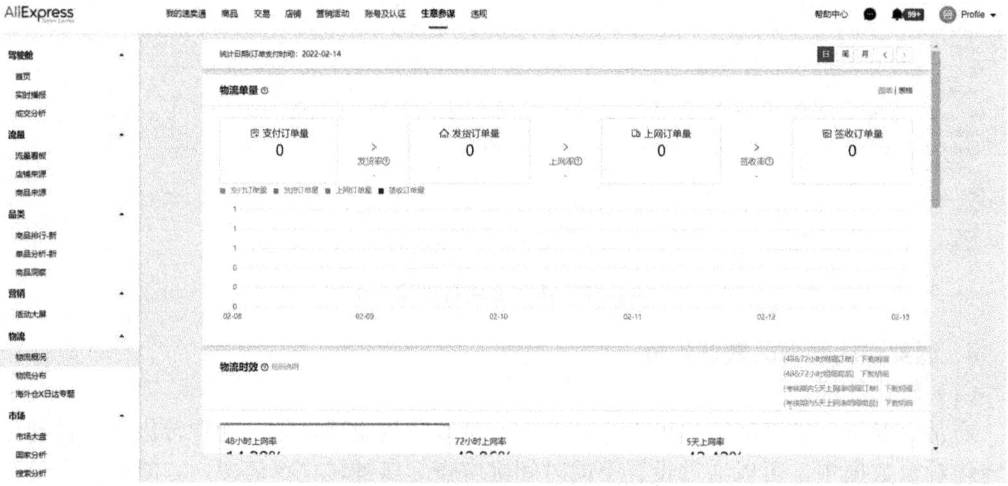

图 6-40　速卖通后台物流时效

（1）物流时效。

页面中可以查看店铺订单物流时效数据，包括 48 小时上网率数据，72 小时上网率数据及 5 天上网率数据，如图 6-41 所示。该页面数据统计日期均为当前日期，往前推 7 天的近 30 天的订单数据，如当前日期为 9 月 15 日，则统计订单为 9 月 8 日的近 30 天订单数据，同时通过与优秀同行平均数据对比，找出自身店铺物流时效的不足之处，以便采取措施，从而提升店铺物流时效，优化买家体验。

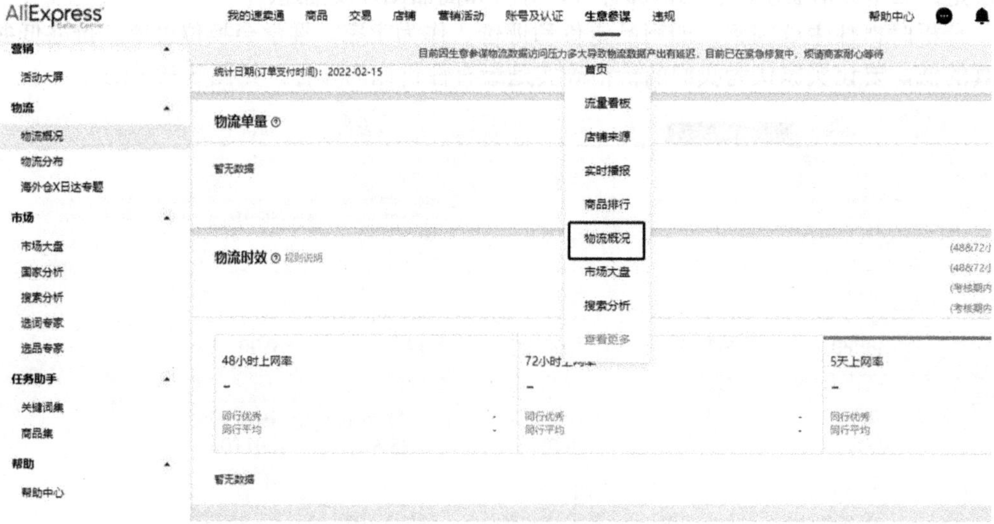

图 6-41　速卖通后台物流概况

（2）物流体验。

物流体验中主要可以查看店铺物流 DSR 评分和未收到货纠纷提取率两个数据，支持通过不同时间维度查看。同时通过与同行优秀同行平均数据的对比，确定自身店铺物流 DSR 评分及店铺未收到货纠纷提取的两种情况：如果 DSR 评分低于同行平均，就说明自身店铺物流水平较低，较多买家对此不满意；如果未收到货纠纷提取率高于同行平均，说明自身店铺因未收到货提起纠纷的订单较多，需要优化物流线路及服务，降低未收到货纠纷提取率。

（3）物流分布。

① 物流服务商分布。

物流服务商分布页面中，展示了店铺不同物流商单量及效率情况，如图 6-42 所示。通过比较分析可以看出不同物流服务商的表现，找出其中优势明显的物流服务方式，同时该页面也支持设置不同时间区段及不同收获区域筛选条件。

图 6-42　速卖通物流服务商分布

② 商品类目分布。

商品类目分布页面中，展示了不同类目下发货订单量及发货效率相关数据，如图 6-43 所示。在该页面中可以找出未收到货纠纷提取率较高的子类目商品。通过分析，为优化店铺商品品类布局、优化商品及物流方式提供参考。

图 6-43　速卖通商品类目分布

③ 国家（地区）分布。

国家（地区）分布页面中，展示了按照收货地址，国家展示发货订单量及发货效率相关数据，如图 6-44 所示。支持从不同时间维度查看数据。通过数据分析，可以找出未收到货纠纷提取率较高的国家或地区，并加以重点优化。

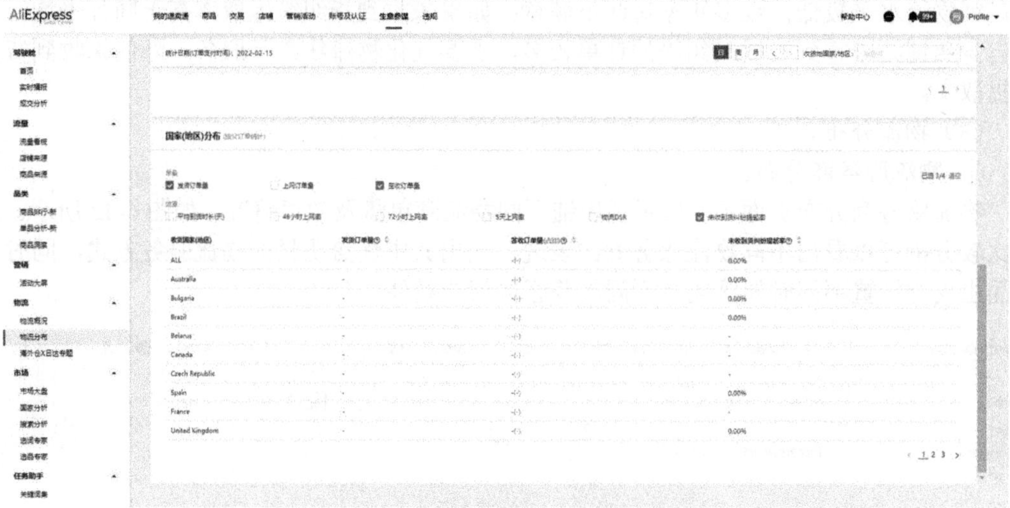

图 6-44 速卖通国家（地区）分布

6. 速卖通店铺客户数据分析

在速卖通后台的营销活动下，可以看到客户营销和客户管理功能。通过客户管理功能，可以查看店铺的全部客户，进行人群分析及客户分组管理等。

（1）人群分析。

通过设置人群过滤条件，确定更准确的目标人群，如图 6-45 所示。同时可以查看不同人群分析因子下的数据，确定店铺的主流国家市场及店铺买家的画像，如买家的性别年龄、是不是店铺粉丝等。

图 6-45 速卖通后台客户管理与营销模块

（2）客户分组管理。

本页面中，可以通过设置不同的筛选条件筛选所需的买家，并为筛选的买家设置分组，方便后期营销，如图 6-46 所示。如可以通过设置国家地区条件，筛选不同国家地区的客户数据，通过筛选加购数加收藏数确定有下单意向的客户，进行定向营销的同时，会筛选有往来的客户数据创建分组。

图 6-46 速卖通后台客户管理

（二）亚马逊店铺数据分析

1. 亚马逊店铺竞品数据分析

每天都有近上千名卖家汇入亚马逊第三方这个群体，作为一名平平无奇的新入场选手，必须警惕行业的风向及其他竞品的动向，了解竞品的采购渠道、品控细则、定价模式、营销手段等。分析竞品是开启亚马逊之旅的重要一环。

例如，卖家手上的主打商品是智能锁，市场上已经充斥着不同功能、样式、价位的商品，搜索“Smart Locks”，结果如图 6-47 所示。

图 6-47 亚马逊商品搜索结果

该关键词项下会出现形形色色的商品，不过针对竞品需要用更加“贴服”的长尾词从而体现对应的利基市场，这次的关键词换成“wifi smart lock”，搜索结果如图 6-48 所示。

图 6-48　亚马逊商品搜索结果标题分析

以上搜索结果只显示添加了“wifi smart lock”这串长尾词的商品。出现在搜索结果排名前 10～20 的商品，卖家需重点关注。

（1）跟踪竞品的关键词排名。

如果卖家希望商品能被消费者及时捕捉到，前提是确保商品的关键词设置准确。如果关键词设置有误，在消费者货比三家这个区段的竞技中将直接淘汰出局，也就是连曝光的机会都不会有。

尽管卖家可以在不使用软件助手的情况下找到目标关键词，但使用助手软件能够节省大量时间和精力。通过使用关键词工具（如卖家精灵，见图 6-49），不仅能全面把握竞品后台关键词的设置情况，还能就关键词对流量入口划分不同等级，以此平衡投入产出比，当然还能查看到其他绩效指标。

图 6-49　卖家精灵手机端界面

（2）分析竞品的 listing。

拆解竞品 listing 可以从另一个角度对自身的商品查缺补漏、博采众长，需要注意以下 4 个方面。

① 标题分析。

标题不仅能告诉消费者卖的是什么，还能为亚马逊的 A9 算法提供包括绩效核算、曝光展示的指引，卖家在设置标题时要注意同类目下的头部卖家是如何拟标题的，才能在一些无须付费的地方把与竞品的差距拉至最小。

想一想

请找出以下两款咖啡机标题的差异

在图 6-50 中，右侧商品的标题部分缺少“brew”这个单词，在左侧商品的标题中，清楚地写到单次能够泡制一杯 6～10 盎司的咖啡。消费者在浏览到标题时能非常直观地了解商品用途，方便购物体验的同时还能提高受众群的精准打击度，请把直观、精辟常记在心。

因此拟标题时需注意以下几个问题：语言表达是否足够凝练？竞品遗漏的点是否补足？与竞品深度捆绑的关键词是否足够重视？这些问题最终都将影响商品的曝光和销量。

图 6-50 亚马逊咖啡机商品对比

② 商品图片分析。

图片是巨大的卖点。线上浏览的消费者无法洞悉商品的实际体感，卖家需确保 listing 在设置上能够唤起消费者的共鸣，能够带动其产生交互感，销量才能被拉动。图片在这中间充当的不仅是门面，而是牵动消费意识的关键因素。因此做好图片分析在卖家扩大市场份额中起着举足轻重的作用。

想一想

哪张图更吸引人

对比以下两张咖啡机主图（见图 6-51），哪张更吸引人？为什么？

图 6-51 亚马逊商品主图对比

左图在咖啡机的基础上放上了一杯子，不仅配色上更佳抢眼，还从侧面展现了咖啡机的“生活伴侣”，起到了画龙点睛的效用。

③ 商品要点及描述分析。

商品要点及描述分析就是对该商品的要点及描述进行更好的提炼，如图 6-52 所示。优化要点和描述的方法很简单，化繁为简即可。删除那些花哨的辞藻，忽略那些让人看起来毫无欲望的口水词，切中要害，且有说服力才是关键。

图 6-52　亚马逊商品描述分析

④ 商品评论分析。

亚马逊在使用 A9 算法对卖家的 listing 进行绩效考核时最看重的参数之一，就是消费者愿意主动给商品好评，这说明商品的潜力及实用性经得起测试，亚马逊自然会预留更多的曝光展示，也就是权重给这些商品。详尽的好评就像免费升级的 A+页面，评论支持上传视频，有视频这样更为生动的内容形式，可以引起更高的关注。对于卖家而言，评论比评分更加重要，这也是很多大卖家特别注重用户评论的原因之一。

评论的重要性，已经被印证过无数次，卖家们要谨言慎行，参考别的卖家方法“弯道超车”的前提是合规。

（3）竞品定价分析。

定价对消费者购买决策有着很重要的影响，特别是在亚马逊上。两个类似的商品，评论、评分相差无几，消费者有极大可能选择价格较为低廉的那款。商品低价可短时间内拉动销量，但却可能让卖家深陷入不敷出的尴尬局面。因此研究商品的历史价格（见图 6-53）尤为重要。如果卖家目前瞄准的利基市场的商品价格波动涨幅较为明显，说明进驻的竞争压力相对较大，不建议新手卖家尝试。

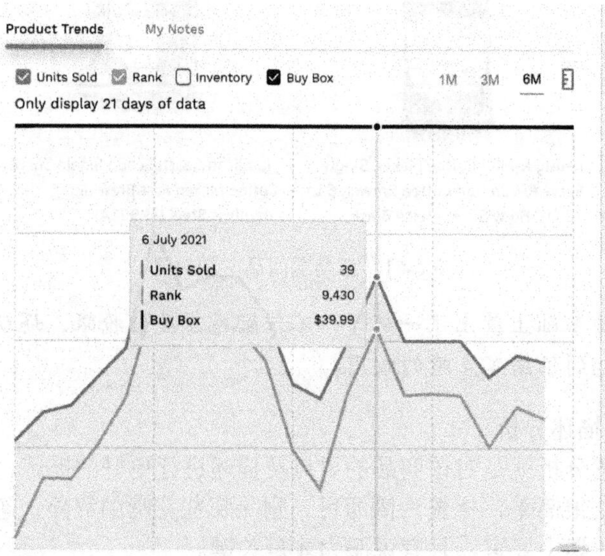

图 6-53　亚马逊竞品定价分析

（4）竞品销量。

追踪竞品的销量能帮助卖家了解他们的库存情况、潜在利润，以及整个利基市场的潜力，如图 6-54 所示。

Product Title ASIN | Brand	Avg Price	Variant Differences	Avg Net	Avg Daily Rank	Avg Daily Sales	Avg Daily Revenue	Avg Mthly Revenue	Avg Mthly Sales
Better Boat Stainless Steel Anchor Chain and Double Shackle Link Ends Marine... B08L8D1WSQ (variant) | Better Boat	$39.99	5 FT X 5/16"	$24.63	12,998	30	$1,199.70	$35,991.00	900
Better Boat Stainless Steel Anchor Chain and Double Shackle Link Ends Marine... B08L8DRL4V (variant) | Better Boat	$29.99	4 FT X 1/4"	$16.93	13,524	28	$839.72	$25,191.60	840
FUTURUP AISI 316 Stainless Steel Boat Steering Wheel Knob, Steering Wheel... B07263RJT1 | FUTURUP	$17.99	-	$7.62	26,949	21	$377.79	$11,333.70	630

图 6-54　亚马逊竞品销量

2. 亚马逊店铺流量数据分析

打开卖家后台，在“数据报告”（Report）选项中找到“业务报告”（Business Report）入口，进入页面后可以看到业务报告（Business Report）。

业务报告由销售图表（Sales Dashboard）、按日期或按 ASIN 的归类数据的业务报告、亚马逊销售指导（Amazon Selling Coach）3 部分数据组成，而这些报告的数据通常最多可以保留两年。

所有的数据分析（Business Reports），卖家都可以下载，系统默认下载全部数据，如图 6-55 所示。然后将数据保存到相应的文件夹里。在业务报告里的任何一个数据报告，都把月租和商品销售佣金这部分的支出费用计算在内。可在后台“Report”里面的“payments”下载“Date Range Reports”查看实际收入。

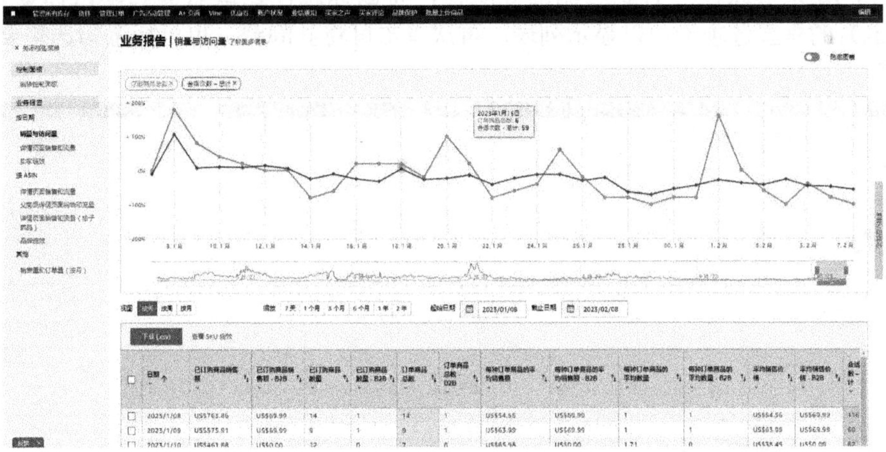

图 6-55　亚马逊竞品店铺流量

（1）销售图表（Sales Dashboards）。

销售图表由销售概览（Sales Snapshot）、销售对比（Compare Sales）和商品类别销售排名（Sales by Category）3 部组成，如图 6-56 所示。

① 销售概览（Sales Snapshot）。

销售概览通常会显示卖家当天的销售情况，数据大约每小时更新一次。

图 6-56　亚马逊竞品销售图表

② 销售对比（Compare Sales）。

销售对比由直观的图表组成。它能将不同时间的销售数据放在一起对比，可以很直观地看到商品销量、净销售额的升降情况。销售对比具有互动式功能。这个页面可以看到销量对比，找到昨天，可以看到下面的销量和销售额。

③ 商品类别销售排名（Sales by Category）。

商品类别销售排名能让卖家知道在具体时间段内，排在店铺前几名的商品类别分别有哪些分类，各分类的商品数量、净销售额有多少及商品数量百分比和净销售额百分比。

（2）业务报告（Business Report）。

业务报告按照日期、ASIN 码和其他业务报告这三大版块来归类数据，如图 6-57 所示。另外，如果卖家没有看到右侧的导航栏，将鼠标悬停在最右侧。单击标签为“列”（Columns）的垂直选项卡，以显示列表。再次单击可将其隐藏，也可任意勾选想要了解的数据选项。

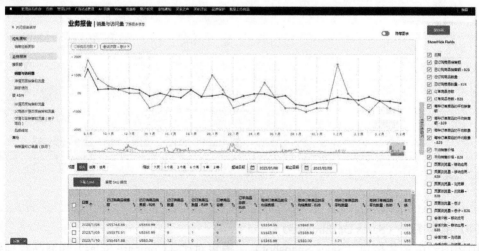

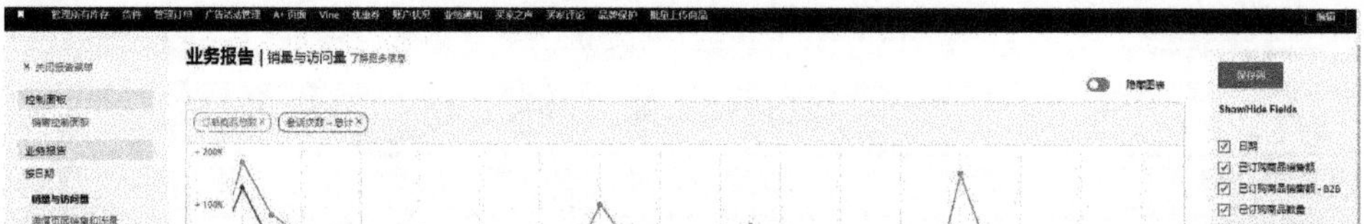

图 6-57　亚马逊后台业务报告

业务报告的数据比较多，但卖家常看的数据有以下 3 项。

① 根据日期统计的业务报告，如图 6-58 所示。

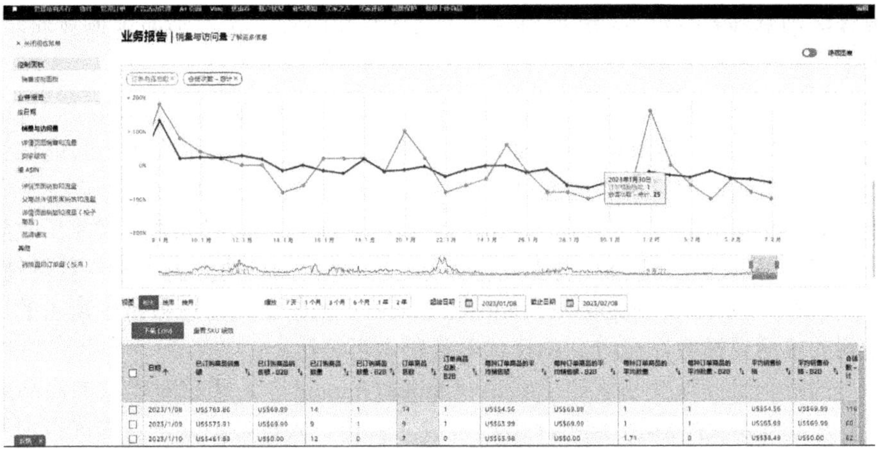

图 6-58　亚马逊后台业务报告日期统计

- 销售量与访问量（Sales and Traffic）。

根据日期统计的“销售量与访问量”这部分数据，以图像+表格的形式表达，非常直观。在表格中，卖家可以看到具体某段时间内的销售额、销量、买家访问次数，订单商品种类数转化率等各类数据。各数据的专有名词解释如下。

- 详情页上的销售量与访问量。

在这项数据报告中，卖家应该重点读取关于销售量与访问量的数据。这里重点解析什么是页面浏览次数（Page Views）和购买按钮页面浏览率（Unit Session Percentage）。

页面浏览次数：所选取的时间范围内，商品详情页面被买家单击浏览的次数，即 PV。如果在 24 小时内，同一用户单击了 10 个商品详情页面，那么 PV 就算是 10 次。但买家访问次数（Sessions）只算 1 次，所以，“页面浏览次数”一般会比“买家访问次数”高很多。PV 高了，也就意味着商品的曝光率增加，对销量，转化率越有利。

购买按钮页面浏览率：获得黄金购物车购买按钮的商品页面的浏览次数在总页面浏览次数中所占的百分比。

- 卖家业绩。

这一数据主要反应售后情况，包括退款、退货、索赔等。通过这一数据，可以知道用户体验如何，卖家有没有做好客户服务，如图 6-59 所示。

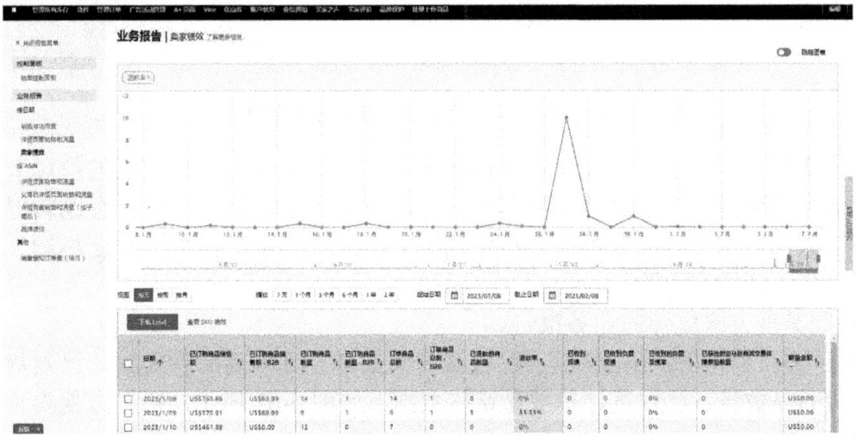

图 6-59　亚马逊后台卖家业绩分析

已退款的商品数量（Units Refunded）：具体时间段内，卖家被要求退款的商品数量，即退货数量。

退款率（Refunded Rate）：具体时间段内，已退款的商品所占的比例。

已收到的反馈数量（Feedback Received）：具体时间段内，卖家收到已验证购买的买家所留下的反馈总数量，包括好评与差评。

已收到的负面反馈数（Negative Feedback Received）：某段时间内，卖家所收到的已验证购买的买家所留下的差评数量，包括一星、二星差评。差评对卖家不利，数量越少越好。

负面反馈率（Received Negative Feedback Rate）：差评在反馈总数量中所占的比例，也就是已收到的负面反馈数在已收到的反馈数量所占百分比。

已批准的亚马逊商城交易索赔（A-to-z Claims Granted ）：买家对卖家的商品或服务不满意，就会发起索赔（A-to-z Claims），一旦成立就会计入次数。索赔对卖家也很不利，卖家应尽量避免。

索赔金额（Claims Amount）：买家提出的索赔的金额。

如果卖家的售后与客户服务都做得好，那么退货数量、退货率、负面反馈率都会比较低的。

② 按商品（By ASIN 码）统计的业务报告。

数据都是介绍商品整体的表现。如果卖家需要仔细分析某个商品的表现，那么商品统计中的“子商品详情页面上的销售量与访问量”数据值得一看，如图 6-60 所示。卖家可以主要查看子商品的买家访问次数、页面浏览次数、已订购商品数量、已订购商品销售额和订单商品种类数等反应 listing 销售量与访问量的数据。

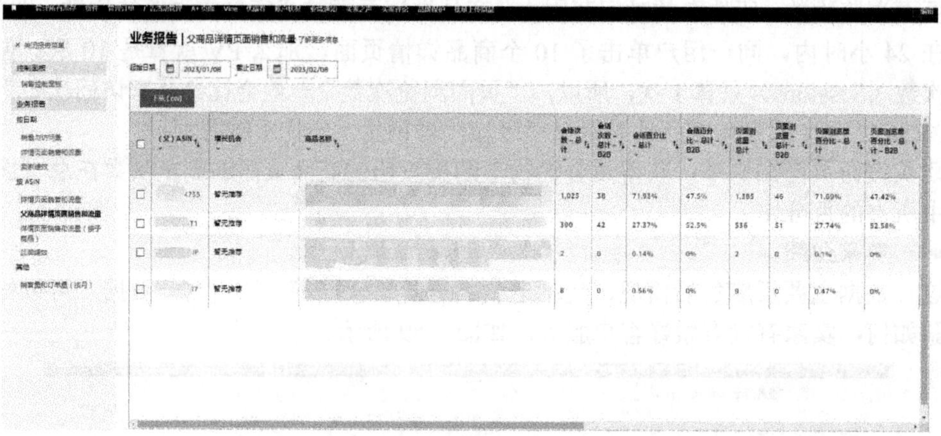

图 6-60　子商品详情页面上的销售量与访问量

同时，卖家也可以通过对比不同子商品数据，从而发现和挖掘商品的市场潜力。人气旺的热门商品的页面浏览量往往会比其他商品的高出很多，商品销量也会比较理想。反之销量也不会太高，这个商品就可能会有库存压力，此时卖家可以对 listing 标题、描述、关键词进行优化，或推广引流。

③ 按照其他方式统计的业务报告。

统计某个月已订购商品销售额、已订购商品数量、订单商品种类数、已发货商品销售额、已发货商品数量、已发货订单数量这些数据，如图 6-61 所示。可以方便卖家及时调整销售政策。

3. 亚马逊店铺商品数据分析

（1）已订购商品数量（Units Ordered）。

已订购商品数量是指在具体时间段内，卖家所有订单加起来的商品个数的总和。该数据详细说明了总单量。

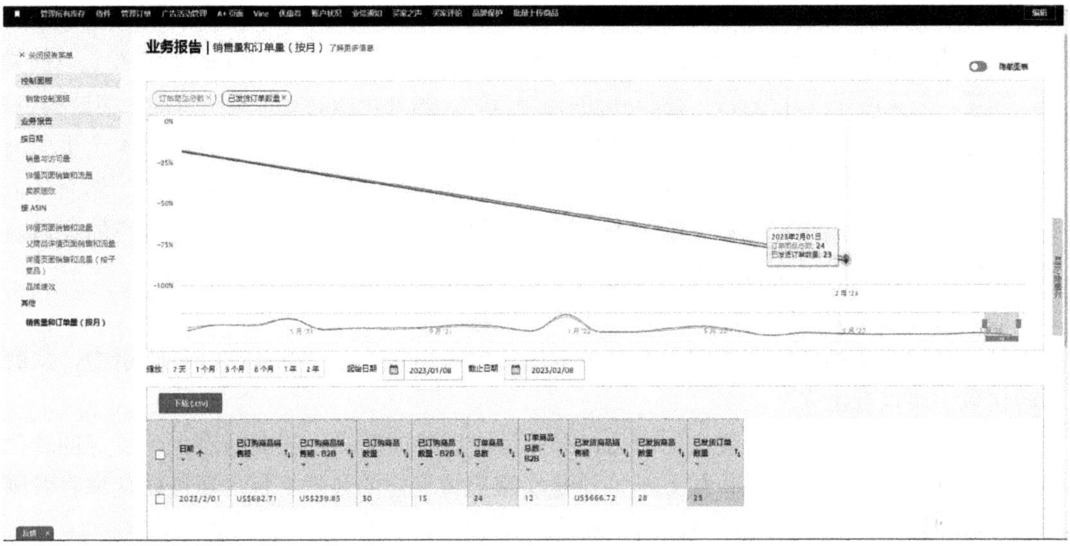

图 6-61　每月销售量和订单量

使用这些指标来关注单位订单，并识别数字中的高峰和低谷。订购的数量单位是直接影响商品排名的因素之一，出售的数量越多，排名就越高。提高订购单位是首要任务，这对页面浏览量和转化率有重要影响。

（2）已订购商品销售额（Ordered Product Sales）。

已订购商品销售额是指在具体时间段内，卖家所有订单加起来的净销售额度。计算公式为已订购商品销售额=商品价格×已订购的商品数量。

商品价格乘以订购的商品数量，就得出了总销售额。它包括商品销售和任何附加的销售，如礼品包装和运费。这是客户购买商品所花费的总金额，而不仅是商品本身的价格，它显示在订购的商品销售数据中。

无论有没有附加费用和运输费用，都可以跟踪商品的总销售，因此可以使用净额和毛额，必须确切地知道你从亚马逊店铺赚了多少钱。

收入是影响排名的另一个因素。将总销售额与页面浏览量和转化率及所售单位关联，以了解业务整体的表现如何。

（3）页面浏览次数（Page Views）。

页面浏览次数是指在所选取的时间范围内，商品详情页面被买家单击浏览的次数，即店铺的访问量。每个页面都是单独计算的，因此，如果客户在店铺中查看了多个页面，那么他们都将被计算为单独的页面浏览次数。

从页面浏览量数据中，能够看到什么时候浏览次数下降。通过及早发现衰退，你将能够做出改变来扭转趋势。

如果没有获得页面浏览次数，商品就不会被客户看到。因此需要找出页面浏览量低的原因，如是否赢得了 Buybox、商品标题是否包含重要的关键词等。一般来说，更多的浏览量意味着更多的转化率，而更多的转化率意味着商品将获得更高的搜索排名，确保页面浏览次数是店铺运营过程中的一个重要部分。

（4）买家访问次数（Sessions）。

如果通过分析发现商品 listing 每月只有不到 100 个浏览用户，检查 listing 是否在正确的类别，标题、关键词和图片是否符合亚马逊的指导方针。另外，商品定价策略可能还需要调整。

通过分析这些数据可以发现，店铺页面浏览量和流量用户数是相等的。如 4 个页面浏览量和 4 个浏览用户，这表明商品没有引起客户的兴趣，他们只看了一种商品，然后马上离开店铺。一个页面浏览次数等于一个浏览用户数。如果商品无法吸引潜在客户的注意，就无法将其转化，所以使用的数据将能够评估可能的原因。

（5）商品转化率（Order Item Session Percentage）。

商品转化率是指在买家访问次数中下单用户所占的百分比。商品有没有吸引力，从商品转化率中可以看出来。

转化率可以发现哪些是突出的商品，哪些是表现差的商品。在亚马逊上，良好的转化率是 10%～15%，平均转化率为 9.7%，这是卖家应该设定的最低目标。通过转化率查看浏览用户数和转化的总和，可以对商品 listing、图片和价格做出必要的调整。

4. 亚马逊店铺物流数据分析

打开亚马逊后台数据，然后生成报告，可以选择 7 天、30 天或其他日期区间的报告。

然后单击“查看亚马逊物流报告”。在“买家优惠”可以查到“亚马逊物流买家退货”和“换货”等情况。在退货报告中，可以查询单个商品的某个时期的退货情况。这样可以对单个商品的质量有确定性的了解和把握。

5. 亚马逊店铺客户数据分析

如何利用买家数据去维系买家关系与挖掘买家潜在价值，是绝大部分卖家关注的问题。可以利用第三方客户关系管理（Customer Relationship Management）工具进行店铺客户数据分析与管理，如 4KMILES。4KMILES 为卖家建立了一个买家信息收集、管理、分析和利用的智能 CRM 系统。以客户数据的管理为核心，记录卖家在营销和销售过程中和买家发生的各种交互行为，以及各类有关活动的状态，提供各类数据，为后期的分析和决策提供支持。4KMILES 智能 CRM 系统集成亚马逊店铺的买家消息、买家画像、邮件活动、评论管理于一体，全方位挖掘买家潜在价值、拉升买家留评论、提高复购率。

（三）阿里巴巴国际站店铺数据分析

1. 国际站店铺竞品数据分析

（1）核心关键词分析。

在国际站首页输入核心词（以 Power Bank 为例）单击搜索，将商品展示页切换竖式排列，找到 Compare，勾选前 3 页商品分析即可，单击进入右下角 Compare 清单，如图 6-62 和图 6-63 所示。

国际站数据分析

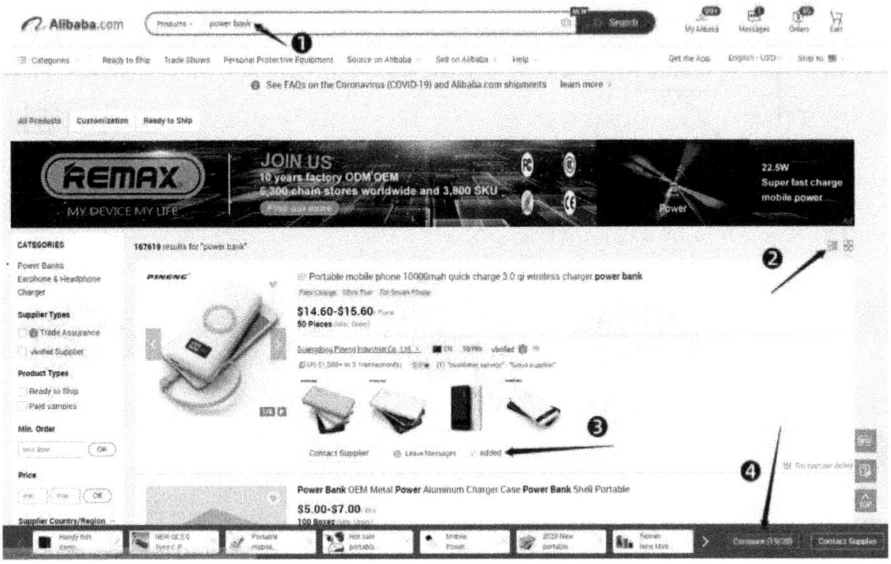

图 6-62　国际站商品搜索

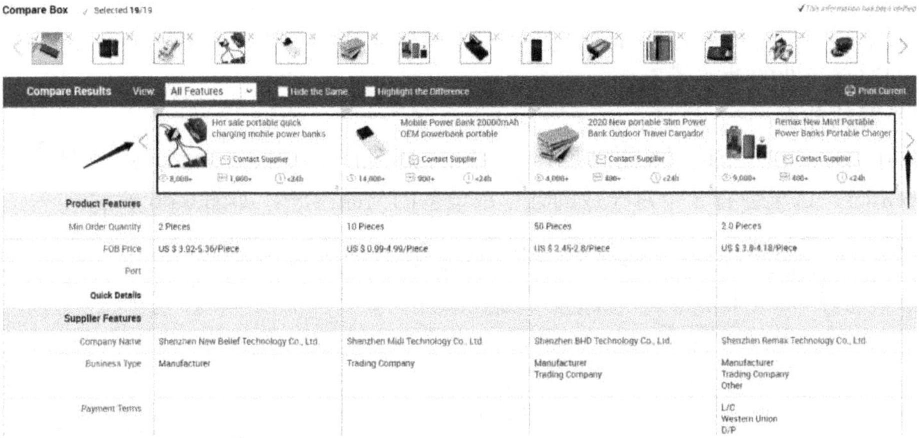

图 6-63　国际站商品比较

可以看到每个商品都有 3 项数据：眼睛图标代表访客数，聊天图标代表这个商品所在最小类目的询盘总和，时间图标代表即时回复的时间，如图 6-64 所示。

图 6-64　国际站商品搜索结果图标

通过对比访客数和询盘数，选择数据排名靠前的商品，将其公司名、访客数、询盘数、信保金额、信保订单数、评论星级、评论数、总商品数、RTS 数量、年限、是否金品诚企、主营商品等信息整理到一个表格表中，用来具体分析与效果好的同行之间存在哪些差距。

（2）新品分析。

通过以上步骤，找到排名靠前的标杆同行店铺后，就可以分析标杆同行店铺最近有哪些新品，在 Compare 清单中，直接单击想要查看的店铺链接即可。

点开店铺首页的 Products→All Products→单击排序 New，该页面就会根据商品上架时间，显示这个店铺的新品，如图 6-65 所示。

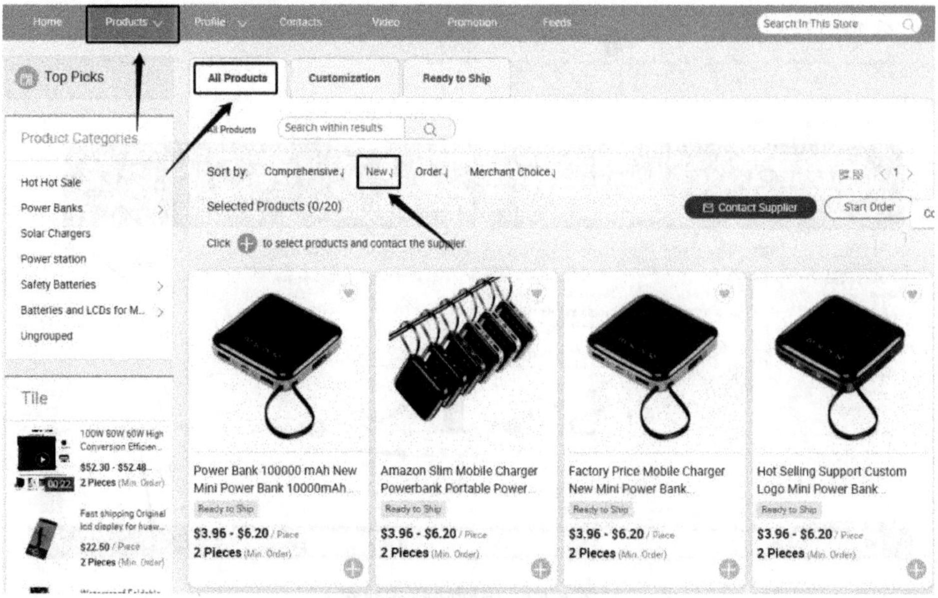

图 6-65 国际站商品搜索

建议把排名前十的同行新品都研究一遍，同样需要记录成详细的表单。这样就可以大概了解到这个行业的动态了。

（3）爆款分析。

找同行爆品，也是上述同界面的操作，点开一个店铺的首页，单击 Products→All Products→单击排序 Order，这里会有 3 个月在线的订单数最多的商品排序，如图 6-66 所示。

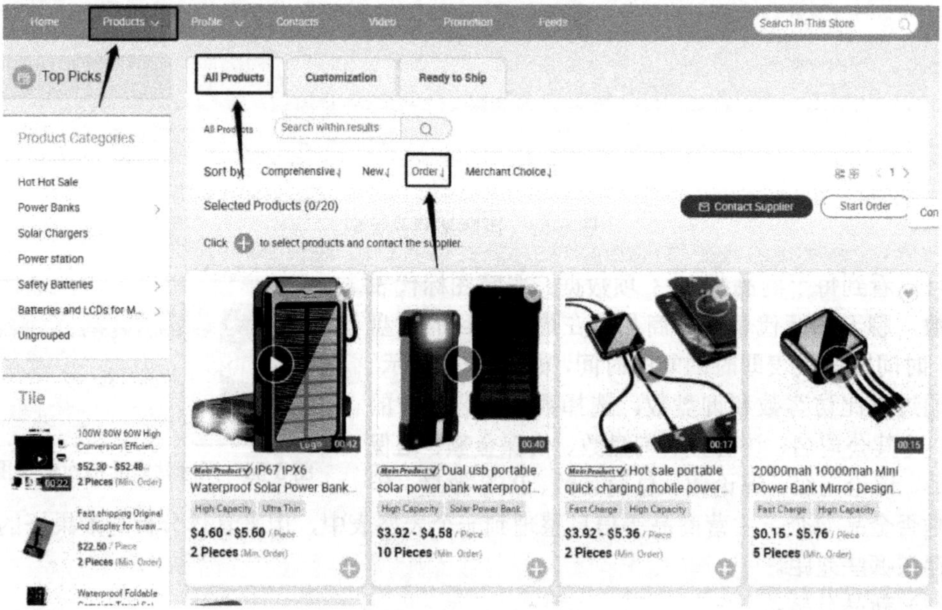

图 6-66 国际站商品搜索结果排序

同时，商家会把好的商品放到橱窗展示，单击左上角 Top Picks，也可以看这个店铺的所有橱窗商品，如图 6-67 所示。

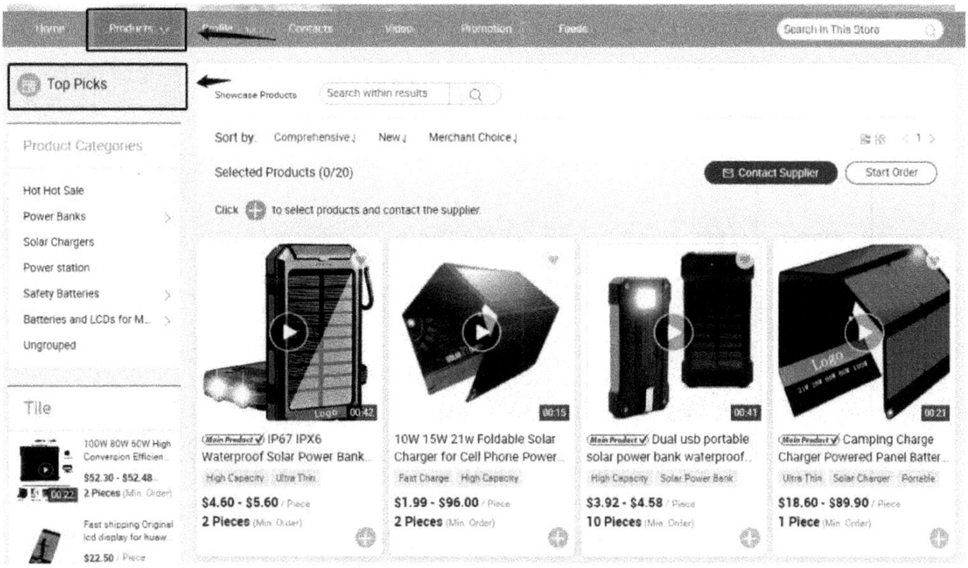

图 6-67　国际站商家橱窗商品

可以分别点开每个商品，对这些商品具体的属性进行挖掘，并把其相应的参数记录到一个表格中，方便后续的对比分析。

（4）竞店引流热词分析。

在 Compare 清单中，将要调查的店铺完整公司名复制出来，如图 6-68 所示。

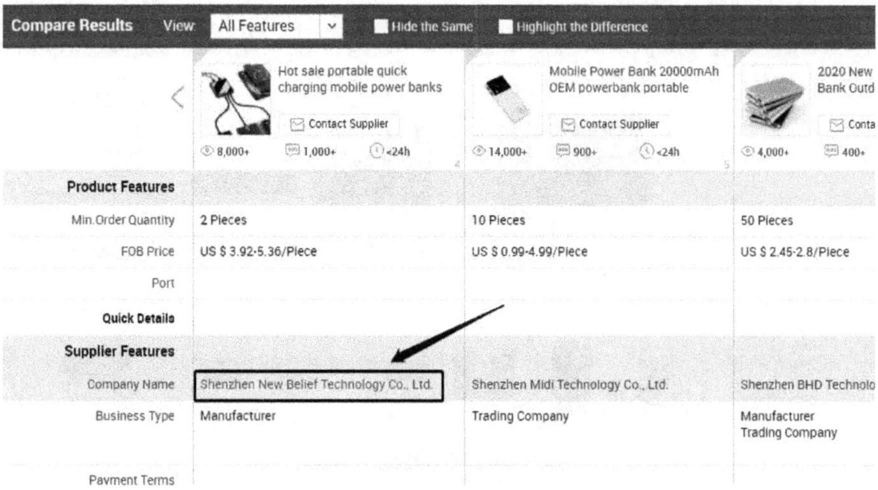

图 6-68　国际站商家信息调查

通过国际站后台→数据分析→关键词指数→将复制的公司名粘贴到搜索栏，选择 30 天和竞品引流词，就可以看到这个店铺引流效果最好的词，如图 6-69 所示。

图 6-69　国际站竞品引流

2. 国际站店铺流量数据分析

（1）国际的流量渠道介绍。

目前国际站将所有的流量渠道分为四大模块，分别是搜索流量、场景流量、互动流量和自增流量，如图 6-70 所示。

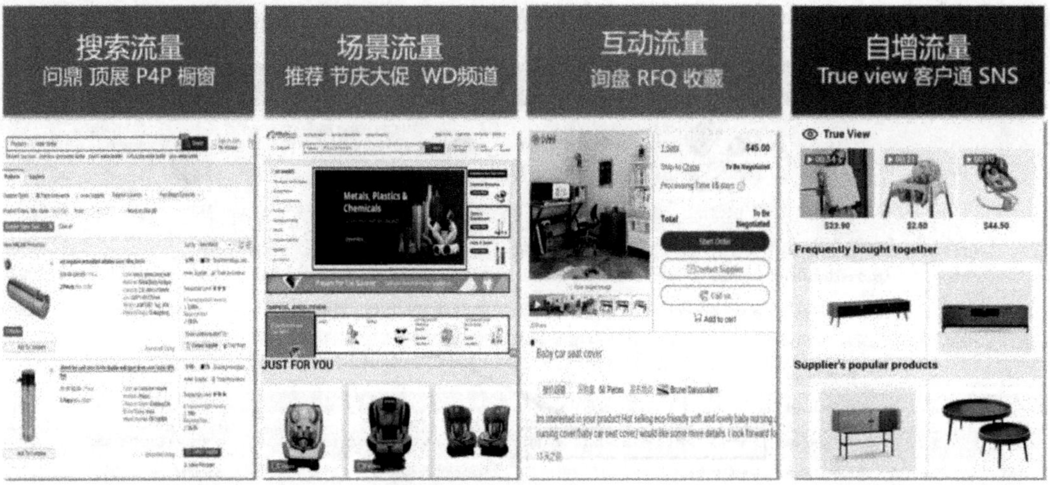

图 6-70　国际站流量渠道

而国际站各店铺的商家先通过提高搜索流量，然后报名活动，再积极维护客户关系，提高互动流量，最后再通过口碑、站外营销等方式进行流量的裂变，完成整个循环。优秀的商家要具备流量模块的搭建能力，这样才能把整个平台效果越做越好。

（2）使用数据参谋进行流量分析。

打开国际站后台的参谋→流量参谋，如图 6-71 所示。

图 6-71　国际站后台流量数据入口

可以看到搜索场景互动和自增量不同的渠道所带来访客的分布，如图 6-72 所示。

图 6-72　国际站后台店铺流量分布

同时能看到在不同渠道下方的趋势分析，可以了解到自己离优秀同行大概还有多远，同时也可以看到比上周增加了多少流量，如图 6-73 所示。

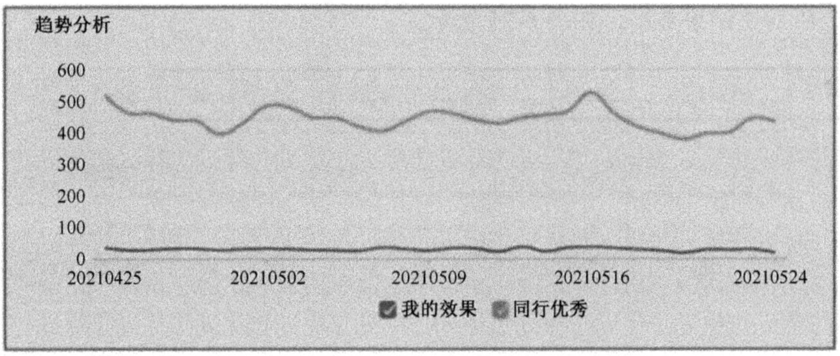

图 6-73　国际站后台店铺流量趋势分析

相关知识

流量分布、流量趋势、流量差值

1. 流量分布

一开始搜索流量较多，然后场景流量慢慢增加。当有很多老客户后，互动流量也会慢慢增加。同时如果站外已经具备的品牌效应和站外 SNS 推广渠道，就会有更多的自增流量进入，整个店铺就形成了一个正循环。

2. 流量趋势

需要关注流量的整体趋势。例如：最近长期流量变多了，说明参加了很多的活动；最近搜索流量变多了，说明近期有爆款商品的搜索量增加。通过这样的方式，可以在各个渠道，针对性选择策略方案，然后去提升。

3. 流量差值

看与优秀同行的差值，能知道本行业的活动状态，或是否也要做站外引流，可以对自身流量的规划形成很好的参考作用。

3. 国际站店铺商品数据分析

国际站后台进入商品分析，按日、周、月来分析数据，如图 6-74 所示。

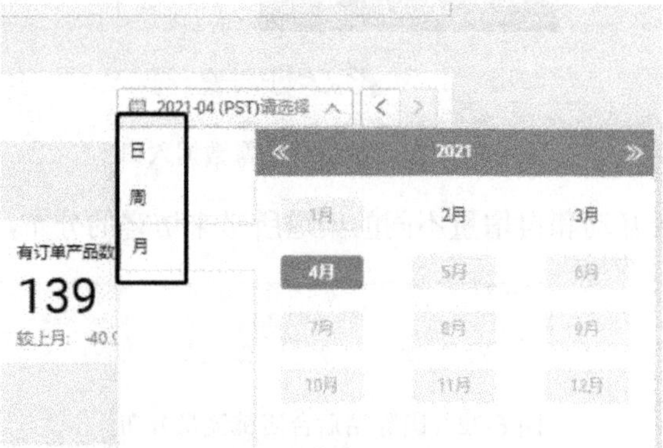

图 6-74　国际站后店铺商品数据

然后按照降序看链接和商品，重点是按照曝光、点击、访客、询盘、订单、TM 咨询降序查看，分析对比结果数据，如图 6-75 所示。

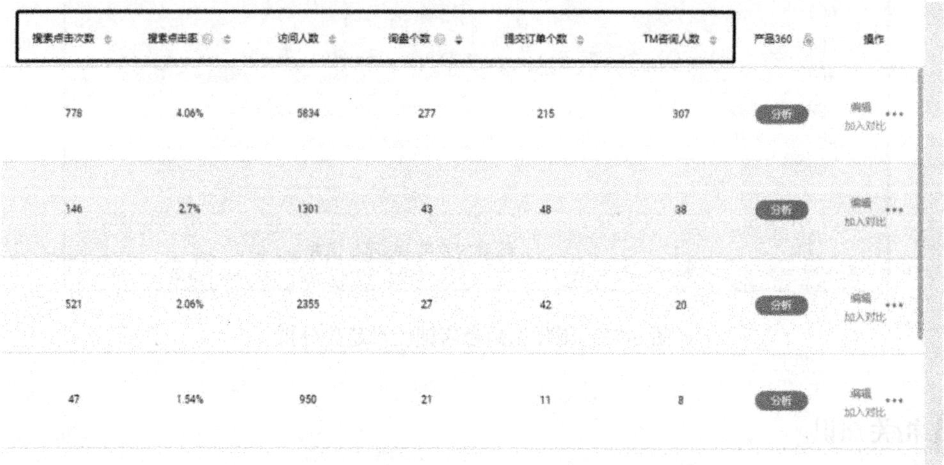

搜索点击次数	搜索点击率	访问人数	询盘个数	提交订单个数	TM咨询人数	产品360	操作
778	4.06%	5834	277	215	307	分析	编辑 加入对比
146	2.7%	1301	43	48	38	分析	编辑 加入对比
521	2.06%	2355	27	42	20	分析	编辑 加入对比
47	1.54%	950	21	11	8	分析	编辑 加入对比

图 6-75　国际站后台店铺商品数据详情

也可以直接查看商品 360 分析，如图 6-76 所示。自然流量部分，如果不是完全与自己的商品不相干，就继续保留。然后直接查看直通车曝光和点击降序，这是付费推广的结果，务必逐一仔细查看。了解曝光和点击次数，有没有带来询盘/旺旺/订单。图中第一条数据曝光很多，点击次数也不少，但是没带来转化。按照国际站的运营方式，需要停掉。

实时搜索排名	搜索曝光次数	搜索点击次数	直通车曝光次数	直通车点击次数	商品详情页访问人数	店内询盘人数	店内TM咨询人数	店内订单买家人数	商机转化率	操作
–	3484	7	3411	7	5	0	0	0	0%	抢第一 | 已加入直通车词库
–	460	17	163	7	15	0	0	0	0%	抢第一 | 已加入直通车词库
–	1070	39	488	6	34	1	1	0	5.88%	抢第一 | 已加入直通车词库
17	2410	98	342	6	101	5	5	0	9.9%	抢第一 | 已加入直通车词库
–	604	21	231	5	15	0	0	0	0%	抢第一 | 已加入直通车词库

图 6-76　国际站后台店铺商品 360 分析

4. 国际站店铺物流数据分析

阿里巴巴国际站支持的物流有：阿里巴巴物流、第三方货代、商业快递、邮政国际快递。随着规则的不断完善和更新，出现了更多对星等级有“一票否决权”的指标，如“按时发货率”和“异常履约率”。只要这些数据未达标，在星等级中其他模块数据再好，最终星等级也都是 0 星，对店铺影响是致命的，无论如何都要确保这些数据处于达标状态。

“按时发货率”比较简单，这里详细说明“异常履约”，是重要且容易被忽略的，比较常见的 4 种情况如下。

（1）物流揽收时间早于下单时间。

这类情况在问题订单中出现的比例非常高，很多都是因为随便关联物流单号导致的。需要重视，单号不能随便关联，时间顺序不能乱，如果时间颠倒，很容易被系统判定为虚假交易。

（2）无物流轨迹。

无物流轨迹也属于发货问题，有些确实无法追踪，有些则是刷单造成的。阿里巴巴对于这种情况会有两种提醒，一种是“待抽检”，另一种是“待整改”。如果被抽检到物流确实异常或为虚假物流信息，会被警告或扣分；“待整改”，需要修改调整物流信息或上传证明材料。

（3）目的国不一致。

假设合同收货地址是美国，结果物流实际收货地址是英国，就是目的国不一致，很容易被系统判定为虚假订单，这也属于异常交易，会被归类到履约异常内。

在这里有一种特殊情况，很多海外客户在国外下单，然后要求供应商把货发到中国境内。这时很多供应商都会填写国内的物流信息，但订单后台的收货地址是境外，也会产生异常。解决办法有两种：第一种，客户下单时，在合同中把收货地址写为中国境内的实际收货地址，只需要填写中国境内的物流单号即可；第二种，收货地址依旧是境外地址，问客户的货代要发货单号，然后填写到后台即可。

（4）逾期未发货。

逾期未发货也是常见问题，不仅会影响“及时发货率”，同时也会影响“异常履约”，它的影响是双重的，需要加倍重视。

5. 国际站店铺客户数据分析

（1）客户概览。

在客户管理→客户概览中，可以对客户情况有一个大致了解，如图 6-77 所示，如平台客户总数、本账号的客户数量等，其中潜力分≥80 指公海客户中比较优质的客户，公海客户指没有人跟进的客户。

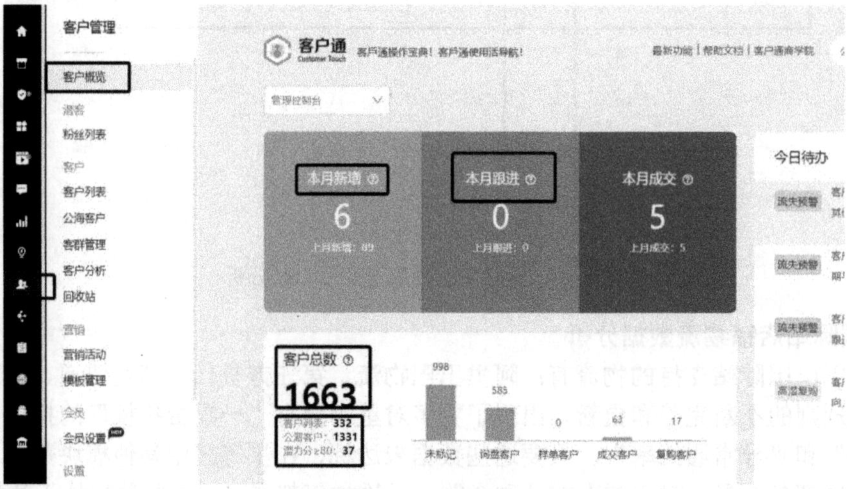

图 6-77　国际站后台客户概览

（2）客户列表。

在客户管理→客户列表中，可以添加客户到自己的账号，也可以分配给他人，如图 6-78 所示。在买家询盘页面与旺旺界面也有添加客户按钮。加为客户才可以对客户进行标记，如果没有及时添加，客户就可能流失到公海。

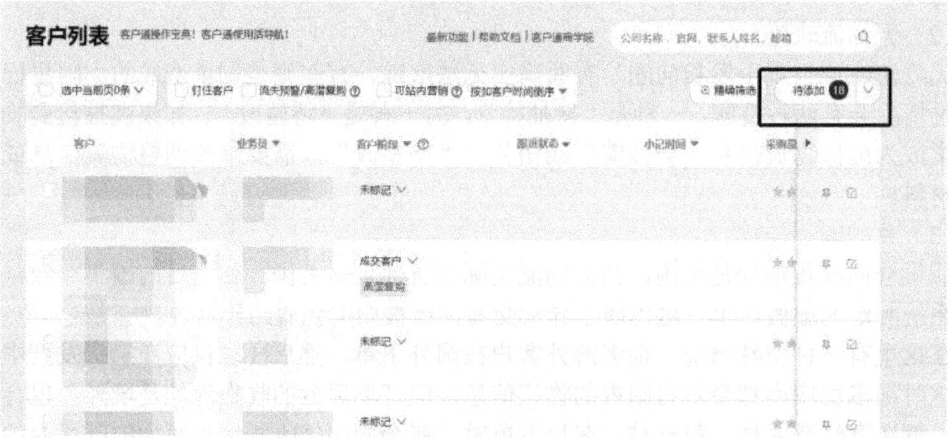

图 6-78　国际站后台客户列表

（3）客户分级管理。

二八法则无处不在，跟进客户同样也要把 80%的精力投入 20%的客户身上，客户分级的意义也就是在于帮助我们合理分配精力，应优先跟进客户列表中的高潜复购客户与流失预警客户，如图 6-79 所示。

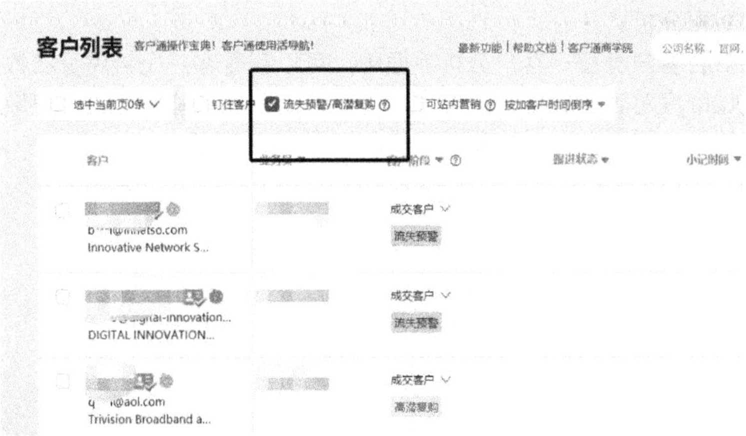

图 6-79　国际站后台店铺客户流失预警

也可按照潜力分从高到低排序，可站内营销指的是有邮箱的客户，优先跟进潜力分数高的、旺旺在线的、有邮箱的客户，并及时交换名片，如图 6-80 所示。

图 6-80　国际站后台公海客户

（4）客群管理。

按照需求进行客群管理，如针对感兴趣客群作培育心智的营销，针对忠诚客户作折扣营销等。客群分为固定客群与动态客群两种，固定客群只有自己选择的客户，数量不会随便增加；动态客群只要有相应的标签之后就会自动加入客户，如图 6-81 所示。

图 6-81　国际站后台客群管理

（5）客户数据分析。

在国际站后台客户管理→客户分析界面中，可以查看客户全链路分布数据。分别从兴趣、购买和忠诚维度对客户数据进行归集，可以看到每天新增的各类用户数量。分析这些数据对后续营销策略制定有一定的参考价值，如图 6-82 所示。

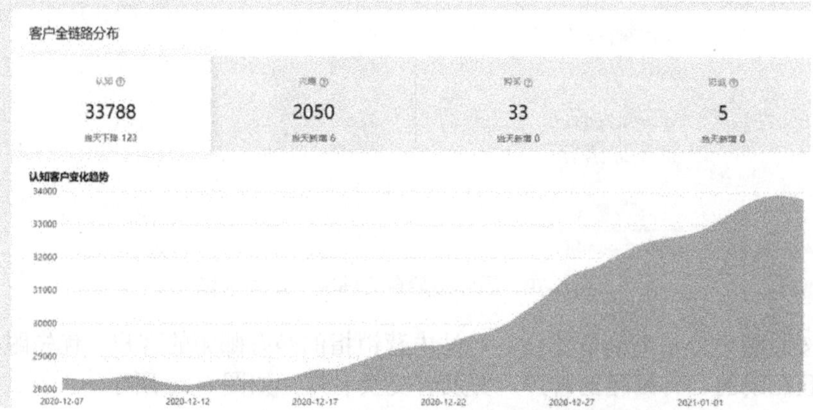

图 6-82　国际站后台客户全链路分布数据查看结果

任务小结

通过对该任务的学习，大家应该认识到，跨境电商店铺数据分析是一个整体的过程，它包括商品能力数据、流量数据、物流数据、客户数据等，所有数据都有一定关联性，必须综合评价，必须了解各项数据指标背后的含义，同时掌握跨境平台的规则，才能做出最佳的决策。

拓展练习

假设你是某品牌卫浴企业跨境电商部门的实习生，公司近年来一直在发展东南亚卫浴商品市场。为了店铺发展，请你对竞争对手的店铺和竞争商品进行有效分析，完成表 6-5 竞争对手监控表。

项目七　跨境电商物流与支付

◇ 学习目标 ◇

知识目标

1. 了解跨境电商物流的内涵与特征。
2. 掌握跨境电商物流的主要方式及特点。
3. 掌握跨境电商主流平台的运费模板设置。
4. 了解跨境电商出口报关与通关的流程。
5. 掌握跨境电商主流支付方式、特点及流程。

技能目标

1. 能够分析并选择不同的物流模式。
2. 能够设置速卖通、亚马逊、阿里巴巴国际站平台的运费模板。
3. 能够在一达通外贸综合服务平台通关服务进行自助下单。
4. 能够运用不同的支付工具进行跨境收款账户设置。

素质目标

1. 树立客户至上的服务精神和遵纪守法的道德品质。
2. 提高物流运输和支付的风险防控意识。

【情景案例】 Kilimall 打通非洲物流“最后一公里”，助力中非经贸畅通往来

2021 年 9 月 26 日，在第二届中非经贸博览会的现场，Kilimall 电商平台展位吸引了众多中非企业代表前来咨询。2014 年创立至今，作为中国第一家进入非洲互联网和电商行业、第一家在非洲设立海外仓、第一个在非洲史上实现物流当日达/次日达、第一个实现 100%在线支付的中国公司，Kilimall 正借助中非经贸博览会扩大自身影响，实现业务量的快速提升。

Kilimall，中文意为“千万商铺”。在这个名字诞生之初，灵感来源于非洲第一高峰——乞力马扎罗雪山（Kilimanjaro）。“Kili”在斯瓦希里语中寓意着“许许多多”，后面加上英语单词“mall”，“Kilimall”这个十分接地气、完美融合非洲特色的电商品牌呱呱坠地了。

长沙非拓信息技术有限公司的创始人杨涛曾是华为海外高级营销经理、东南非软件业务高管，被派往非洲负责非洲版“支付宝”手机钱包 Mpesa 项目。当时的非洲没有亚马逊和阿里巴巴，当地大多数老百姓根本不知道什么是“网购”。初到非洲工作生活的杨涛，感到当地物价昂贵且选择很少，购物极不便利。

杨涛一方面发现了非洲消费者购物不便，另一方面面对着中国商家在非洲做生意的挑战。困难重重的现状，在杨涛看来却是非洲电子商务市场的巨大商机。为什么不用电商平台解决这样的两难问题？杨涛辞去百万年薪的工作，组建了由 3 名中国人和 3 名当地人组成的团队，开启了艰难的非洲创业之旅。

物流是非洲电商最大的坎，尤其是“最后一公里”。在非洲，大多数国家没有标准的地址系统，快递员送货主要靠摩托车。为了减少快递员保管现金、客户拒收货物的风险，同时为了适应非洲人习惯的货到付款支付方式，Kilimall 自建了移动支付体系。

不过电商要想实现在当地的长期发展，必须在非洲本地建设物流仓，目的是让非洲消费者拥有中国消费者同样的体验。Kilimall 目前包裹 50%可以次日达，实现了和国内速度一致的目标。同时平台设定了服务标准，并提供更多的商品种类，让非洲消费者有更多的选择。

有网才能网购，那钱包够不够付？在人均收入不足 100 美元的非洲，除了现金交易是否有更安全快捷的支付方式？答案出乎许多人的意料，早在 2007 年，非洲大陆就已经有了不需要网络即可在号码间进行转账的移动支付系统 Mpesa。目前 Kilimall 的顾客端用户付款方式与非洲当地主流银行如 Mpesa 等进行系统集成，订单 100%实现在线支付。

由于非洲消费者对高价值商品的向往和整个社会的消费升级，针对分期付款存在较大的市场需求，Kilimall 开启了类似国内支付宝“花呗”的分期付款业务。但由于非洲市场的信用体系不健全，为控制相应的风险，Kilimall 在商品设计时充分考虑这一现实情况，为非洲市场推出了预分期商品。该消费模式结合电商平台，实实在在解决了非洲消费者的痛点，收到大量的热评和好评。Kilimall 将在更多的场景建立支付商品，做大做强 LipaPay 支付结算平台。

Kilimall 作为在非洲市场深耕者，布局了大量的移动互联网电商基础设施，未来将拓展更多的非洲国家，为更多的用户提供优质服务，并将逐步成长为中非出海渠道中心、科技创新中心、消费中心。

案例解析

Kilimall 跨境商城的成功案例告诉我们，跨境电商企业想要持久发展，除商品好、价格优外，时效性强的物流服务和低风险效率高的支付服务更能提升客户体验，确保核心竞争优势。因此，跨境电商企业和从业人员应具备为以人为本、客户至上的服务精神，及“未雨绸缪、防患未然”的风险防控的意识。

任务一　跨境电商物流的认知

任务背景

在跨境电商的发展过程中，从商家与客户之间的沟通到客户选择购买商品，完成商品支付，直到商品送至客户手中，物流在其中发挥着至关重要的作用，决定着跨境电商的市场发展情况，影响着消费者的消费体验。

任务实施

（一）跨境电商物流的定义

跨境电商物流是指以海关关境两侧为端点的实物和信息有效流动和存储的计划，实施和控制管理过程。也就是说，跨境电商物流是依靠互联网、大数据、信息化与计算机等先进技术，利用国际化物流网络，对商品进行物理性移动的商业活动。

（二）跨境电商物流的特点

跨境电商物流是跨境贸易的重要部分，使得各国之间商品可以流通，克服了时间和空间上的距离，成为跨境贸易能够顺利进行必不可少的一环。跨境电商的不断发展，为该模式下的物流行业带来新的生命，其市场业态日渐多样化。随着信息技术的不断发展，新兴的综合性物流服务也覆盖全程追踪、保税仓、多式联运等各项服务。过去的单一“包裹型”方式正逐渐被淘汰，以跨境电商平台为载体的多元化则是未来的必然趋势。

与其他物流模式相比，跨境电商物流有 4 个明显的特点。

（1）周期较长。以我国为例，以国外新兴市场为目标的物流运送周期可长达 20 天甚至是 30 天，跨境物流的中转周期通常也比较长。

（2）成本较高。跨境电商目前属于新兴产业，有着这一阶段的独特性，造成了物流渠道的垄断，相应的物流成本呈现相对较高状态。

（3）流程复杂。供应链的各个部门均有所涉及，上下流程烦琐复杂。

（4）标准不一。因为关境的配置不尽相同，各个跨境物流的运作标准也就有所差别，进而影响海外仓储、国际运输、国际配送等诸多环节，跨境物流运作一体化始终难以有效进行。

（三）跨境电商物流的发展趋势

2022 年中国政府工作报告提出，扩大高水平对外开放，加快发展外贸新业态新模式，充分发挥跨境电商作用，支持建设一批海外仓。积极扩大优质商品和服务进口。创新发展服务贸易、数字贸易，推进实施跨境服务贸易负面清单。深化通关便利化改革，加快国际物流体系建设，助力外贸降成本、提效率。

中国物流企业积极践行国家大政方针的指向，持续对国际供应链进行投入，布局全球干线运输网络和海外仓，不仅为中国品牌出海提供一站式助力，也为海外品牌进入中国市场打造更加便捷、可靠的新通路，更在“因地制宜”地为所在国的本地客户提供定制化服务，让更多当地的品牌、商家与消费者享受到来自中国的供应链技术与服务，跨境电商物流逐步向着规范化、专业化、数字化的趋势迈进。

（1）行业规范化发展。

2019 年 1 月 1 日开始我国正式实施《中华人民共和国电子商务法》，市场环境将在法律约束下进一步规范，使跨境电商物流行业逐渐成熟、稳定、合规化。

（2）服务水平不断提升。

跨境电商物流需求量不断增长及用户的需求多样化都促使着行业运营水平进一步提升，行业朝向专业化、定制化的高水平方向发展。

（3）数字信息化水平提高。

我国境内物流技术已经可以实现一定程度的数字化、信息化和数据化，未来也将带动大数据、云计算、区块链等新型技术在跨境电商物流行业的深入应用。

任务小结

该任务通过相关的物流政策，让大家了解跨境电商物流的重要性及发展趋势。

任务二 跨境电商物流的类型

任务背景

跨境电商的迅猛发展，为跨境物流产业带来了更大的挑战。境外买家在注重商品品质的同时也更加追求跨境购物过程中的商品配送、售后等环节。因此，对于跨境电商卖家来说，提高物流效率、提升物流服务质量有利于增强自身的竞争力。

任务实施

（一）邮政物流

中国邮政速递物流股份有限公司（以下简称中国邮政速递物流）是经国务院批准，由中国邮政集团公司作为主要发起人，于 2010 年 6 月发起设立的股份制公司，是中国经营历史最悠久、网络覆盖范围最广的快递物流综合服务提供商。中国邮政速递物流主要经营国内速递、国际速递、合同物流等业务，国内、国际速递服务涵盖卓越、标准和经济 3 种不同时限水平和代收货款等增值服务，合同物流涵盖仓储、运输等供应链全过程。

1. 国际特快专递

国际特快专递（Express Mail Service），是中国邮政与各国邮政合作开办的中国大陆与其他国家和地区寄递特快专递邮件的快速类直发寄递服务，可为用户快速传递各类文件资料和物品，同时提供多种形式的邮件跟踪查询服务。该业务属于“优先类”时效最快的寄递服务之一，邮政内部优先处理，使用最快的运输工具运递，境外使用快递类网络优先处理和投递，全程节点轨迹可视。此外，中国邮政还提供保价、代客包装、代客报关等一系列综合延伸服务。

（1）运费与时效。

单件货物的重量不能超过30kg，每票货物只走一件；货物单边长度超过60cm（含60cm）要按照体积重量计算。体积重量计算公式为：

体积重量=长（cm）×宽（cm）×高（cm）÷6000

EMS投递时间通常为3～8个工作日（不包括清关时间）。

（2）服务优势。

① 覆盖面广：揽收网点覆盖范围广，目的地投递网络覆盖能力强。

② 收费简单：无燃油附加费、偏远附加费、个人地址投递费。

③ 全程跟踪：邮件信息全程跟踪，随时了解邮件状态。

④ 清关便捷：享受邮件便捷进出口清关服务。

相关知识

实际重量、体积重量和计费重量

实际重量（Actual Weight）是指包裹的重量，其重量计算出的数值的小数部分取下一半千克数。例如：测得的数值为4，即为4kg，数值为4.5，即为4.5kg；如测得的数值为4.25，则取4.5kg，数值为4.75，则取5kg。

体积重量（Volumetric Weight或Dimensions Weight）是根据货件密度，即单位体积货件的实际重量来确定的。度量数值为非整厘米数时，将取数值的小数部分至最接近的下一个整厘米数。体积重量公式：长（cm）×宽（cm）×高（cm）÷6 000。

计费重量（Chargeable Weight）是指用于计算费率的重量。将整票货物的实际重量与体积重量比较，取大的为计费重量。计费重量可能会大于包裹的实际重量或体积重量。

2. e特快

e特快（International e-EMS）是中国邮政为适应跨境电商高端寄递需求而设计的一款快速类直发寄递服务，在内部处理、转运清关、落地配送、跟踪查询、尺寸规格标准等各方面均有更高要求，是提高跨境卖家发货效率，提升客户体验，协助店铺增加好评提升流量的重要服务品牌。

（1）规格限制。

邮件体积重量大于实际重量的按体积重量计收资费。体积重量计算公式为：

体积重量=长（cm）×宽（cm）×高（cm）÷6 000。

（2）服务优势。

① 性价比高：50g续重计费，降低寄递成本。

② 在线打单：使用发件系统在线下单，高效方便。

③ 全程跟踪：邮件信息全程跟踪，随时了解邮件状态。

④ 平台认可：主流电商平台认可，物流提质加分。

3. e 邮宝

e 邮宝（e-Packet）是中国邮政为适应跨境轻小件物品寄递需要开办的标准类直发寄递业务。该业务依托邮政网络资源优势，境外邮政合作伙伴优先处理，为客户提供价格优惠、时效稳定的跨境轻小件寄递服务。

（1）服务范围及时效。

服务范围涵盖美国、英国、澳大利亚、加拿大、法国、爱尔兰、奥地利、俄罗斯、马来西亚、越南、泰国、土耳其、西班牙、瑞士、沙特阿拉伯、日本等 38 个国家和地区。运输时效通常为 7～15 个工作日。

（2）规格限制。

单件最大尺寸：长、宽、高合计不超过 90cm，最长一边不超过 60cm。圆卷邮件直径的两倍和长度合计不超过 104cm，长度不得超过 90cm。

单件最小尺寸：长度不小于 14cm，宽度不小于 11cm。圆卷邮件直径的两倍和长度合计不小于 17cm，长度不小于 11cm。

除以色列和英国物品寄递限重 5kg，其余合作国家物品寄递限重均为 2kg。

（3）服务优势。

① 在线打单：在线订单管理，方便快捷。

② 全程跟踪：提供主要跟踪节点扫描信息和妥投信息，安全放心。

③ 平台认可：主流电商平台认可和推荐物流渠道之一，品牌保障。

4. e 速宝与 e 速宝小包

e 速宝（e-Courier）和 e 速宝小包（e-Courier Packet）是中国邮政总部通过整合境内外渠道优质资源，专门针对不同国家和地区的特点，设计的跨境电商商业渠道物流解决方案。采用商业清关模式，末端选择标准类投递网络，提供妥投信息。可以寄递带电商品，e 速宝限重 30kg，e 速宝小包限重 2kg。

（1）服务范围及时效。

服务范围涵盖美国、英国、德国、法国、西班牙、意大利、泰国、新加坡、马来西亚、印度等多个国家和地区。时效通常为 7～12 个工作日。

（2）服务优势。

① 按克计费，价格具有竞争力。

② 商业清关，时效稳定。

③ 适用商品范围广泛，可寄递带电商品。

④ 支持各大电商平台和企业资源规划系统。

⑤ 提供赔偿及退件服务。

（3）禁运物品。

① 拒收仿牌、刀具、纯电池等航空违禁品。

② 拒收国家明令禁止的物品，如古董，货币及其他出口货物。

③ 拒收液体、粉末、食品、药品等。

5. 国际包裹

国际包裹（International Parcel）是中国邮政基于万国邮联体系推出的标准类直发物品寄递服务。

（1）服务优势。

① 通达广泛：通达全球 200 多个国家和地区。

② 运输灵活：客户可以自主选择航空、陆运或空运水陆路三种运输方式（部分路向只接受特定运输方式的包裹服务）。

③ 全程跟踪：提供全程轨迹跟踪信息。

④ 补偿服务：丢失损毁的国际及港澳台包裹提供补偿服务。

（2）规格限制。

根据运输物品的重量和所到达国家的不同，国际包裹的体积、重量限制标准有所不同，具体可登录官网进行查询。寄往各国的包裹尺寸限度分为以下 3 种。

第一类尺寸：2m×2m×2m，或长度和长度以外最大横周合计不超过 3m。

第二类尺寸：1.5m×1.5m×1.5m，或长度和长度以外最大横周合计不超过 3m。

第三类尺寸：1.05m×1.05m×1.05m，或长度和长度以外最大横周合计不超过 2m。

（二）国际商业快递

国际商业快递，又称国际快递，以 DHL、UPS、FedEx 3 家快递公司为首。这三大国际商业快递公司，在物流运输时效上会比较快捷，安全性较高，物流网络较广，稳定性较好，物流服务完善，可运输的范围也比较广，主要运输方式是空运的模式，缺点是价格比较昂贵。国际快递公司通过商业清关渠道进行申报，不享受万国邮政联盟免税清关相关条款，如果物品申报货值超出目的国关税起征点会产生关税，关税由收货人承担。

1. DHL 国际商业快递

DHL 是全球著名的邮递和物流集团德国邮政敦豪集团旗下公司，是全球快递、洲际运输和航空货运的领导者。DHL 主要包括以下几个业务部门：DHL Express、DHL Global Forwarding、Freight 和 DHL Supply Chain。

1969 年，三位朝气蓬勃的创业者 Adrian Dalsey, Larry Hillblom 和 Robert Lynn 乘坐飞机来往于旧金山和檀香山之间运送货物单证，代办报关清关业务。之后，三位创始人用自己的姓氏首字母组建了 DHL 公司，成功开设了他们的第一条从旧金山到檀香山的速递运输航线。

（1）递送时效。

一般从客户交货之后第二天开始的 1～2 个工作日能查到物流信息，参考投递时间通常为 3～7 个工作日（不包括清关时间）。

（2）DHL 体积重量限制。

DHL 体积重量计算公式为：体积重量=长（cm）×宽（cm）×高（cm）÷5000，计费时取货物的实际重量和体积重量二者中较大者。

2. UPS 国际商业快递

美国联合包裹运送服务公司（United Parcel Service, Inc.，UPS）于 1907 年作为一家信使公司成立于美国华盛顿西雅图，通过明确地致力于支持全球商业的目标，UPS 如今已发展到拥有 300 亿美元资产的大公司，业务网点遍布全球 220 多个国家和地区。如今的 UPS 是一家全球性的物流企业，其商标是世界上较知名、较值得景仰的商标之一，是世界上最大的快递承运商与包裹递送公司，同时也是专业的运输、物流、资本与电子商务服务的领导性的提供者。

（1）UPS 业务类型。

UPS 主要包含 6 种业务服务，分别是全球特快加急服务（UPS Worldwide Express Plus）、全球特快服务（UPS Worldwide Express）、全球特快货运日中送达服务（UPS Worldwide Express Freight Midday）、全球特快货运（UPS Worldwide Express Freight））、全球速快服务（UPS Worldwide Express Saver）、全球快捷服务（UPS Worldwide Expedited）。其中全球快捷服务使用蓝色标记，一般称蓝单，其余都使用红色标记，一般称红单。UPS 国际快递运输服务如表 7-1 所示。

表 7-1　UPS 全球快递服务项目

服务类型	递送时效	服务范围	优点
1～3 个工作日			
UPS 全球特快加急服务	最早可在早晨 8：00 前送达	送达美国、欧洲和亚洲主要城市	① 紧急货件的理想选择。 ② 优先处理。 ③ 适用于 UPS10kg 箱和 UPS25kg 箱
UPS 全球特快服务	通常在早晨 10：30 或中午 12：00 前送达	送达美国大部分地区，加拿大、欧洲和亚洲各主要城市，以及美洲特定区域	适用于 UPS10kg 箱和 UPS25kg 箱
UPS 全球特快货运日中送达服务	保证在中午 12：00 或下午 2：00 前送达，视目的地邮编而定	送达全球 30 多个国家和地区	① 门到门和非门到门递送服务可供选择。 ② 针对超过 70kg 的托盘货件
UPS 全球特快货运	工作日结束前送达	送达全球 60 多个国家和地区	① 门到门和非门到门递送服务可供选择。 ② 针对超过 70kg 的托盘货件
UPS 全球速快服务	工作日结束前送达	送达全球 220 多个国家和地区	① UPS 全球限时快递的一项经济实惠型的服务。 ② 适用于 UPS10kg 箱和 UPS25kg 箱
3～5 个工作日			
UPS 全球快捷服务	工作日结束前送达	亚洲境内递送，以及从亚洲至欧洲、北美洲和南美洲的主要商业中心	① 非紧急货件的经济选择。 ② 指定日期和转运时间。 ③ 在特定国家/地区支持准时送达保证

UPS 还为客户提供 3 种指定时间和指定日期送达的全球空运服务，分别是 UPS 空运保费直达（UPS Air Freight Premium Direct）、UPS 空运直达（UPS Air Freight Direct）和 UPS 空运整合（UPS Air Freight Consolidated）服务，如表 7-2 所示。

表 7-2　UPS 全球空运服务项目

服务项目	递送时效	服务范围	优点
1～3 个工作日			
UPS 空运保费直达	工作日结束前，特定日期取件、门到门的运送服务	覆盖 50 多个国家和地区	① 超过 70kg 货件的理想选择。 ② 方便快捷地处理托盘和非托盘货件。 ③ 门到门的运送服务，包括常规的清关服务
UPS 空运直达	工作日结束前，特定日期取件、机场到机场的运送服务	几乎覆盖全球	① 超过 70kg 货件的理想选择。 ② 方便快捷地处理托盘和非托盘货件。 ③ 可选服务包括取件、派件和清关

续表

服务项目	递送时效	服务范围	优点
3～5 个工作日			
UPS 空运整合	工作日结束前，特定日期取件、机场到机场的运送服务	覆盖全球	① 超过 70kg 货件的理想选择。 ② 方便快捷地处理托盘和非托盘货件。 ③ 可选服务包括取件、派件和清关

（2）UPS 体积重量限制。

UPS 要求每件包裹的重量上限为 70kg。每件包裹的长度上限为 274 cm。每件包裹尺寸上限为 400 cm。每批货件总重量与包裹件数并无限制。UPS 会对每个超重超长包裹收取相应的附加费。

想一想

遇到不规则的包裹，应该如何测算其计费重量

对于不规则的包裹，UPS 通过测量确定其体积重量，并查看该重量是否在最大重量限制内。然后将把不规则的包裹当作常规长方体箱子处理。从其离中心最远点测量该包裹的长、宽、高。计算体积重量公式为：最长（cm）×最宽（cm）×最高（cm）÷5000。最后选取包裹实际重量和体积重量的较大者作为计费重量。

3. FedEx 国际商业快递

联邦快递（FedEx）是一家国际性速递集团，提供隔夜快递、地面快递、重型货物运送、文件复印及物流服务，总部设于美国田纳西州孟菲斯，隶属于美国联邦快递集团（FedEx Corp）。联邦快递设有环球航空及陆运网络，通常只需一至两个工作日，就能迅速运送时限紧迫的货件，而且确保准时送达，并且设有“准时送达保证”。

联邦快递的常规服务包括联邦快递优先服务和联邦快递经纪服务，二者的区别在于时效和价格。联邦快递优先服务的时效快，价格较高；联邦快递经济服务的时效慢，价格较低。具体服务项目及特点如表 7-3 所示。

表 7-3　FedEx 服务项目

服务项目		特点
联邦快递优先服务	联邦快递国际特早快递服务	① 递送时间：通常在 1～3 个工作日送达全球各地。 ② 覆盖范围：出口至美国、加拿大、巴西、墨西哥、波多黎各的货件最早于上午 8 点前（一般在 1～3 个工作日内）准时送达；出口至欧盟的货件则会在 2 个工作日内于上午 9 点前准时送达。 ③ 服务时间：每周一至周五工作日。某些市场亦可提供周六服务。 ④ 包裹尺寸及重量限制：宽度上限为 274cm，长度和周长总和不超过 330cm。重量不超过 68kg。 ⑤ 服务特色：递送签收服务、代理清关、保证退款、在线跟踪
	联邦快递国际优先快递特快服务	① 递送时间：通常 1～3 个工作日，上午 10:30 或中午之前送达。 ② 覆盖范围：仅限亚洲、美国、加拿大和欧洲的指定市场。 ③ 服务时间：每周一至周五工作日。部分市场亦可提供周六服务。 ④ 包裹尺寸及重量限制：宽度上限为 274cm，长度和周长总和不超过 330cm。重量不超过 68kg。 ⑤ 服务特色：递送签收选项、清关、退款保证、在线追踪、FedEx 客户指定清关代理人服务、FedEx 服务站取件服务

续表

服务项目		特点
联邦快递优先服务	联邦快递国际优先快递服务	① 递送时间：通常 1～3 个工作日送达，一天结束前送达。 ② 覆盖范围：面向全球 220 多个国家和地区。 ③ 服务时间：每周一至周五工作日。部分市场亦可提供周六服务。 ④ 包裹尺寸及重量限制：宽度上限为 274cm，长度和周长总和不超过 330cm。重量不超过 68kg。 ⑤ 服务特色：递送签收选项、清关、退款保证、在线追踪、FedEx 客户指定清关代理人服务、FedEx 服务站取件服务
	联邦快递国际优先快递重货服务	① 递送时间：通常 1～3 个工作日送达。 ② 覆盖范围：全球各地。 ③ 服务时间：每周一至周五工作日。部分市场亦可提供周六服务。 ④ 包裹尺寸及重量限制：a. 高度超过 178cm、长度超过 302cm 或宽度超过 203cm 需提供垫木搬运许可；b. 重量最低 68kg，重量超过 997kg 需提供垫木搬运许可；c. 货物总量没有限制。 ⑤ 服务特色：专业航空货运服务，满足可叉起或捆绑在垫木上的组合单件的托运
联邦快递经纪服务	联邦快递国际经济快递服务	① 递送时间：通常 2～4 个工作日送达亚洲；4 个工作日送达美国；4～5 个工作日送达欧洲。 ② 覆盖范围：仅限亚洲、美国、欧洲的指定市场。 ③ 服务时间：每周一至周五工作日。部分市场亦可提供周六服务。 ④ 包裹尺寸及重量限制：宽度上限为 274cm，长度和周长总和不超过 330cm。重量不超过 68kg。 ⑤ 服务特色：递送签收服务、清关、联邦快递指定清关代理人服务、准时送达保证、账单灵活、在线追踪、经济型运输
	联邦快递国际经济快递重货服务	①递送时间：通常 2～5 个工作日送达。 ②覆盖范围：全球大多数主要市场。 ③服务时间：每周一至周五工作日。部分市场亦可提供周六服务。 ④包裹尺寸及重量限制：a. 包裹最低重量为 68kg，长度超过 274cm 或周长超过 330cm；b. 高度超过 178cm，长度超过 302cm 或宽度超过 203cm，或者重量超过 997kg，需提供垫木搬运许可；c. 货物总量没有限制。 ⑤服务特色：所有货件均无重量限制，经济实惠

（三）专线物流

专线物流是指针对特定国家或地区推出的跨境专用物流线路，具有“五固定”的特征：起点固定、终点固定、工具固定、路线固定和时间固定。国际专线物流主要包括航空专线、港口专线、铁路专线、大陆桥专线、海运专线及固定多式联运专线，如郑欧班列、中俄专线、渝新欧专线、中欧班列（武汉）、国际传统亚欧航线等。专线物流具有时效快、成本低、安全度高、可追踪、易清关的优势。

1. 俄速通

俄速通（Ruston），成立于 2013 年，是由黑龙江俄速通国际物流有限公司提供的中俄航空小包专线服务，是针对跨境电商客户物流需求的小包航空专线，渠道时效快速稳定，提供全程物流跟踪服务。主要业务涵盖跨境物流仓储服务、供应链贸易服务、供应链金融服务和电商分销服务四大版块，是中俄跨境数字贸易的综合服务商。业务流程包括国内接收集货服务中心、安检、系统签入、入哈尔滨仓、核实数量、交往邮局、包机发往俄罗斯、清关、俄罗斯邮政派送、买家收货。

（1）包装与重量要求。

［重量限制］每件包裹小于（不包含）2kg。

［最大体积限制］方形包裹：长+宽+高＜90cm，单边长度＜60cm。

圆柱形包裹：2 倍直径及长度之和小于 104cm，单边长度＜90cm。

［最小体积限制］方形包裹：至少有一面的长度＞14cm，宽度＞9cm。

圆柱形包裹：2 倍直径及长度之和＞17cm，单边长度＞10cm。

（2）资费标准和递送时效。

Ruston 的资费标准为 85 元人民币/千克+8 元人民币挂号费。正常情况下 15～25 天到达俄罗斯目的地，特殊情况下 30 天内到达俄罗斯目的地。

（3）俄速通的优点。

① 经济实惠。Ruston 以克为单位精确计费，无起重费，为卖家将运费降到最低。

② 可邮寄范围广泛。Ruston 是联合俄罗斯邮局推出的服务商品，境外递送环节全权由俄罗斯邮政承接，因此递送范围覆盖俄罗斯全境。

③ 运送时效快。Ruston 开通了哈尔滨—叶卡捷琳堡中俄航空专线货运包机，大大提高了配送效率，使中俄跨境电物流平均用时从过去的近两个月缩短到 13 天，80%以上包裹 25 天内到达。

④ 全程可追踪。48 小时内上网，货物全程可视化追踪。

2. 燕文专线

燕文航空挂号小包（Special Line-YW），又称燕文专线，所属中国最大的物流服务商之一。

（1）燕文专线优点。

① 时效快：燕文航空挂号小包根据不同目的国家及地区选择服务最优质和派送时效最好的合作伙伴。燕文在北京、上海和深圳三个口岸直飞各目的地，避免了国内转运时间的延误，并且和口岸仓航空公司签订协议保证稳定的仓位。全程追踪，派送时效通常为 10～20 个工作日。

② 交寄便利：北京、深圳、广州（含番禺）、东莞、佛山、杭州、金华、义乌、宁波、温州（含乐清）、上海、昆山、南京、苏州、无锡、郑州、泉州、武汉、成都、葫芦岛兴城、保定白沟提供免费上门揽收服务，揽收区域之外可以自行发货到指定揽收仓库。

③ 赔付保障：邮件丢失或损毁提供赔偿，可在线发起投诉，投诉成立后 1～3 个工作日完成赔付。

（2）运送范围及重量要求。

燕文专线支持发往 41 个国家和地区。运费根据包裹重量按克计费，1g 起重，每个单件包裹限重在 2kg 以内。2021 年燕文专线快递新增芬兰、立陶宛、乌克兰，重量上限为 3kg。

（3）递送时效。

① 正常情况：10～35 天到达目的地。

② 特殊情况：35～60 天到达目的地。（特殊情况包括不限于：节假日、特殊天气、政策调整、偏远地区等。）

3. 速邮宝芬邮经济小包

速优宝芬邮经济小包是由速卖通和芬兰邮政（Posti Finland）针对 2kg 以下小件物品推出的空邮商品，免挂号费，运送范围为俄罗斯、白俄罗斯，其发货方式为线上。

（1）重量体积限制。

［重量限制］每件包裹小于（不包含）2kg。

［最大体积限制］方形包裹：长+宽+高≤90cm，单边长度≤60cm。

圆柱形包裹：2 倍直径及长度之和≤104cm，单边长度≤90cm。

［最小体积限制］方形包裹：至少有一面的长度≥14cm，宽度≥9cm。

圆柱形包裹：2 倍直径及长度之和≥17cm，单边长度≥10cm。

（2）资费标准。

运费根据包裹重量按克计费，1g 起重，每个单件包裹限重在 2kg 以内（不包含 2kg）。

（3）递送时效。

① 预计在包裹入库后 15～30 天内到达目的地。

② 物流商承诺包裹在国内集货仓入库 37 天（含）内从芬兰邮政发出。若包裹在国内集货仓入库 37 天后仍未从芬兰发出将被视为包裹丢失，因此而引起的速卖通平台限时达纠纷赔款，由物流商承担赔偿责任（按照订单在速卖通平台上的实际成交价赔偿，最高不超过 300 元人民币）。

③ 若包裹在国内集货仓入库 37 天内（含）顺利从芬兰邮政发出，物流服务商将不再承担包裹丢失责任。

（4）速邮宝芬邮经济小包的优点。

① 价格优惠：不需要挂号费，适合货值低（仅订单金额≤7 美元的订单可使用）、重量轻的物品。

② 收寄信息可查询：可查询包裹从揽收到收寄的追踪信息，平台网规认可使用。

③ 交寄方便：深圳、广州、义乌、金华、杭州、上海、苏州、北京、宁波由揽收服务商“燕文”提供免费上门揽收服务，非揽收区域卖家可自行寄送至集运仓库。

④ 赔付保障：国内段邮件丢失或损毁由揽收服务商提供赔偿，可在线发起投诉，投诉成立后最快 5 个工作日完成赔付。

4. 4PX 新邮挂号小包

4PX 新邮挂号小包（Singapore Post 4PX）专线是由新加坡邮政在中国大陆合法代理，递四方速递公司针对 2kg 以下小件物品推出的空邮商品，可发带电商品，运送范围为全球。

（1）资费标准。

运费根据包裹重量按克计费，1g 起重，每个单件包裹限重在 2kg 以内（不包含 2kg）。

（2）递送时效。

正常情况 15～35 天到达目的地。特殊情况除外（包括但不限于：不可抗力、海关查验、政策调整及节假日等）

（3）4PX 新邮挂号小包的优点。

① 可发带电商品。

② 时效快：香港直航至新加坡邮政，再由新加坡转寄到全球多个国家及地区。

③ 派送范围广：覆盖全球 246 个国家及地区。

④ 物流信息可随时查询：提供国内段交接，包裹经从新加坡发出及目的国妥投等跟踪信息。

⑤ 交寄便利：深圳、义乌、上海、广州、厦门提供上门揽收服务，非揽收区域卖家可自行寄送至揽收仓库。

⑥ 赔付有保障：邮件丢失或损毁提供赔偿，可在线发起投诉，投诉成立后 1～3 个工作日完成赔付。

（四）海外仓

海外仓是国内企业将商品通过大　运输的形式运往目标国家，在当地建立仓库、储存商品然后再根据当地的销售订单，第一时间做出响应，及时在当地仓库直接进行分拣、包装和配送。海外仓通常分为跨境电商平台海外仓、自建海外仓及第三方海外仓三种模式。目前，中国海外仓的数量已经超过 1 900 个，总面积超过了 1 350 万平方米，业务范围辐射全球，其中北美、欧洲、亚洲等地区海外仓数量占比将近 90%。部分龙头企业已经建成先进的信息管理系统，能够实时对接客户、对接商品、对接仓储配送等信息。除传统仓储配送业务外，还创新开展了高质量的售后、供应链金融、合规咨询、营销推广等增值服务。

海外仓特点概括起来是“四快一低”。

第一快，是清关快。海外仓企业能够整合物流资源，提供配套的清关服务，提高了货物出入境的效率。

第二快，是配送快。部分海外仓可以提供所在国 24 小时内或 48 小时内的送达服务，大幅缩短了配送时间。

第三快，是周转快。海外仓可以提供有针对性的选品建议，帮助卖家优化库存，提前备货，降低滞销的风险。

第四快，是服务快。海外仓可以按照客户的要求，提供本土化的退换货、维修等服务，能够缩短服务周期，提升终端客户的购物体验。

一低，是成本低。由于卖家可以提前在海外仓备货，因此在后续补货时，可以选择价格更低的海运方式，降低了国际物流的成本。

1. 全球速卖通海外仓

全球速卖通海外仓是速卖通平台和菜鸟打造的重点项目，分为官方仓、认证仓和商家仓承诺达 3 种类型。3 种海外仓的介绍如表 7-4 所示。

表 7-4　海外仓类型一览表

海外仓类型	释义	具体介绍
官方仓	全球速卖通及菜鸟联合境外优势仓储资源及本地配送资源共同推出的速卖通官方配套物流服务，是专为速卖通卖家打造的重点项目，可提供境外仓储管理、本地配送、物流纠纷处理、售后赔付等的一站式物流解决方案	① 目前已开通西班牙、法国、波兰、比利时四个官方仓服务，物流服务范围可覆盖欧洲 16 个重点国家（地区）。 ② 仓发商品可带有“×日达”标志，拥有搜索流量加权倾斜及海外仓营销专场招商资格。 ③ 官方仓所在国（地）可实现商品 3 日达和泛欧国家 7 日达服务。产生订单后，官方仓可以完成拣货、打包、发货等工作。 ⑤ 官方仓发出的订单因物流原因导致的纠纷、卖家服务评级（Detailed Seller Ratings，DSR）低分不计入卖家账号考核。 ⑥ 商品入库后因物流原因导致的货物问题或纠纷退款，由菜鸟赔付

续表

海外仓类型	释义	具体介绍
认证仓	经过菜鸟认证的第三方海外仓	① 卖家可使用平台系统进行仓库商品管理。 ② 目前认证仓已接入递四方（4PX）/万邑通/艾姆勒（IML）/谷仓：4PX 已接入美国、英国、德国、西班牙、捷克、波兰、比利时；方邑通已接入英国、美国、德国；IML 已接入俄罗斯；谷仓已接入英国、美国、捷克、法国。 ③ 仓发商品可获得“fast shipping”标志。 ④ 认证仓发出的订单可实现自动流转
商家仓承诺达	商家自己合作的仓库及仓库管理服务	① 卖家使用商家仓订购“承诺达”服务，通过考核后，商品也可以打上“x 日达”标志，并享受“x 日达”的所有权益，如商品可获得搜索流量扶持；从商品、购物车、订单等多渠道展现“×日达”标志，提升商品对买家的吸引力；商品可优先获得参加平台活动的资格。 ② 目前“承诺达”已上线的发货国（地）包括西班牙、法国、波兰、比利时、捷克、德国、巴西、美国，只要卖家备货的海外仓在这 8 个国家（地区），就可以通过订购“承诺达”服务享受“x 日达”权益

2. 亚马逊 FBA

亚马逊物流（Fulfillment by Amazon，FBA），是指卖家将商品批量发送至亚马逊运营中心之后，由亚马逊负责帮助卖家存储商品；当商品售出后，由亚马逊完成订单分拣、包装和配送，并为这些商品提供买家咨询、退货等客户服务，帮助卖家节省人力、物力和财力。对于中国卖家而言，即为将商品配送至海外亚马逊仓库，并由亚马逊完成后续配送及售后服务。

（1）FBA 优势。

① 触及海量 Prime 会员。

Prime 会员相较一般的亚马逊买家，拥有更高的忠诚度和更大的购物需求。使用 FBA 配送的商品会带有 Prime 标记，更易触及亚马逊全球海量、优质的 Prime 会员，帮助曝光及销量提升。

② 次日达/隔日达配送服务。

符合要求的商品将有资格享受亚马逊 Prime 隔日达或次日达服务，帮助卖家加快配送速度，改善客户体验，提高买家复购率。

③ 赢得“购买按钮”。

FBA 的配送及售后服务有助于提高买家对卖家商品的客户满意度，获得更多的商品评价，从而为卖家的商品赢得“购买按钮”的机会。

④ 全天候专业客服。

亚马逊使用当地语言为 FBA 商品提供全天候专业客服，帮助卖家回复买家咨询，减少时间成本，运营省心更省力。

（2）FBA 费用构成。

FBA 费用由仓储费（按商品所实际占用的保管空间每月收取库存保管费用）＋配送费（根据每件商品的尺寸和重量，按件收费）＋其他费用（计划外费用，按具体情况收费）构成。

FBA 的基础服务费用由两大部分组成：仓储费和配送费，这两项费用 FBA 每月都会收取。FBA 的基础费用组成如表 7-5 所示。

表 7-5　FBA 基础服务费用表

FBA 基础费用	详细内容
仓储费	月度库存仓储费：按照卖家的库存在亚马逊运营中心所占空间的日均体积（以立方英尺或立方米为单位）收取月度仓储费
	长期库存仓储费：仅适用于储存在亚马逊运营中心超过 365 天的商品
	仓储超量费：仅适用于卖家的现有库存在给定月份超出了仓储限制，超出的部分需要支付仓储超量费
配送费	普通商品配送费：按照商品尺寸分段收取相应配送费
	危险品配送费：仅适用于危险品

根据卖家的实际操作，可能会产生其他的 FBA 费用，如卖家想从亚马逊运营中心移除部分库存，或卖家销售的商品有退货处理费等。其他服务费用具体介绍如表 7-6 所示。

表 7-6　其他服务费用表

FBA 其他费用	详细内容
移除订单费用	卖家可以让亚马逊退还或弃置储存在亚马逊运营中心的库存，此服务按件收取费用。可以在卖家平台查看费用介绍及移出库存的帮助页面
退货处理费	对于在亚马逊上出售，且属于亚马逊为其提供免费退货配送的买家退货商品，亚马逊将向卖家收取亚马逊物流退货处理费
计划外服务费	如果卖家的库存抵达亚马逊运营中心时未经过适当的预处理或贴标，亚马逊将执行计划外服务，以成功接收并处理卖家的库存。此项服务按件收取费用

除上述费用及服务外，FBA 还提供了多种可选付费服务，如商品贴标服务等，帮助卖家减轻运营压力。卖家可以根据自身需要选择使用，如表 7-7 所示。

表 7-7　FBA 可选付费服务费用表

FBA 可选付费服务	详细内容
FBA 预处理服务	FBA 对运送并存放到亚马逊运营中心的商品有包装和预处理要求，启用 FBA 预处理服务后，将由亚马逊为卖家的商品提供合适的包装和预处理，并按件收取费用
FBA 贴标服务	FBA 可以为需要使用亚马逊条形码，且符合要求的商品提供贴标服务。此项服务按件收取费用，每件商品 0.3 美元
人工处理服务	如果卖家在创建发往亚马逊的货件时，不提供箱内物品信息，亚马逊将在运营中心人工处理卖家的箱子，并会产生相应的费用
库存配置服务	默认情况下，卖家创建入库计划后，货件可能会拆分为多个货件并发往不同的亚马逊运营中心，以便买家能更快收到商品。利用库存配置服务，卖家可以将所有库存发往一个亚马逊运营中心或收货中心，亚马逊负责分发库存。此项服务按件收取费用
FBA 重新包装和翻新服务	亚马逊物流为包装残损但处于可售状态的商品提供重新包装和翻新服务。对买家退回的符合条件的商品，系统会自动进行重新包装，以便可以再次销售。翻新是项可选服务，包括重新贴胶带，去除非商品标签，重新装箱，服装鞋靴去除污渍等

3. 自建海外仓

自建海外仓是指卖家在境外自行建立仓储，仅为自身销售的商品提供仓储、配送等物流服务，并由卖家负责头程运输、通关、报关、海外仓管理、拣货、终端配送等一系列工作。自建海外仓的优点是卖家能够自己掌控和管理，较为灵活。缺点是卖家需要自己解决仓储、报关、物流等所有问题，同时自建仓的建造成本高、风险大，涉及的关务、法务、税务等问题也异常冗杂。没有销量、没有规模优势、配送价格昂贵等问题反而让自建仓综合成本大大高于海外仓服务。

4. 第三方海外仓

第三方海外仓是指由第三方企业（多为物流服务商）建立并运营的境外仓储，它可以为卖家提供清关、报检、仓储管理、商品分拣、终端配送等服务。跨境电商卖家可以通过租赁的方式获得第三方海外仓的服务。

第三方海外仓的优势主要体现在以下 7 个方面。

（1）更快的到货速度：和本土直发相比，有效减少订单响应时间。

（2）更低的物流成本：集中发货到海外仓后，通过本土快递能减少快递成本。

（3）方便调节 FBA 库存：对于多平台的卖家，海外仓是亚马逊 FBA 的缓冲仓库，方便灵活调节 FBA 库存。

（4）随时满足小批量订单：小批量的 B2B 订单是跨境贸易盲点，海外仓可以迅速覆盖这部分的需求。

（5）增加商品的曝光率和下单率：更改物品所在地后。变成为海外卖家，可以提升销售。

（6）提高销售物品的定价水平，实现有竞争力的本土销售。

（7）快速的退换货处理：提升客户满意度和体验。

虽然第三方海外仓存在诸多优势，但其缺点也不容忽视：入库时间长，尤其是旺季，导致卖家错过销售好时机；海外仓常出现错发、漏发、库存不准的问题；头程运输未优化，时效慢、不稳定，导致卖家承受汇率被大幅拉长的风险，甚至影响销售计划；缺乏国内的顺畅操作配合及合理的入库流程，导致入库上架慢，耽误销售和发货。

任务小结

通过本任务的学习，大家了解了邮政物流、专线物流、商业快递、海外仓的物流模式，及每种物流模式的特点、服务类型、规格限制、运费构成等内容，帮助同学们掌握选择物流方式的策略。

拓展练习

2022 年 3 月，一位速卖通卖家需要从国内发送一个 45g 和一个 580g 的包裹至俄罗斯，速邮宝芬邮挂号小包和俄速通的中俄专线的报价如表 7-8 和表 7-9 所示。燃油附加费费率为 11.25%。请根据上述信息，计算出两条专线的物流费用。并说明就物流费用考虑，这位卖家会选择哪条专线？

表 7-8　速邮宝芬邮小包报价根据包裹重量按克计算

国家列表	配送费（元/千克），起重 50 克	挂号服务费（元）
俄罗斯	114.2	7.8

表 7-9　俄速通报价根据包裹重量按克计算

国家列表	配送费（元/千克），起重 50 克	挂号服务费（元）
俄罗斯	80	7.4

任务三　跨境电商主流平台运费模板设置

任务背景

跨境电商卖家想要顺利开展商品的发货、报关、清关等事宜，都需要先在平台卖家中心设置物流运费模板，因此掌握主流跨境电商平台的运费模板设置是必不可少的环节。

任务实施

（一）速卖通运费模板设置

1. 创建标准运费模板

（1）单击“商品”→“物流模板”→“新建运费模板”，如图 7-1 所示。

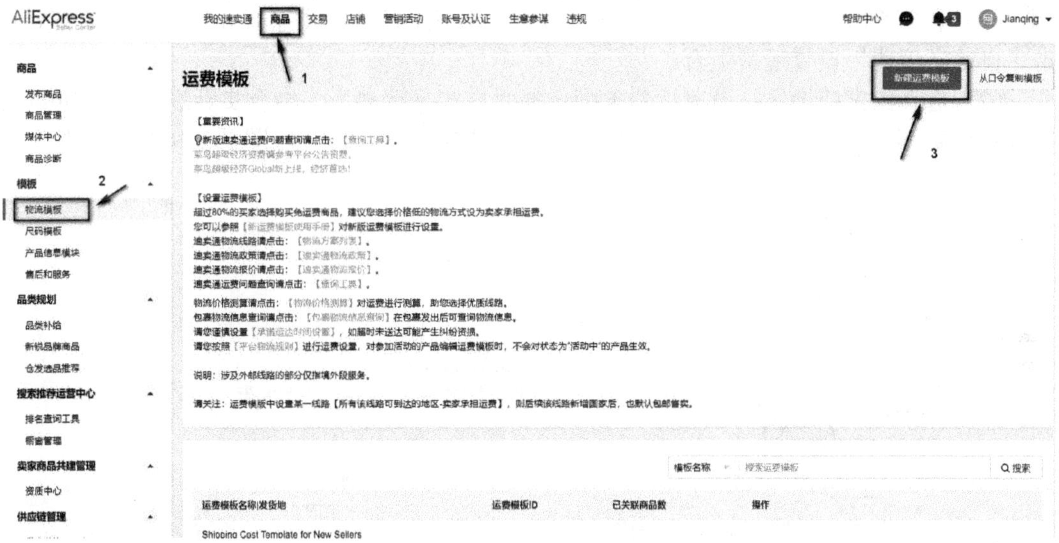

图 7-1　选择“物流模板”选项

（2）设置物流方式，创建模板，如图 7-2 所示。

① 输入运费模板名称：这里需要注意，仅限 128 字符。（特别提示：中文、英文、数字三种形式都可以）

② 运费设置：可以选择设置标准运费、卖家承担运费（免运费）或自定义运费。

标准运费：平台会自动按照各物流服务提供商给出的官方报价计算运费。

卖家承担运费（免运费）：可设置对部分国家（地区）或所有国家（地区）免运费。

自定义运费：可以根据需求自由设置运费。

③ 运达时间设置：可以选择自定义运达时间，也可以设置为系统默认的时间。

④ 完成设置后，单击“创建模板”。

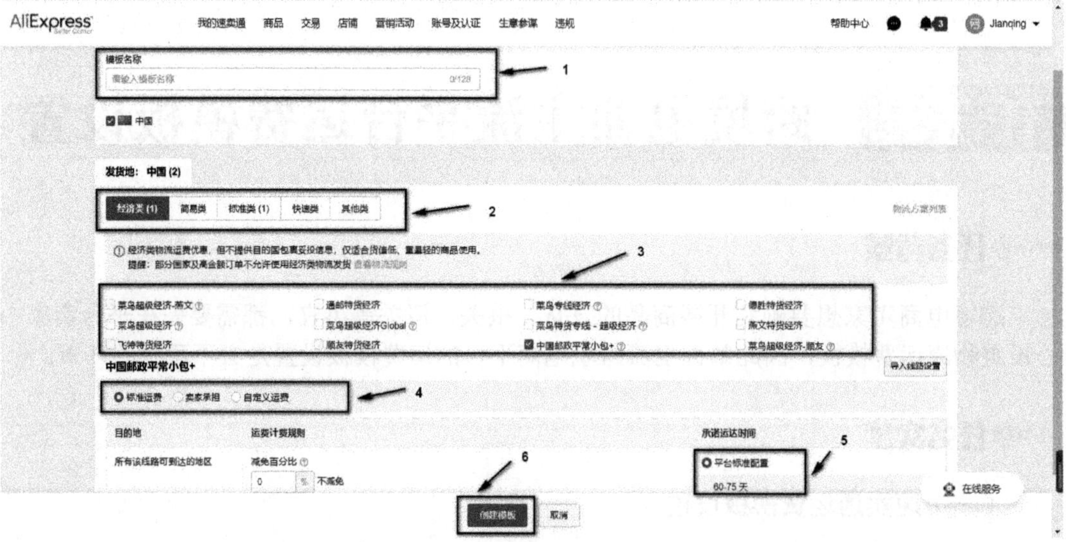

图 7-2　创建标准运费模板

2. 创建自定义运费模板

（1）单击“商品”→“物流模板”→“新建运费模板”，在卖家想要设置的物流方式单击“自定义运费”设置运费组合。

（2）选择国家或地区，设置运费类型选择“自定义运费”，结合实际选择按照重量设置或按照数量设置，可以增加多个类型，或设置组合的形式。如图 7-3 和图 7-4 所示。

图 7-3　选择自定义运费模板，设置目的地

（二）亚马逊运费模板设置

借助亚马逊配送模板，卖家可以同时管理多种商品的配送设置（如默认服务级别、配送地区、运输时间和运费等）。买家可以为特定 SKU 组创建最多 20 个配送模板。在创建模板之前，需确认默认配送地址准确无误。

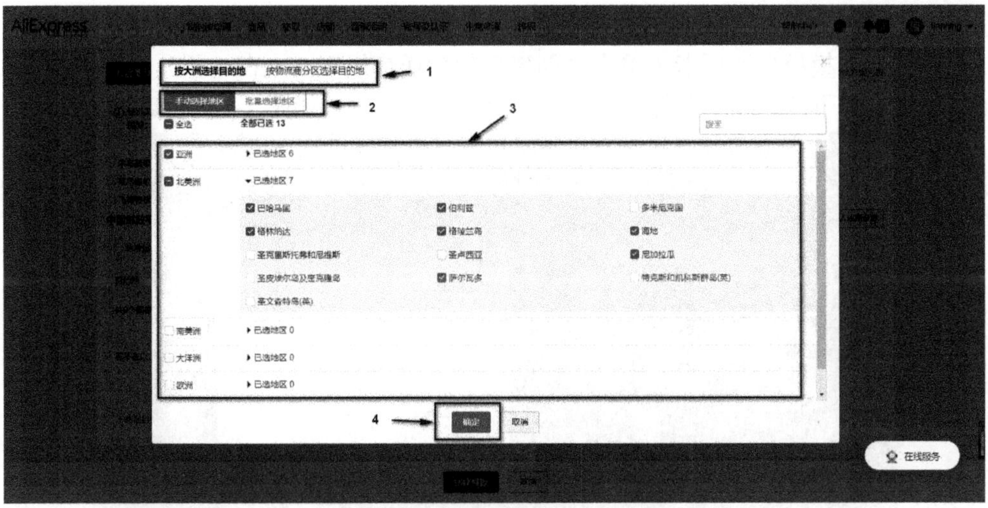

图 7-4　选择目的国家或地区

1. 配送设置

在“设置”菜单中，选择“配送设置”，确认“默认配送地址”正确无误，然后再创建新配送模板。如图 7-5 和图 7-6 所示。

图 7-5　配送设置

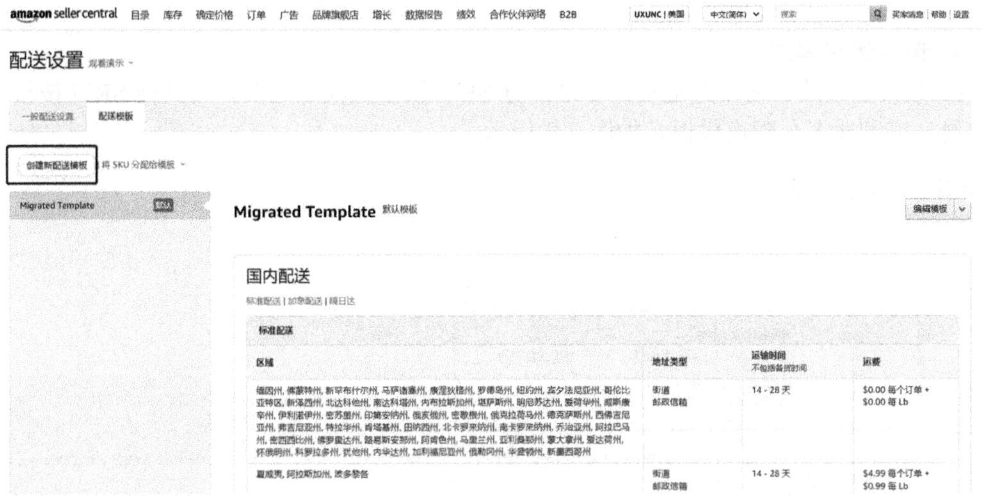

图 7-6　创建新配送模板

2. 创建新模板

在“创建新模板”选项卡中单击“创建新的配送模板”，或在“不，我想要复制以下模板的内容：”下从选项中选择一个选项，单击“确定”，如图 7-7 所示。

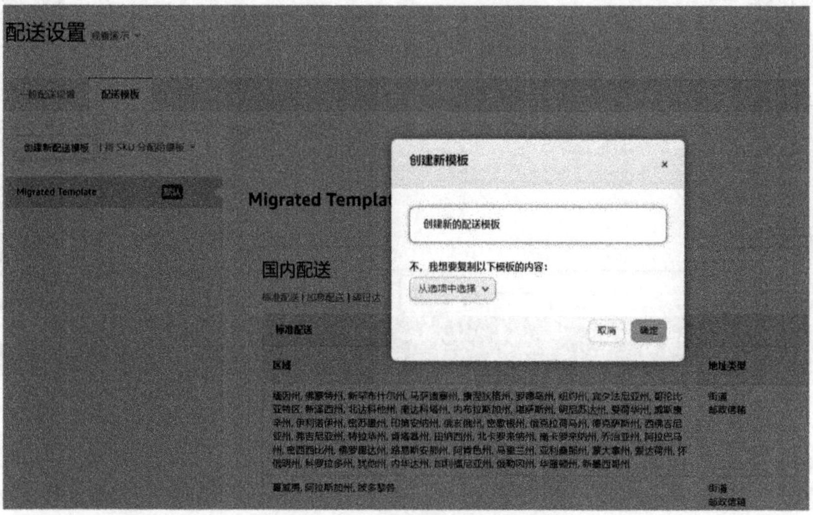

图 7-7　创建新模板选项

3. 填写配送模板名称

输入配送模板名称，如“免费模板”，如图 7-8 所示。

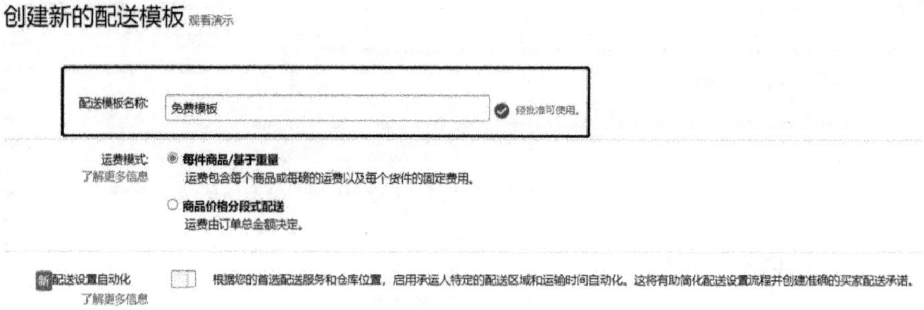

图 7-8　输入配送模板名称

4. 选择运费模式

按商品/重量或价格设置运费。如果部分 SKU 按重量收取运费，而其他 SKU 按价格收取运费，需创建多个配送模板，如图 7-9 所示。

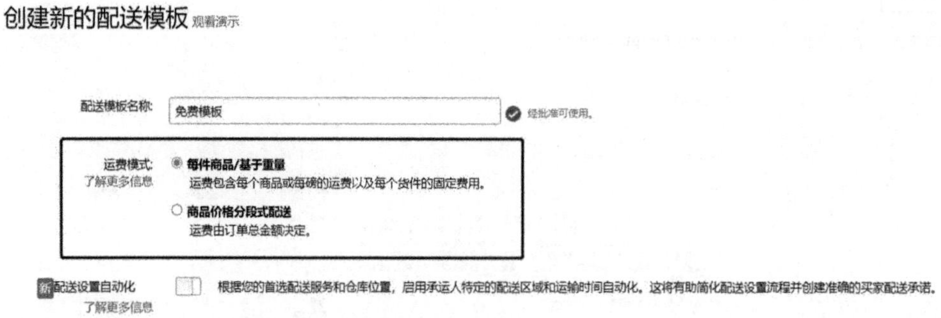

图 7-9　选择运费模式

5. 配送设置自动化

根据需求启用或禁用“Prime 配送”，如图 7-10 所示。

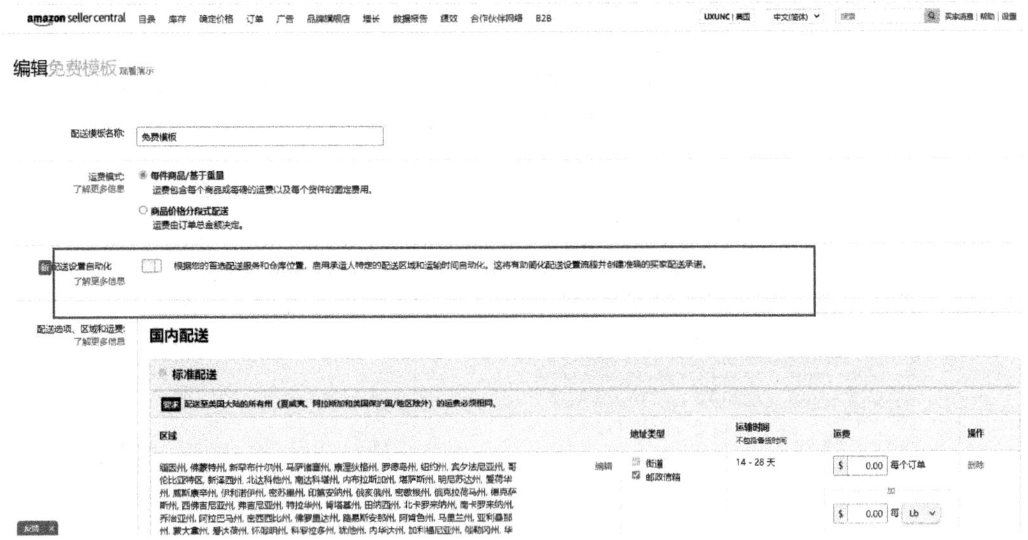

图 7-10 启用或禁用“Prime 配送”

6. 设置配送时间

为“处理时间设置”选择或取消选择“当天”，如图 7-11 所示。

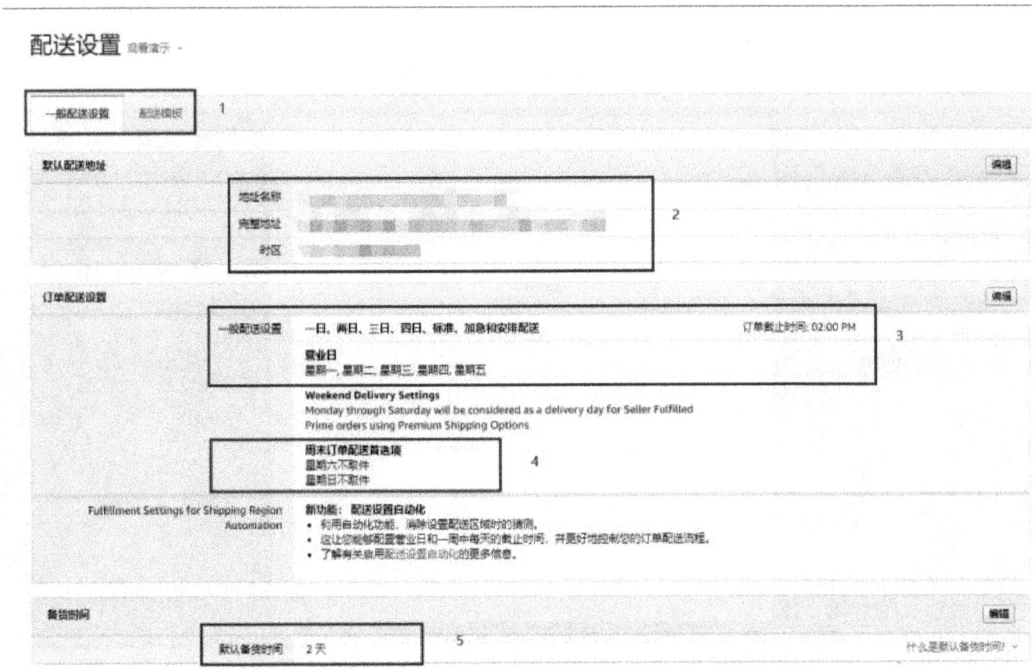

图 7-11 设置配送时间

7. 编辑配送选项、区域和运费

编辑配送选项、区域、运费，如图 7-12 和图 7-13 所示。根据配送选项（如免费配送、标准配送等）按区域创建配送规则。新模板最初会采用默认配送规则，之后可以对其进行自定义。

① 选择配送选项名称旁边的复选框，启用“国内”或“国际”配送选项（如“加急”）。

② 单击“编辑”或“添加新地区”，选择相应的地区。

③ 在“选择可配送的地区”弹出窗口中，选择或取消选择卖家要对其使用相同运输时间和运费的地区。然后单击“确定”即可完成相关信息的设置。

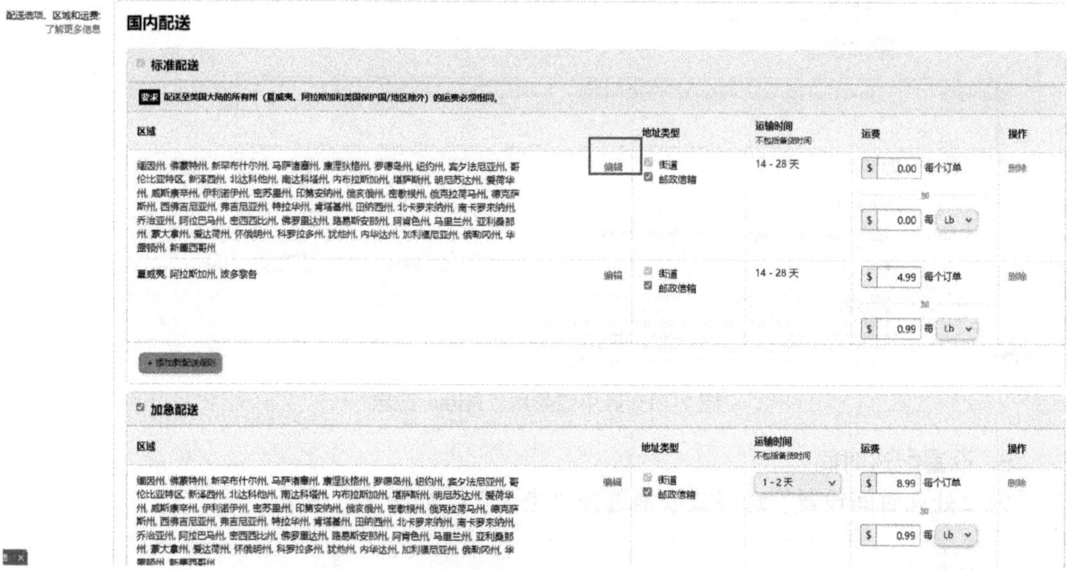

图 7-12 编辑配送选项、区域、运费

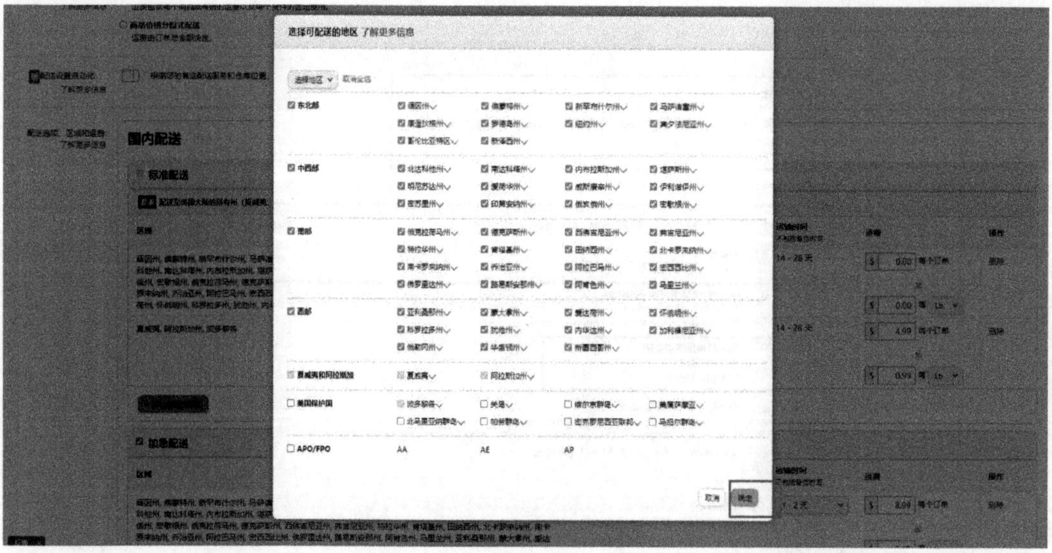

图 7-13 设置“选择可配送的地区”

8. 选择地区的“地址类型”

选择对应的地址类型（如街道和邮件信箱两种地址类型），如图 7-14 所示。

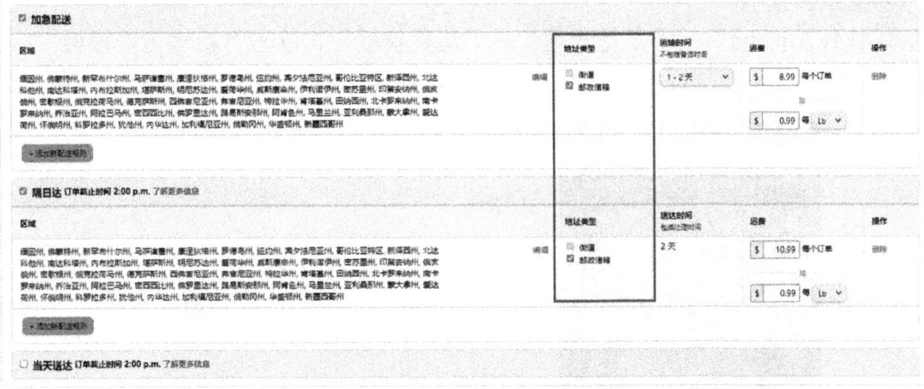

图 7-14　选择地区的“地址类型”

9. 设置地区的“运输时间”

设置地区的“运输时间”（按工作日），如图 7-15 所示。

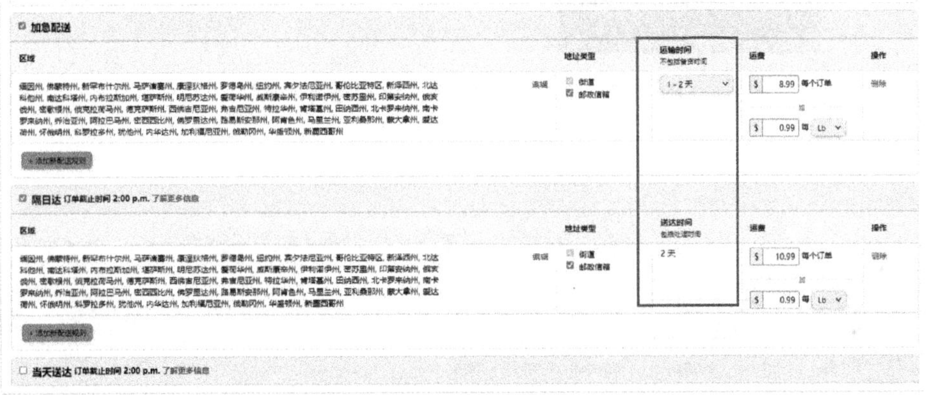

图 7-15　设置地区的“运输时间”（按工作日）

10. 设置运费

设置运费后，单击“保存”。完成运费模板设置后，转至“管理库存”，对商品使用新的配送模板，如图 7-16 所示。

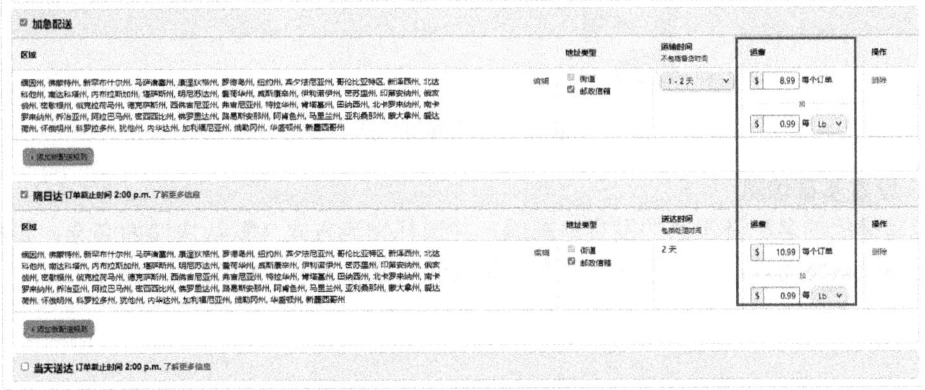

图 7-16　设置运费并保存

（三）阿里巴巴国际站运费模板设置

1. 创建运费模板

选择“My Alibaba”→“交易管理”→“运费模板”，单击“新建运费模板”，选择发货地，默认为中国大陆，暂不支持海外仓发货，如图 7-17、图 7-18 和图 7-19 所示。

图 7-17　选择“交易管理”→“运费模板”

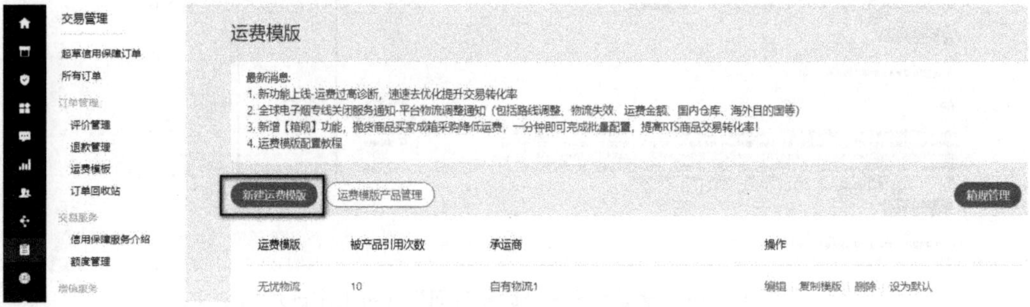

图 7-18　新建运费模板

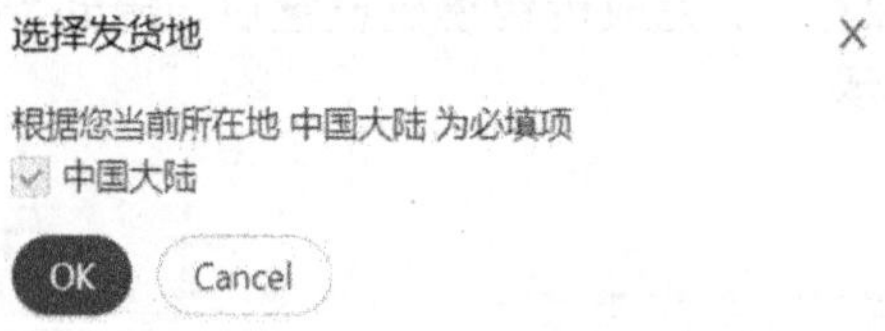

图 7-19　选择发货地

2. 设置基础信息

填写模板的名称及卖家的发货地邮编，并选择物流方式（默认快递为必选，如卖家有海运拼箱或铁路需求，也可以选择并配置相应的物流方案），如图 7-20 所示。

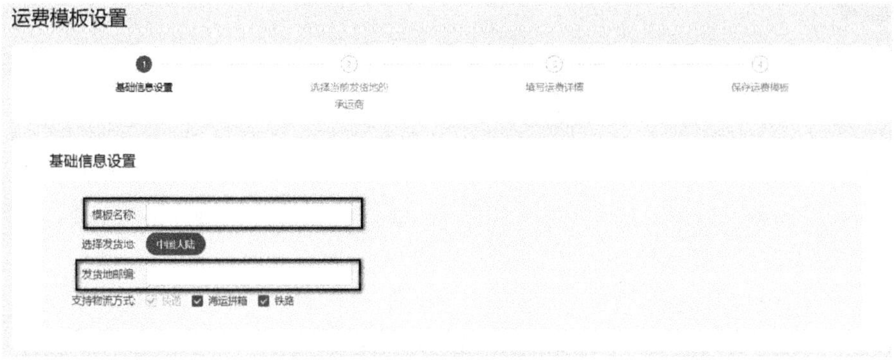

图 7-20　基础信息设置

3. 快递模板配置

卖家可选择根据商品类型，选择快递服务方案，如图 7-21 所示。

① 选择商品类型，如商家选择了商品类型，可承运此类商品的线路将默认全选，商家在对应各线路完成配置。

② 如不按商品类型，商家可直接选择需要的线路进行配置。

③ 商家可通过“新增自有物流”添加自己的线下物流方案。

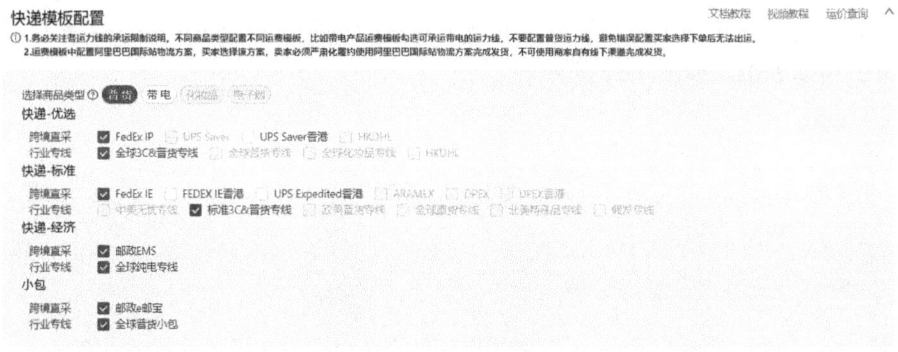

图 7-21　快递模板配置

4. 填写运费详情

卖家可以通过阿里物流模板进行配置，也可以选择新建自有物流配置，如图 7-22 所示。

（1）阿里物流详情填写。

① 详情配置：选择服务类型、发货地，填写发货地邮编。

② 发往国家和地区：默认勾选“全部国家和地区”，卖家也可以去掉默认勾选，按需选择配置。

③ 计费类型：阿里物流价表示按平台物流报价计算运费；卖家包邮表示运费由卖家承担，买家可选择对应阿里物流方案发货，卖家根据买家选择的线路在平台下单并自行承担物流费用。

④ 收费细则：运费调整比例（调价率）设置，买家支付运费=平台运费×运费调整比例，例如，阿里物流运费是 100 美元，此处设置的调价率为 100%，则向买家展示和收取的运费为 100 美元。

图 7-22　填写运费详情

值得注意的是：同一个服务商既有“门到门”又有“仓到门”服务，只能勾选配置一次。例如，卖家选择了 UPS Saver 线路，服务类型选择了仓到门，那么此服务商的门到门服务无法再配置使用。

（2）自有物流详情填写。

① 详情配置：填写发货地邮编。

② 发往国家和地区：卖家可以一键勾选“全部国家和地区”，也可以按需选择配置。

③ 计费类型：按重量计费表示运费按重量计算运费，通常设置首重及续重运费，商家可按需求设置；按数量计费表示按商品数量计算运费，按首重件数和增加件数计算运费，商家可按需求设置；卖家包邮表示买家选择了商家配置的自有物流线路，买家自行线下发货但运费由卖家承担，如图 7-23 所示。

图 7-23　新增自有物流

5. 配置海运拼箱模板

如有海运拼箱或铁路运输需求，商家也可选择相应线路进行配置，如图 7-24 和图 7-25 所示。

任务小结

该任务还原了跨进电商平台运费模板设置工作过程，帮助学生掌握三大平台运费模板设置的方法，提高学生的实践技能水平。

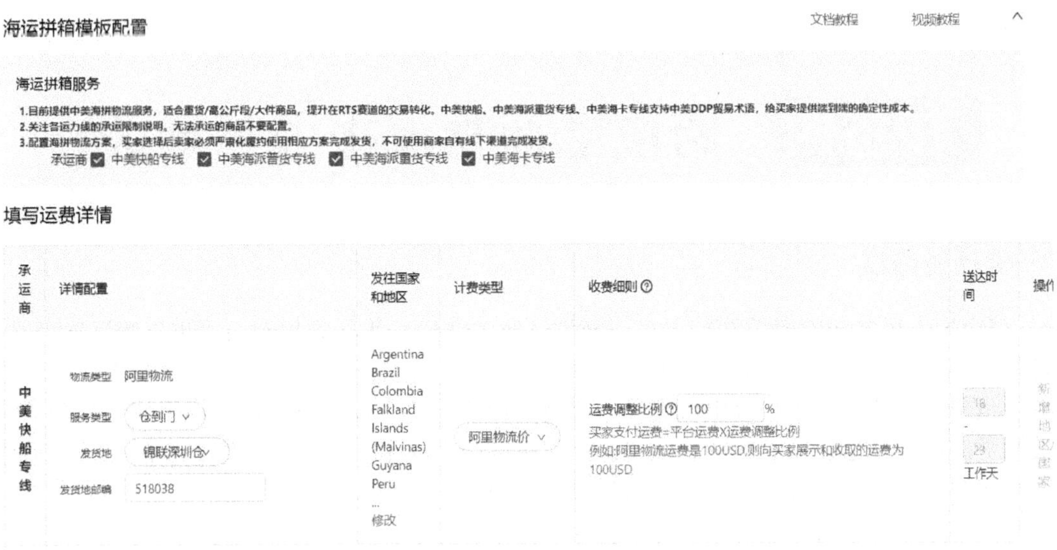

海运拼箱模板配置

文档教程　　视频教程　　ⁿ

海运拼箱服务

1. 目前提供中美海拼物流服务，适合重货/低公斤段/大件商品，提升在RTS渠道的交易转化。中美快船、中美海派重货专线、中美海卡专线支持中美DDP贸易术语，给买家提供端到端的确定性成本。
2. 关注各运力线的承运限制说明，无法承运的商品不要配置。
3. 配置海拼物流方案后，买家选择后卖家必须严密化履约使用相应方案完成发货，不可使用商家自有线下渠道完成发货。
　承运商 ☑ 中美快船专线 ☑ 中美海派普货专线 ☑ 中美海派重货专线 ☑ 中美海卡专线

填写运费详情

承运商	详情配置	发往国家和地区	计费类型	收费细则 ⑦	送达时间	操作
中美快船专线	物流类型 阿里物流 服务类型 仓到门 ∨ 发货地 锦联深圳仓∨ 发货地邮编 518038	Argentina Brazil Colombia Falkland Islands (Malvinas) Guyana Peru … 修改	阿里物流价	运费调整比例 ⑦ 100 ％ 买家支付运费=平台运费X运费调整比例 例如:阿里物流运费是100USD,则买家展示和收取的运费为100USD	18 - 28 工作天	新增地区配置

图 7-24　海运拼箱模板配置

铁路模板配置

中欧铁路

1. 中欧铁路+橙联UPS配送，覆盖欧洲20多国；DDP模式；无额外续费用；支持FBA发货。
2. 不可承运品类不要配置。不可承运品类：婴幼儿产品、防疫物资、液体、粉末、成人用品、食品、动植物类、相笔、仿牌、外观或图案侵权类产品、纯电池、管制刀具等。
3. 配置中欧铁路，买家选择后必须严密化履约使用该方案发货，不可使用商家自有物流发货。
　承运商 ☑ 中欧铁路专线

填写运费详情

承运商	详情配置	发往国家和地区	计费类型	收费细则 ⑦	送达时间	操作
中欧铁路专线	物流类型 阿里物流 服务类型 仓到门 DDP∨ 发货地 锦联深圳仓∨ 发货地邮编 518038	Argentina Brazil Colombia Falkland Islands (Malvinas) Guyana Peru … 修改	阿里物流价	运费调整比例 ⑦ 100 ％ 买家支付运费=平台运费X运费调整比例 例如:阿里物流运费是100USD,则向买家展示和收取的运费为100USD	25 - 30 工作天	新增地区配置

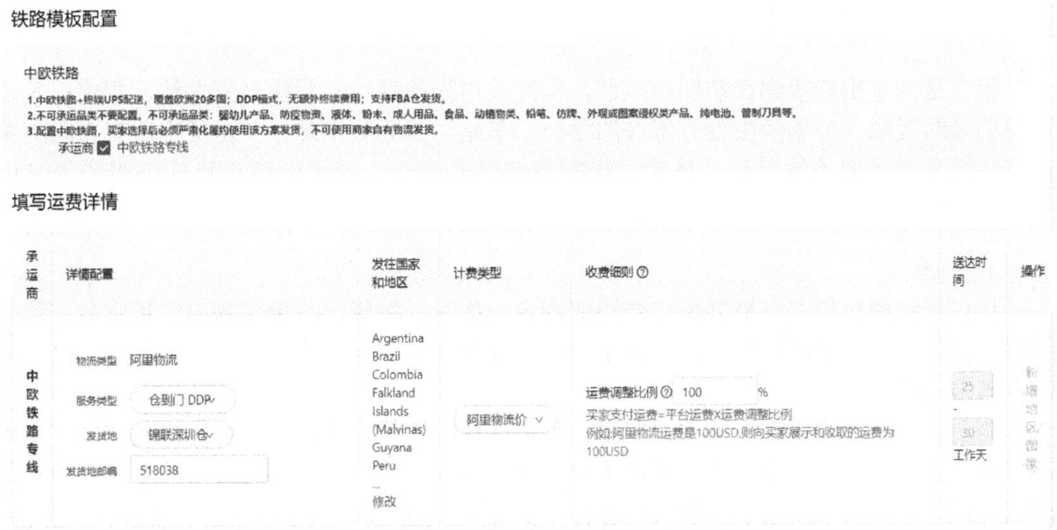

图 7-25　铁路模板配置

拓展练习

请打开实训平台（见附录），登录账号，设置海外仓物流运费模板。

要求：针对不同的国家设置多个运费等级。

① 运费在 100 美元/kg 以内的国家设置成包邮。

② 运费在 100 美元/kg～120 美元/kg 的国家设置成首重收 3 美元，续重收 1 美元/kg。

③ 其他国家设置成标准运费。

每个运费组合都有两个部分组成，一个是送往目的地，另一个是计算运费的方式。在运费模板分别设置包邮的等级；设置首重收 3 美元，续重收 1 美元/kg 的等级；设置标准运费等级。3 个运费等级添加完成后，返回物流服务方案选择页面，单击"保存"，运费模板添加完成。

任务四 跨境电商物流报关与通关

任务背景

《中华人民共和国海关法》（以下简称《海关法》）第八条规定：“进出境运输工具、货物、物品，必须通过设立海关的地点进境或出境。”进出口货物的收、发货人或其代理人、运输工具的负责人、进出境物品的所有人应按照海关规定办理进出境手续和相关的海关事务。通关是出口跨境电商物流中必不可少的一个环节，商品通过海关查验并放行后才能顺利进入目的国，再通过物流递送到买家手中。

任务实施

（一）报关的基本流程

报关是指进出口货物在装船出运前，向海关申报的手续。我国《海关法》规定：凡是进出国境的货物，必须经由设有海关的港口、车站、国际航空站，并由货物所有人向海关申报，经过海关通关放行后，货物才可提取或装船出口。跨境电商出口报关需要经过以下 4 个步骤。

1. 申报

出口货物的发货人在根据出口合同的规定，按时、按质、按量备齐出口货物后，即应当向运输公司办理租船订舱手续。准备向海关办理报关手续，或委托专业（代理）报关公司办理报关手续。

需要委托专业或代理报关企业向海关办理申报手续的企业，在货物出口之前，应在出口口岸就近向专业报关企业或代理报关企业办理委托报关手续。接受委托的专业报关企业或代理报关企业要向委托单位收取正式的报关委托书，报关委托书以海关要求的格式为准。

2. 查验

查验是指海关在接受报关单位的申报并已经审核的申报单位为依据，通过对出口货物进行实际的核查，以确定其报关单证申报的内容是否与实际进出口的货物相符的一种监管方式。通过核对实际货物与报关单证来验证申报环节所申报的内容与查证的单、货是否一致，通过实际的查验发现申报审单环节所不能发现的有无瞒报、伪报和申报不实等问题。通过查验可以验证申报审单环节提出的疑点，为征税、统计和后续管理提供可靠的监管依据。

海关查验货物后，均要填写一份验货记录。验货记录一般包括查验时间、地点、进出口货物的收发货人或其代理人名称、申报的货物情况，查验货物的运输包装情况（如运输工具名称、集装箱号、尺码和封号等）、货物的名称、规格型号等。需要查验的货物自接受申报起 1 日内开出查验通知单，自具备海关查验条件起 1 日内完成查验，除需缴税外，自查验完毕 4 小时内办结通关手续。

3. 征税

根据《海关法》的有关规定，进出口的货物除国家另有规定外，均应征收关税。关税由海关依照海关进出口税则征收。需要征税费的货物，自接受申报 1 日内开出税单，并于缴核税单 2 小时内办结通关手续。

4. 放行

对于一般出口货物，在发货人或其代理人如实向海关申报，并如数缴纳应缴税款和有关规费后，海关在出口装货单上盖“海关放行章”出口货物的发货人凭以装船起运出境。出口货物的退关：申请退关货物发货人应当在退关之日起 3 日内向海关申报退关，经海关核准后方能将货物运出海关监管场所。海关放行后，在浅黄色的出口退税专用报关单上加盖“验讫章”和已向税务机关备案的海关审核出口退税负责人的签章，退还报关单位。

（二）跨境电商出口通关监管主要模式

目前，跨境电商进出口通关监管模式主要分为“9710”跨境 B2B 直接出口模式、“9810”跨境 B2B 出口海外仓模式、“0110”一般贸易模式、“1039”市场采购模式（小商品出口）、“9610”直邮模式、“1210”保税电商模式及“1239”保税电商 A 模式共 7 类，如图 7-26 所示。

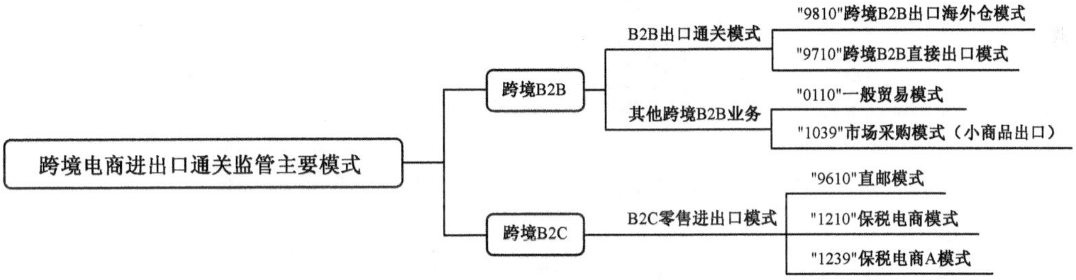

图 7-26 跨境电商进出口通关监管主要模式

1.“9610”出口报关模式

“9610”出口报关模式主要针对销售对象为单个消费者的中小跨境电商企业服务，又称“集货模式”。采用“清单核放，汇总申报”的方式，海关只需对跨境电商企业事先报送的出口商品清单进行审核，审核通过后就可办理实货放行手续，这不仅让企业通关效率更高，而且也降低了通关成本。

“9610”出口报关模式流程如图 7-27 所示。

（1）境外购物。国外消费者通过跨境电商平台完成购物流程，产生订单、支付单、运单、抵运单等相关信息。

（2）通关申报。通过国际贸易“单一窗口”或跨境电商通关服务平台，跨境电商企业或其代理人、物流企业应当分别向海关传输交易、收款、物流等电子信息，申报出口明细清单。

温馨提示：凡是参与跨境电商零售出口业务的企业，包括跨境电商企业、物流企业等，如需办理报关业务，应当向所在地海关办理信息登记。

2.“9710”出口报关模式

海关监管代码 9710 简称“跨境电商 B2B 直接出口”，适用于跨境电商 B2B 直接出口的货物。跨境电商 B2B 直接出口模式指国内企业通过跨境电商平台开展线上商品、企业信息展示并与国外企业建立联系，在线上或线下完成沟通、下单、支付、履约流程，实现货物出口的模式。

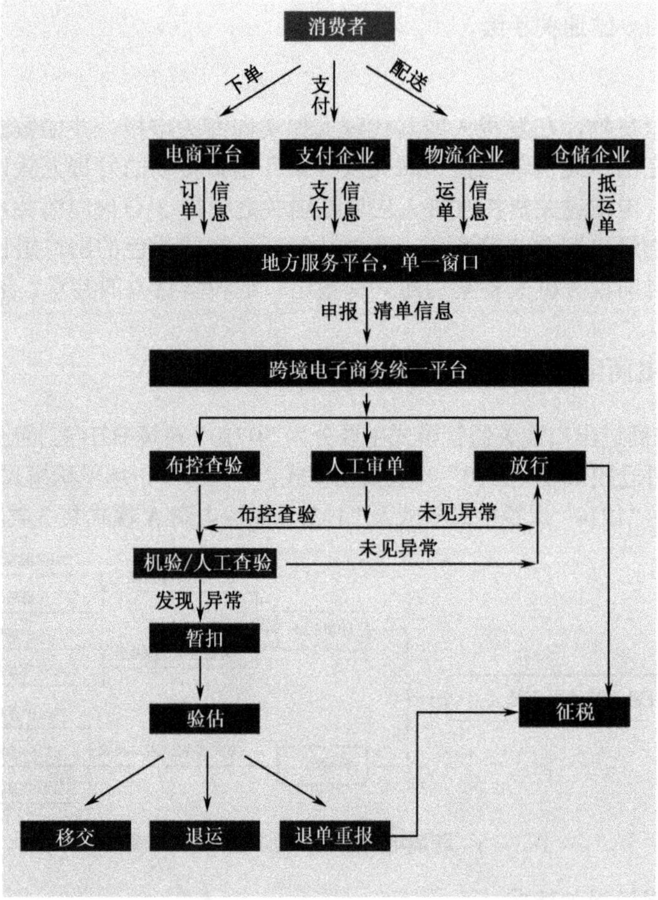

图 7-27 “9610”出口报关模式流程

选择“9710”模式的企业申报前应上传交易平台生成的在线订单截图等交易电子信息，并填写收货人名称、货物名称、件数、毛重等在线订单内的关键信息。提供物流服务的企业应上传物流电子信息。代理报关企业应填报货物对应的委托企业工商信息。在交易平台内完成在线支付的订单可选择加传其收款信息，其基本流程如图 7-28 所示。

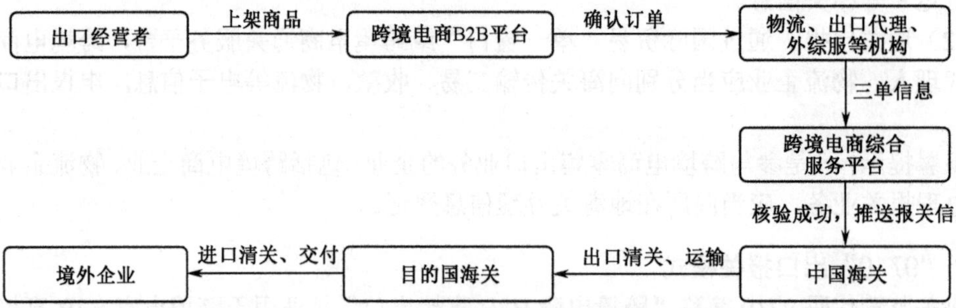

图 7-28 “9710”出口报关模式流程

3. “9810”出口报关模式

海关监管代码 9810 简称“跨境电商出口海外仓”，适用于跨境电商出口海外仓的货物。跨境电商出口海外仓模式指国内企业通过跨境物流将货物以一般贸易方式批量出口至海外仓，经跨境电商平台完成线上交易后，货物再由海外仓送至境外消费者的一种货物出口模式，即跨境电商 B2B 出口。

选择跨境电商出口海外仓（“9810”）的企业申报前应上传海外仓委托服务合同等海外仓订仓单电子信息，并填写海外仓地址、委托服务期限等关键信息。出口货物入仓后需上传入仓电子信息，并填写入仓商品名称、入仓时间等关键信息。代理报关企业应填报货物对应的委托企业工商信息。

企业申报的“三单信息”应为同一批货物信息（单证 1：申报清单、物流单；单证 2：交易订单、海外仓订仓单；单证 3：物流单）。申报企业应对上传的电子信息、填报信息真实性负责。

跨境电商出口海外仓模式中，主要涉及跨境电商出口企业、物流企业、外贸综合服务企业、公共海外仓经营企业、跨境电商平台企业（境内或境外 B2C 平台）、境外物流企业、境外消费者等参与主体，其基本流程如图 7-29 所示。

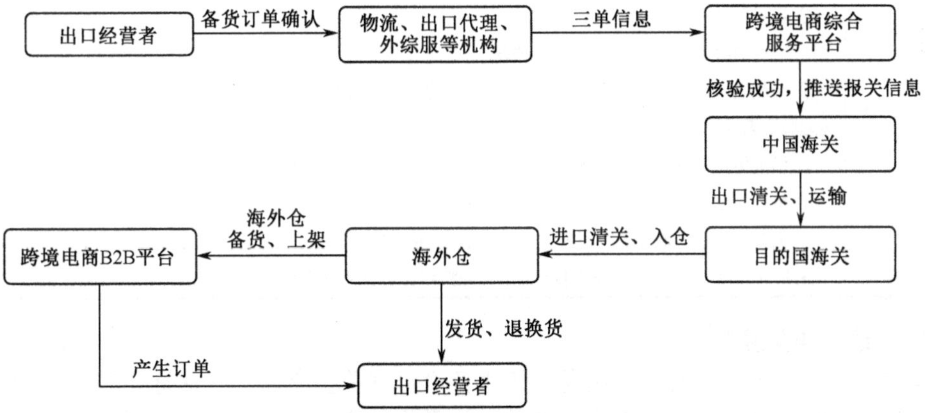

图 7-29 “9810”出口报关模式流程

（三）一达通外贸综合服务平台通关服务

深圳市一达通企业服务有限公司是阿里巴巴旗下的外贸综合服务平台，也是中国专业服务于中小微企业的外贸综合服务行业的开拓者和领军者，为中小微外贸企业提供专业、低成本的通过、外汇、退税及配套的物流和金融服务。

1. 一达通准入条件

一达通的准入条件按合作模块来区分为出口综合服务（3+*N*）模式和出口代理服务（2+*N*）模式。允许操作的商品范围内，只要是出口综合服务模式准入通过的商品就能操作出口代理服务（2+*N*）［零退税商品只能操作出口综合服务（3+*N*）］。两种合作模式的区别如表 7-10 所示。

表 7-10　出口综合服务（3+N）和出口代理服务（2+N）对比

对比项目	出口综合服务（3+N）规则内容	出口代理服务（2+N）规则内容
基础服务	通关、外汇、退税	通关、外汇
增值服务	金融、物流	
准入条件	① 签约公司非境外、港台地区、个人或非出口综合服务尚未覆盖地区企业（如福建莆田等）。 ② 出口口岸非一达通无法操作的口岸。开票人在一达通可以操作的区域。 ③ 开票人必须是生产企业，且委托一达通出口的货物为自产	① 非境外、非港台地区、非福建莆田地区企业。 ② 出口口岸非一达通无法操作的口岸。 ③ 须具有《出口退（免）税资格认定》。 ④ 出口商品非一达通出口代理服务敏感和禁入商品
出口报关	可选择自助平台上提交订单，也可以让代理下单	
税务操作	一达通代为退税	① 企业开具《代理出口协议书》。 ② 一达通办理《代理出口货物证明》。 ③ 企业自行进行退（免）税申报
垫付退税条件	同时满足下述条件后，在 T+1 个工作日内，一达通可先行垫付退税金额给实际开票方。 ① 已报关放行。 ② 一达通收到全额外汇,外汇单单关联。 ③ 一达通收到增值税专用发票原件，且增值税专用发票经一达通验证无误。 ④ 已上传备案单证并审核通过。 ⑤ 垫付的退税款在可用垫付退税额度以内。 ⑥ 无其他异常，如未函调、下户核查通过，企业状态正常等。 备注：优质客户可享受收票后秒速放款，外汇和备案单证后置	无

2. 一达通通关服务

卖家在周一至周日，通过一达通通关服务平台订单提交后，一达通会在 2 小时内审核完成，触发风控审核时除外。根据下单的口岸及报关方式的选择（一达通报关或客户自行报关），一达通会安排寄送资料或发送电子口岸数据。货物放行后，若订单为一达通报关，则无须卖家上传报关单。

一达通基础订单通关流程如图 7-30 所示。

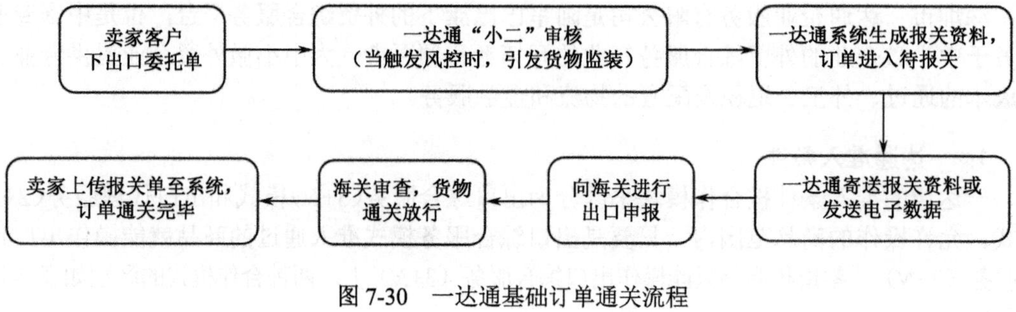

图 7-30　一达通基础订单通关流程

3. 一达通自助下单操作流程

（1）绑定拍档。

一次只允许绑定一个拍档。可以根据“服务商”“省份”“城市”“区县”选择对应的拍档公司。单击绑定拍档时，会弹出“一拍档授权协议”。阅读协议后单击同意即可，如图 7-31 所示。

图 7-31　绑定拍档

（2）选择套餐。

综合出口订单与代理出口订单下单操作一样，只是选择综合服务套餐，将由一达通帮企业退税；选择代理出口套餐，需要企业自行退税，如图 7-32 所示。

图 7-32　选择一达通服务套餐

（3）填写贸易信息。

在“出口服务下单”页面，正确填写贸易信息，包括境外收货人、贸易国（地区）、运抵国（地区）、收汇方式等内容，如图 7-33 所示。

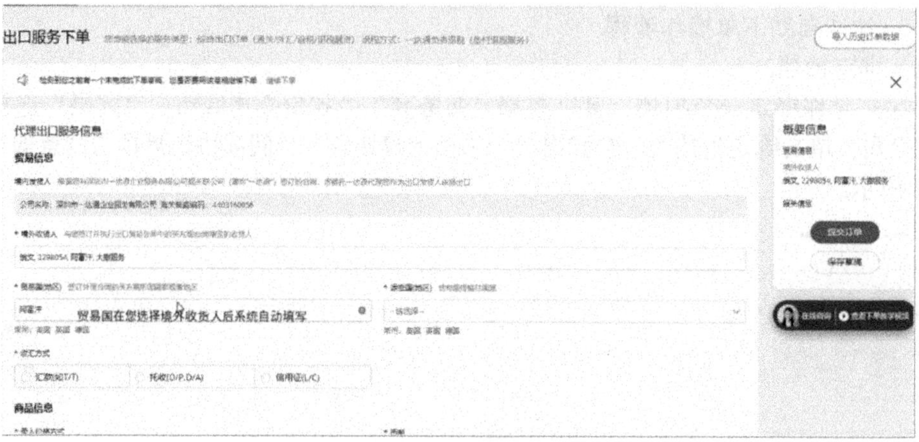

图 7-33　填写贸易信息

（4）输入商品信息。

填写价格方式、包装方式、添加商品等，如图 7-34 所示。

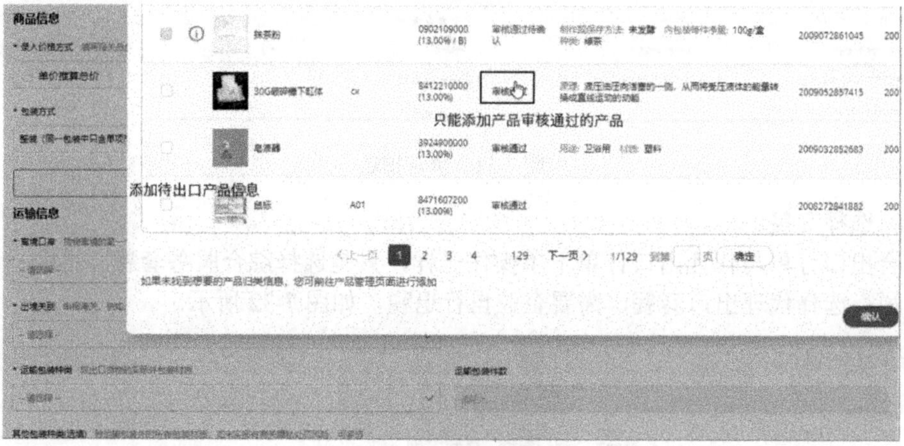

图 7-34　填写商品信息

（5）填写运输信息。

填写离岸口岸、指运港（地区）、出境关别、报关方式、报关环节所需信息等运输信息，如图 7-35 和图 7-36 所示。

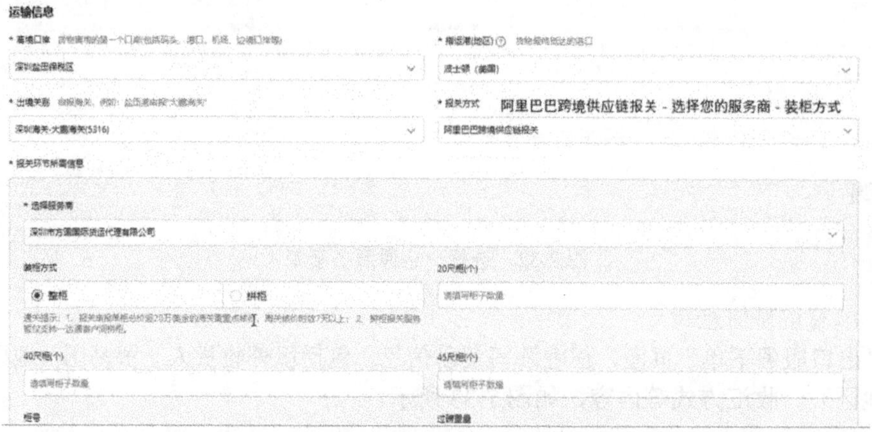

图 7-35　填写运输信息——由一达通报关

图 7-36　填写运输信息——由企业自行报关

（6）填写其他信息。

其他信息包括预计出货日期、本单联系人、合同类型、特殊关系确认等，如图 7-37 所示。

图 7-37　填写其他信息

任务小结

通过对本任务的学习，我们对跨境电商通关有了较清晰的认识，先了解了通关的意义和作用，再对跨境电商出口“9610”“9710”“9810”等通关模式的适用对象、流程及特点进行了介绍，最后以阿里巴巴“一达通综合贸易服务平台”为例，介绍了新型的报关服务业态。

拓展练习

1. 进入模拟实训平台（见附录），完成物流操作。
2. 访问一达通平台官网，了解通过服务流程注意事项。

任务五 跨境电商支付

任务背景

在实际操作中，不少支付企业可能配合不法跨境电商平台企业，伪造支付数据，协助跨境电商平台企业实施“刷单”“推单”等行为。例如，开联通支付上传虚假支付信息，帮助福航跨境电子商务有限公司“刷单”，最终被处以3万元罚款。近几年，我国相继出台了《关于跨境电子商务零售进出口商品有关监管事宜的公告》《中华人民共和国外汇管理条例》《中华人民共和国反洗钱法》《货物贸易外汇管理指引》等一系列法律法规，对跨境电商行业的监管愈加严格。跨境电商企业及个人应该重视合规化经营，切勿铤而走险，触犯法律。

任务实施

（一）跨境电商支付类型

跨境电商支付是指国际经济活动中的当事人以一定的支付工具和方式，清偿因各种经济活动而产生的国际债权债务，并产生资金转移兑换的行为。它通常是在国际贸易中发生的、当事人履行金钱给付义务的一种行为。

1. 西联汇款

西联国际汇款公司（Western Union）是世界上领先的特快汇款公司，迄今已有150年的历史，它的代理网点遍布全球近200个国家和地区。西联国际汇款公司是美国财富五百强之一的第一数据公司（First Data Corporation，FDC）的子公司。

（1）西联汇款流程主要有以下4步。

① 汇款人前往就近的Western Union汇款代理网点，认明Western Union汇款标识，填写发汇单。

② 将填妥的表格及款项递交办理。

③ 汇款办理完毕，收妥发汇单，并将汇款信息及汇款监控号码告知收款人。若汇款人预留收款人的验证身份问题（验证身份问题视同取款密码），应一并告知收款人，双方在通知过程中应注意汇款信息的保密。

④ 只需几分钟，卖家指定的收款人就可在全球任何一家Western Union汇款代理网点领取该笔汇款。

（2）西联取款注意事项。

① 收款人接到汇款人通知后，认明Western Union汇款标识，前往就近的Western Union汇款代理网点办理领汇手续。取款时，填写收汇单并出示本人有效证件和取款密码。

② 收款人领取Western Union汇款，必须本人亲收，不得委托他人代领。

2. 信用卡支付

国际信用卡收款是以一个第三方信用卡支付公司提供一个支付通道达到收款的目的，是支付网关对支付网关模式（类似于网银支付）。国际上有六大信用卡组织，分别是威士国际组织（VISA International）、万事达卡国际组织（MasterCard International）两大组织，以及美国运通国际股份有限公司（American Express）、中国银联股份有限公司（China UnionPay Co.,Ltd.）、大来信用卡有限公司（Diners Club）、JCB 日本国际信用卡公司这四家专业信用卡公司。

（1）信用卡支付的收款流程。

① 买家从自己的信用卡上发出支付指令给发卡银行。

② 银行垫款为其支付给我方银行。

③ 银行通知持卡人免息期满的还款日期和金额。

在这之后，尽管卖家已经完成交易，只有当买家完成以下操作，货款才能全额到账。

① 买家在还款日到期之前还款，交易顺利完成。卖家收款成功。

② 买家先还部分款项，一般大于银行规定的最小还款额，其余作为向银行的贷款，确认同意支付利息，以后再逐步偿还本息。最终买家得到融资便利，银行得到利息收入，卖家及时得到货款，达成共赢。

（2）信用卡支付的优点。

① 便捷。

便捷是指消费者使用信用卡在线支付省去了传统支付方式如西联汇款（Western Union）、速汇金（Money Gram）、电汇（Telegraphic Transfer）首先要到相应的机构去办理的步骤，同时新客户会产生不信任，导致流失部分客户。

② 实时。

一切操作都在线完成，所以买卖双方都能够在最短的时间内知道支付成功与否，只要在后台就可以看到交易是否成功，成功后就可以发货了。

③ 用户群大。

全球信用卡将近 15 亿张，欧美国家更为普遍，符合欧美国家的消费习惯。初次网购的消费者，一般会选择自己已有的支付方式，帮助了商家开发新客户，给商家带来更大的效益。

④ 安全。

信用卡虽然由第三方支付公司提供服务，但因其与银行及信用卡组织合作，除第三方自身的风险控制系统外，更有强大的银行风险控制系统和信用卡组织的信用卡数据库作为保障。

⑤ 拒付率低。

在信用机制健全的欧美等主流信用卡消费地区，信用卡消费拒付不但需要持卡人到持卡行办理，还要出示相关的证据。若拒付成功将会降低对持卡人信用体系，而信用体系直接影响到如车贷、房贷等贷款问题。因此，消费者不会轻易拒付。

3. 网络银行支付

Moneybookers 是一家诞生于 2002 年 4 月的网络电子银行，是英国伦敦 Gatcombe Park 风险投资公司的子公司之一。它在登录时以变形的数字作为登录手续，以防止自动化登录程序对卖家账户的攻击。

① 优点：方便快捷。对比其他支付方式必须用信用卡来激活的限制条件，Moneybookers 的客户直接凭借本人的电子邮件地址以及带照片的身份标识，如身份证、护照、驾照传真便可以完成激活认证，然后填写收款人的电子邮箱地址就可以实现实时收付费。

② 缺点：不允许客户多账户，一个客户只能注册一个账户。不支持未成年人注册，须年满 18 岁才可以。

4. 第三方支付工具

（1）PayPal。

PayPal 即贝宝，是 eBay 集团旗下全资子公司，其早年绑定 eBay 平台，是市场上领先的第三方支付平台。PayPal 收款覆盖美元、加元、欧元、英镑、澳元和日元等 25 种国际主要流通货币。

PayPal 在欧美国家有很高的市场普及率，在多个跨境电商平台被用来作为收款工具，PayPal 和支付宝的“担保交易”功能不同，买家通过 PayPal 付款后，钱直接进入卖家账户，卖家可以立即提现，但是如果买家向 PayPal 提出纠纷，PayPal 就会撤回卖家的资金。

虽然卖家可能提现这笔资金，但因为卖家的 PayPal 绑定了多张信用卡，所以 PayPal 仍然可以从卖家的银行账户撤回这笔资金。用中国国籍注册 PayPal，收取的货款的提现方式有以下 4 种。

① 电汇到中国的银行账户（手续费至少 35 美元）。

② 提现到中国香港账户（免手续费）。

③ 提现到美国账户（手续费 35 美元）。

④ 通过支票（手续费 5 美元）。

（2）Payoneer。

Payoneer（简称 P 卡）成立于美国纽约，是万事达卡组织授权的具有发卡资格的机构。卖家在注册 Payoneer 之后，会自动获得 Payoneer 在当地国（如美国、英国、德国、日本、澳大利亚等）开设的银行账号，可以用来接收来自当地电商平台的销售款项，卖家可以将收到的外币自动兑换成人民币并转入自己在国内的银行账户。

① 优点：Payoneer Inc 持有美国 Money Transmitter 执照，美国金融犯罪执法局（FinCEN）注册为货币服务企业（Money Service Business，MSB）以及 MasterCard®国际万事达卡组织授权的服务商。

② 缺点：用 Payoneer 公司账户只能提现到注册公司对公账户或法人、股东的个人银行账户中。

（3）支付宝。

卖家在速卖通平台使用的收款工具为支付宝。支付宝作为跨境支付工具，在支付过程中发挥“担保交易”功能。买家下单支付时将钱汇入支付宝，钱在支付宝被监管，买家确认收货后卖家才能收到这笔钱。全球速卖通会在交易完成后对卖家收取订单交易额 5%～8% 的交易手续费，买家不需要支付手续费。

（4）连连支付。

连连支付全称连连银通电子支付有限公司，是浙江省级高新企业，成立于 2003 年，注册资金 3.25 亿元，是专业的第三方支付机构，中国行业支付解决方案提供商。2011 年 8 月获得人民银行颁发的支付许可证，为浙江省第二家获得该业务许可的企业。业务涵盖全国范围的互联网支付、移动手机支付业务。2013 年 11 月，连连支付与中国银行义乌分行合作开展跨境人民币收支业务，获得中国人民银行义乌市支行的批准许可。

2017 年，连连支付正式上线跨境收款商品。连连支付为出口跨境电商卖家提供收款、付款、多店铺统一管理、VAT 缴纳等一站式跨境金融服务。支持全球 6 个结算币种。在跨境支付业务上，连连支付累计服务了全国 30 万出口跨境电商卖家。上线英镑、欧元、日元、澳币、加币等的收款服务，免费缴纳五国的 VAT 税费。连连支付在中国香港、美国、英国、欧洲、巴西、东南亚等地设立海外公司，拥有当地的海外金融牌照。在 2018 年上线的实时到账功能，最快为 2 秒。

卖家使用连连支付需支付一定交易费用，商品不同，支付费率不同。通过实时结算的方式，从用户即时产生的服务费中进行扣除。在商户向连连上交发票信息后，在次月 10 个工作日内，用户能够得到上个月所享受服务费用的发票。

（5）World First 万里汇。

World First 万里汇简称 WF 卡，是一家在 2004 年在英国成立的外汇兑换公司。

① 优点：安全性较强，World First 的母公司 World First UK 有限公司是由英国金融行为监管局（Financial Conduct Authority，FCA）依据《2011 年电子货币条例》授权发行电子货币的（许可证号：900508）。FCA 是英国金融投资服务行业的中央监管机构，负责监管银行、保险以及投资业务。

开户非常灵活，账户分为两种，个人账户和公司账户，个人账户持个人身份证即可开通，公司账户需提交公司营业执照。开通时间一般在 1～3 天。

业务范围较广，World First 支持开通美元、英镑、欧元、加元、日元 5 个币种账户，开户过程全免费。

② 缺点：费率偏高，系统操作复杂，使用不方便。

（6）PingPong。

PingPong 金融是一家在 2014 年成立的国内首家跨境收款平台，专注为中国跨境电商提供亚马逊收款服务。总部位于杭州，按照央行和外管局的监管要求开展业务。

① 优点：PingPong 金融拥有注册于纽约的金融服务子公司（Ping Pong Global Solutions），接受美国金融犯罪执法局（FinCEN）的监管。

可以提现美元，也可以提现人民币。如果提现美元到香港公司或大陆公司的对公账户，大陆公司必须要有进出口资质证明，且 10 000 美元起提；如果提现人民币到大陆公司的对公账户或企业法人的个人账户，500 美元起提。而且接收金额的账户必须是借记卡，不能是信用卡。

② 缺点：目前仅开通美元账户。亚马逊现在暂时只能注册企业账户。

（二）速卖通–支付宝国际账户设置

1. 速卖通支付宝国际账户设置流程

（1）打开速卖通官网，单击 Seller Login，如图 7-38 所示。

图 7-38　速卖通首页

（2）输入登录名和登录密码，单击“登录”，如图 7-39 所示。

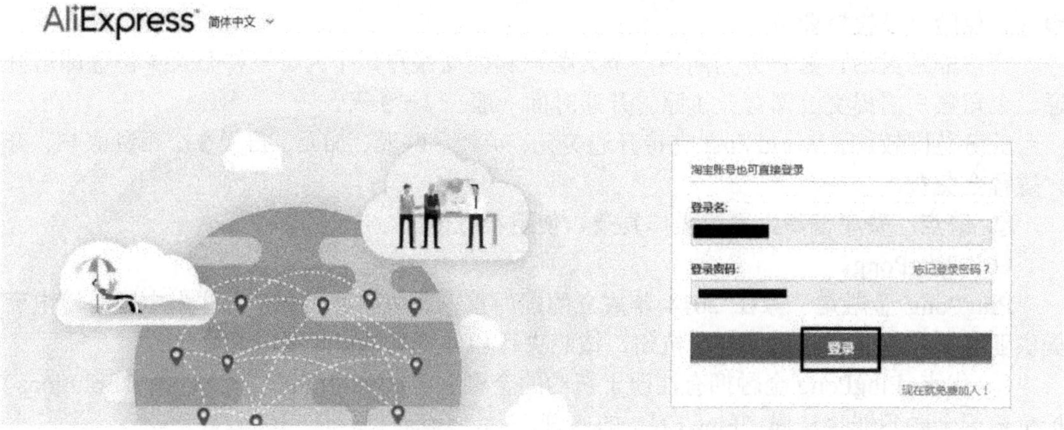

图 7-39　卖家登录界面

（3）选择“交易”→“支付宝国际账户”，即可跳转到资金相关的支付宝国际账户页面，如图 7-40 所示。

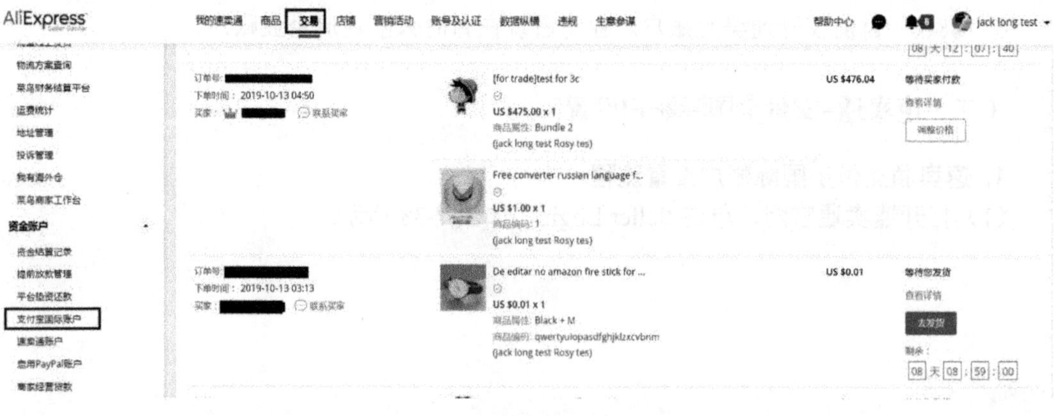

图 7-40　支付宝国际账户页面

2. 首次登录支付宝网站需完成事宜

（1）页面展示语言设置：支持中英文。卖家可以在 MY WALLET 页面下拉到页面下方，在 language 栏内可选择中文或英文（English）。如果卖家跳转后的页面已为中文版本，可以忽略此步骤。

（2）基础信息设置。

① 单击右上角头像，选择“基础信息”，如图 7-41 所示。

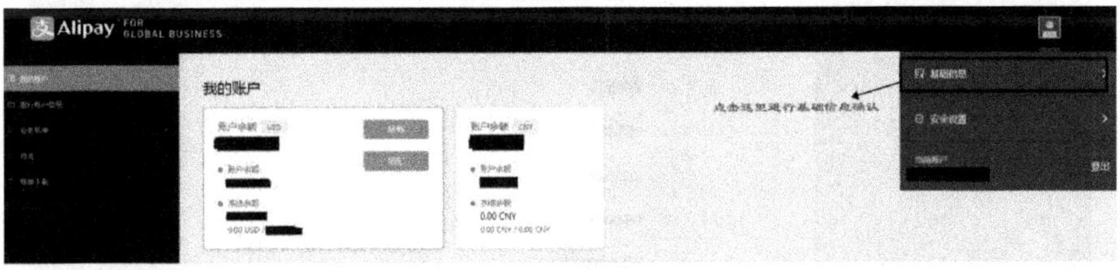

图 7-41　基础信息设置

由于银行监管要求，当使用提现、结汇等资金流出功能时，卖家需提供英文基础信息存档。系统已自动翻译成英文，卖家在首次登录时应确认英文翻译是否正确，如有问题，针对有问题的字段单击“Edit”进行编辑，如图 7-42 所示。

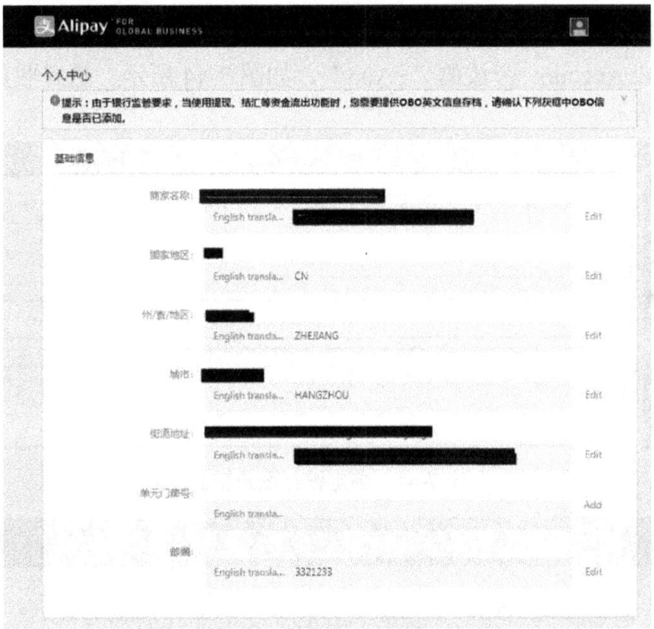

图 7-42　基础信息确认

② 确认翻译的英文信息正确后，勾选确认，单击“Submit”，如图 7-43 所示。

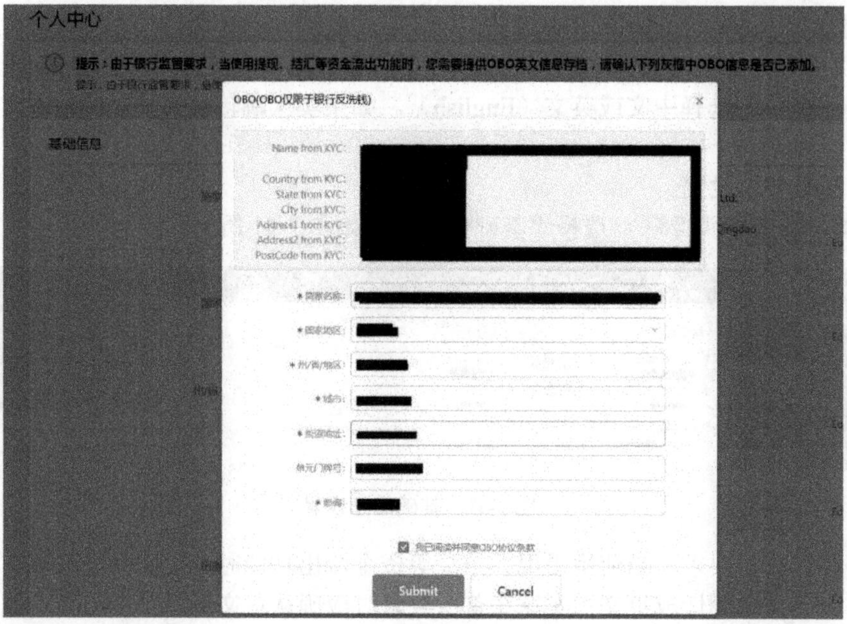

图 7-43　确认提交页面

3. 新增绑定银行收款账号信息

（1）单击 Bank Account 旁边的“+Add”，如图 7-44 所示。选择收款行所在的国家或地区，如图 7-45 所示。

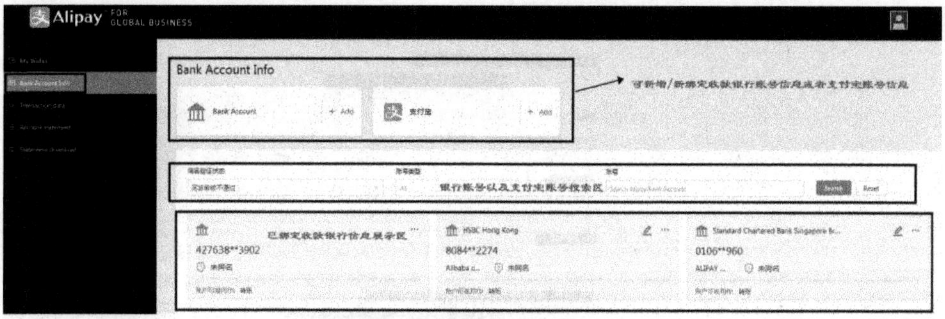

图 7-44　绑定银行账户信息

图 7-45　选择收款行所在的国家或地区

（2）填写收款行银行识别码，收款行银行名称（需英文），收款人账户名称（需英文），收款人银行账号和支付密码，单击“提交”，如图 7-46 所示。

图 7-46　填写收款银行账户信息

（3）收款银行账户绑定注意。

个人账户或公司账户的银行卡均可，也可以设置离岸账户作为美元收款账户。设置时需注意以下两点。

① 账户对应的银行卡是一张借记卡，不能为信用卡。

② 设置的美元账户能接受海外银行（新加坡渣打银行）以公司名义的美元打款。

4. 新增支付宝账号信息

（1）在银行账户信息页面单击“+Add”，如图 7-47 所示。

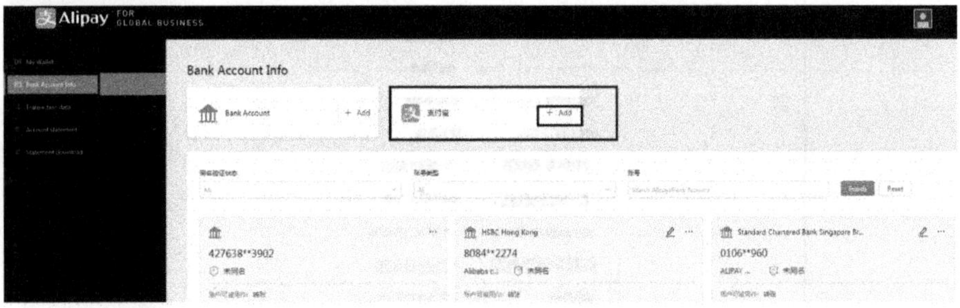

图 7-47　银行账户信息页面

（2）选择账号类型，法人个人账户或企业账户，如果是本人账户可用户结汇，非本人账号仅能用于提现。选择后输入支付密码，单击“提交”，如图 7-48 所示。

图 7-48　添加支付宝账号

5. 操作美元转账（提现）

（1）进入“我的账户”页面，单击美元账户，选择“转账”，如图 7-49 所示。

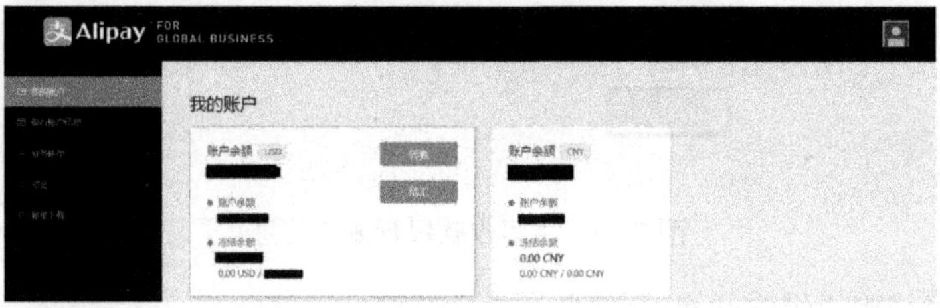

图 7-49　“我的账户”→“转账”

如果卖家的基础信息不全，单击转账后会跳出基础页面信息，卖家需确认相关基础信息。

（2）选择提现的收款银行信息，如果需要新增银行卡信息，可单击“Add new bank account”新增，如图 7-50 所示。

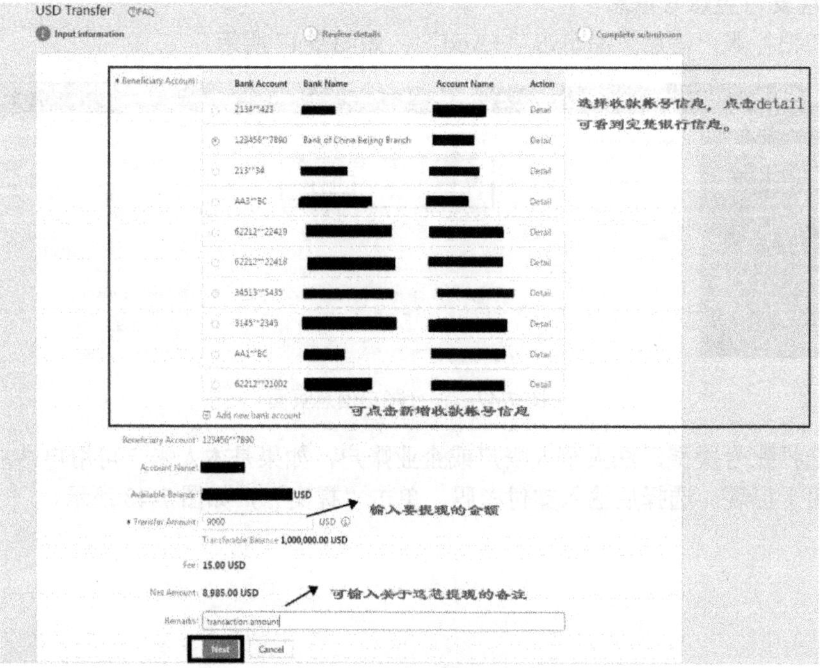

图 7-50　填写收款银行信息

6. 操作美元结汇

（1）进入“我的账户”页面，单击美元账户，选择“结汇”，如图 7-51 所示。

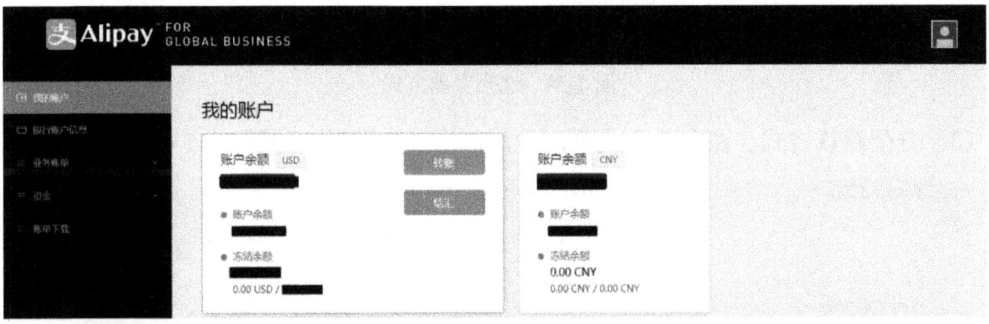

图 7-51　“我的账户”→“结汇”

（2）可以选择支付宝账号，或选择添加支付宝账号。填写金额后，单击“下一步”，如图 7-52 所示。

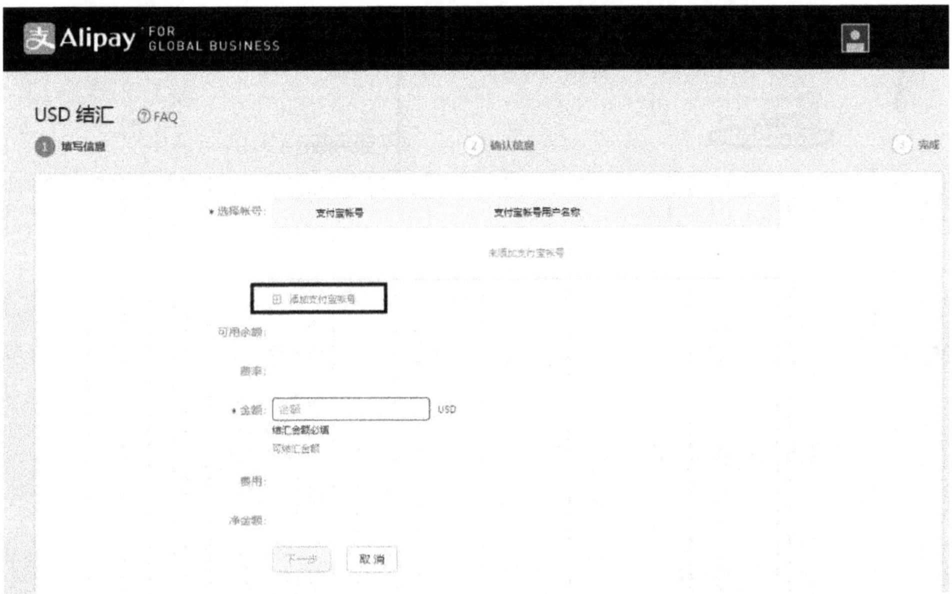

图 7-52　填写美元结汇信息

（三）亚马逊全球收款账户设置

（1）登录卖家平台，页面右上角单击“设置”，选择“账户信息”，如图 7-53 所示。

（2）在账户信息页面的“付款信息”下，选择“存款方式”，如图 7-54 所示。

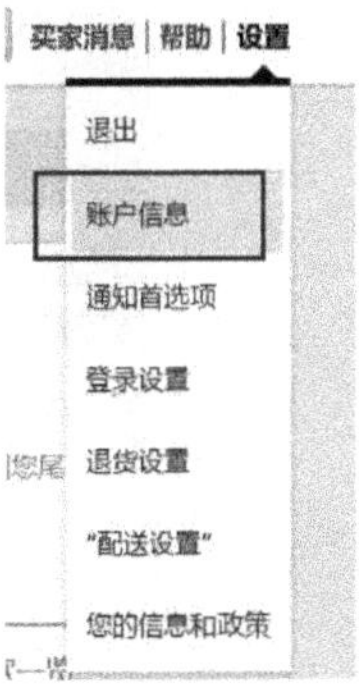

图 7-53　选择账户信息

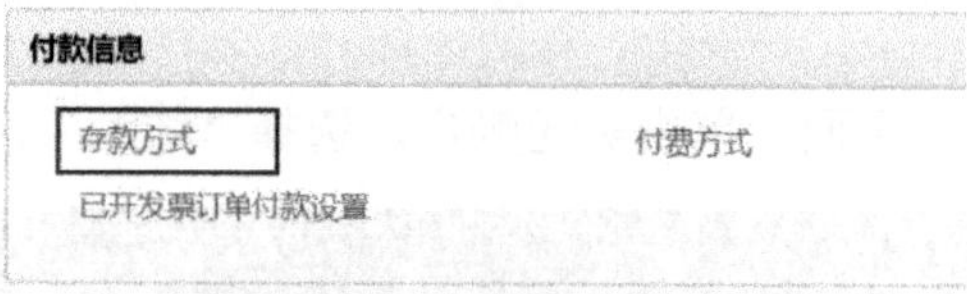

图 7-54　选择存款方式

（3）分配存款方式。在存款方式页面下，单击“分配”，如图 7-55 所示。

图 7-55　分配存款方式

（4）选择要使用亚马逊全球收款的商城，如美国站，然后单击“添加”。选择银行所在地为中国，如图 7-56 所示。

图 7-56　添加新的存款方式

（5）添加银行账户。添加企业银行账户，如图 7-57 所示。添加个人银行账户，如图 7-58 所示。

图 7-57　添加企业银行账户

图 7-58　添加个人银行账户

（6）勾选接受“首信易支付”及“亚马逊全球收款”条款和条件，在“识别您的银行账户”处根据提示输入相应尾号的原有银行账户进行验证，并单击“设置存款方式”完成设置，如图 7-59 所示。

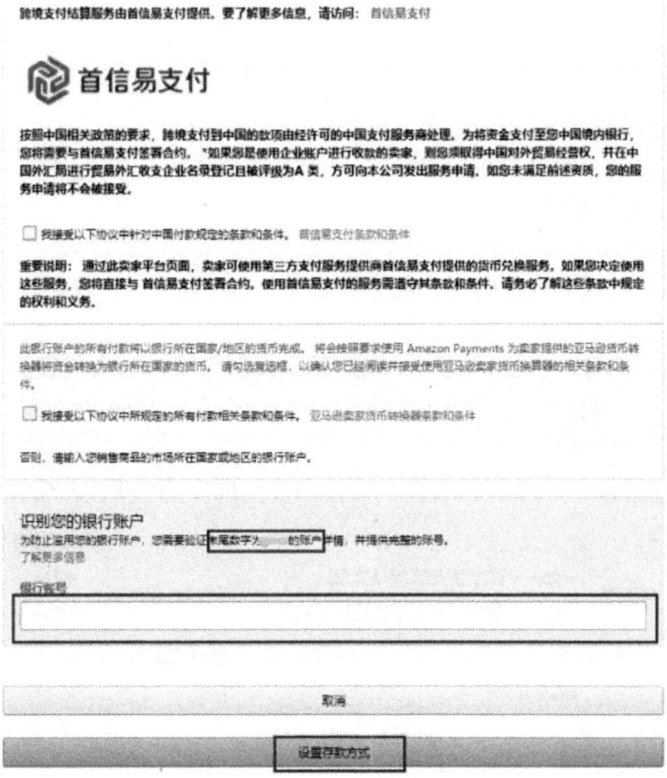

图 7-59　设置存款方式

（四）阿里巴巴国际站全球收款账户设置

全球收款账户（Alibaba.com Pay）为客户提供一个账户收取全球汇款，合规申报，极速提现，多币种汇兑管理等服务，解决商家收款问题，让客户外贸更安心。Alibaba.com Pay 准入操作指引如下。

1. Alibaba.com Pay 商品准入入口

打开 Alibaba.com Pay 官网，单击“申请开通”。（建议使用 Google 浏览器，并使用国际站主账户登录），如图 7-60 所示。

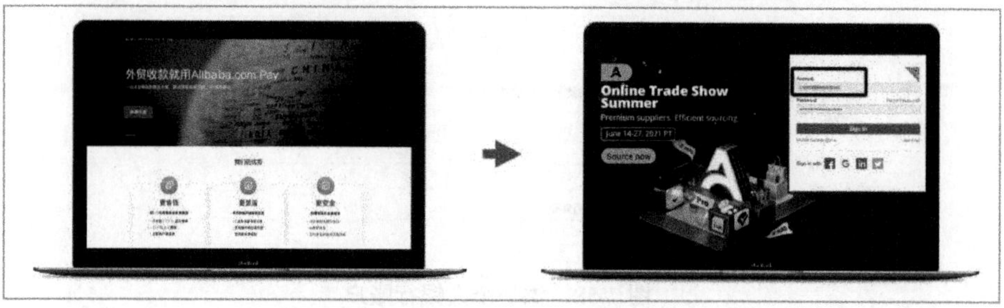

图 7-60　登录账号关联操作

2. Alibaba.com Pay 商品准入指引

该账号分为 CGS 和 CNFM 两种类型，两者需要提交的资料有所不同，如图 7-61 所示。

（1）CGS。

① 营业执照、组织机构代码证、税务登记证（如三证合一，仅需提供营业执照）。企业门牌照影像资料。

② 法定代表人的身份证正、反面，或护照个人信息页。

③ 受益所有人（企业最终持股等于大于 25%的个人股东/实际控制人）的身份证正、反面照片或护照个人信息页。

（2）CNFM。

① 营业执照、组织机构代码证、税务登记证（如三证合一，仅需提供营业执照）。企业门牌照影像资料。

② 法定代表人的身份证正、反面，或护照个人信息页，法人代表的人脸正面照片。

③ 受益所有人（企业最终持股等于大于 25%的个人股东/实际控制人）的身份证正、反面照片或护照个人信息页。

以上所有文件应提供照片或扫描件，证件图片只能用 JPG/PNG/PDF 格式。

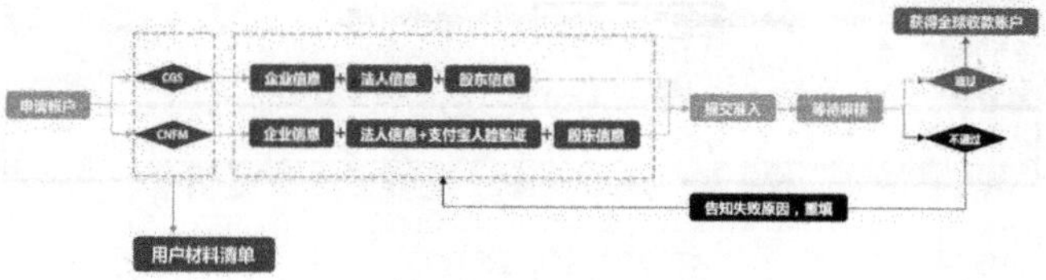

图 7-61　准入全链路

（3）资料上传特别说明。

① 身份证照片应确保拍摄清晰无遮挡、四个角可见，可自动识别出身份证号码。

② 身份证图片正反面应按提示分别上传。

③ 可以进“企查查”查阅并将持股 25%以上股东信息填写完整。

④ 股东包含法人，法人占比 25%以上，先勾选“与法人一致”，再填写其他股东信息（若有）。

⑤ 查询并勾选协议，如图 7-62 所示。

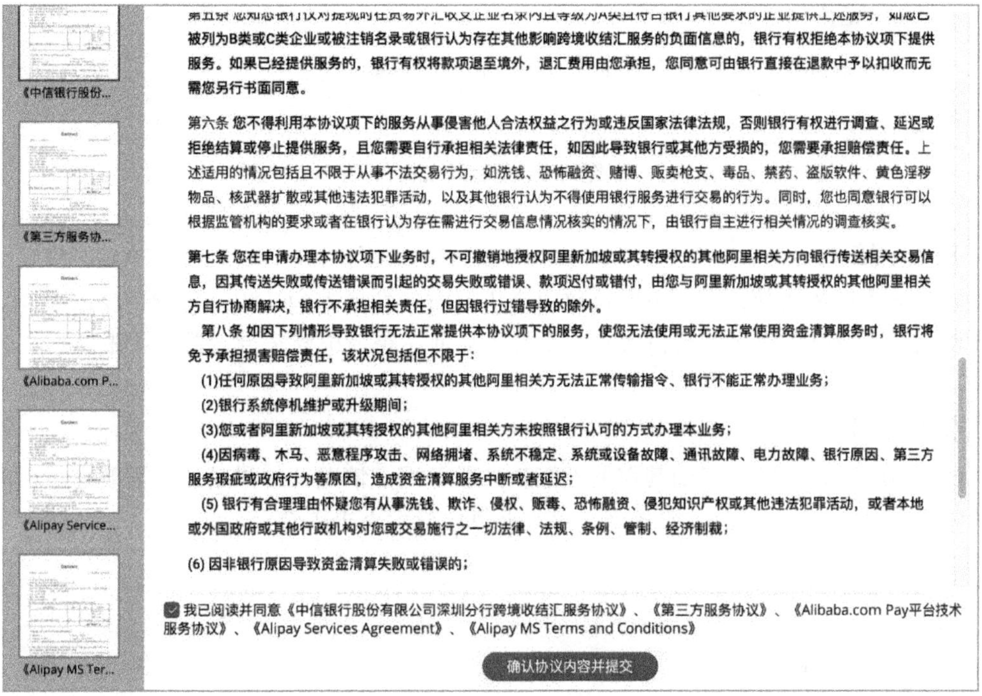

图 7-62　确认协议内容

⑥ 提交成功，单击首页可查看准入状态，如图 7-63 所示。

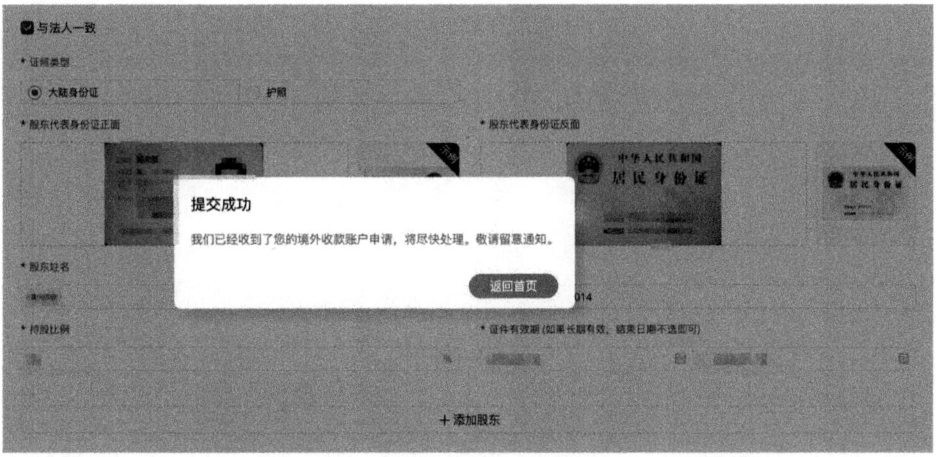

图 7-63　提交成功

⑦ 进入首页，查看准入状态，如图 7-64 所示。

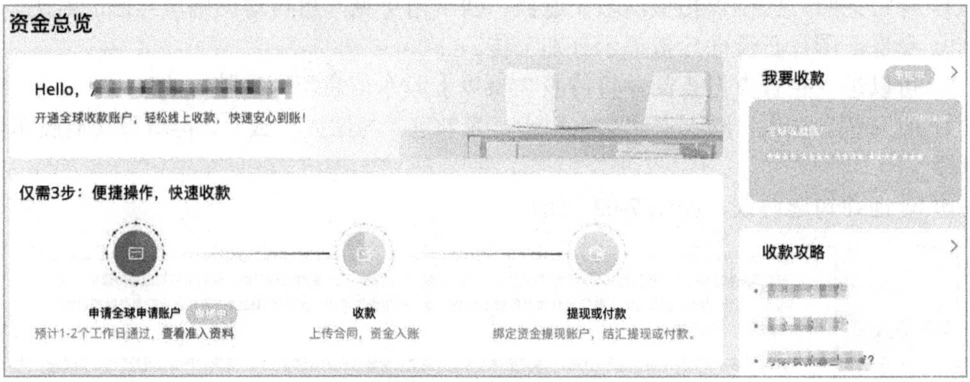

图 7-64　查看准入状态

任务小结

通过对该任务的学习，大家对跨境电商支付有了较清晰的认识，了解了跨境电商支付工具和主要跨境电商平台的支付方式，学会了如何在跨境电商平台设置收款账户。

拓展练习

访问西联汇款官网，查询其在非洲汇款的服务网点情况，如果某公司需要通过西联汇款到非洲某公司 10 万美元，请帮该公司业务员计算一下手续费。

项目八　跨境电商客户服务与管理

◇ 学习目标 ◇

知识目标

1. 了解跨境电商客服的相关岗位职责。
2. 了解跨境电商客服的素养要求。
3. 熟悉各国客户消费习惯和网络消费特点。
4. 掌握跨境电商业务沟通技巧。

技能目标

1. 能够使用跨境客服沟通技巧，与客户进行有效沟通。
2. 能够妥善处理客户的售后纠纷。

素质目标

1. 培养学生爱岗敬业和不卑不亢的服务精神。
2. 培养学生以诚待人、以礼待人的良好品德。

【情景案例】 旺季来临，利用客户服务为店铺好评保驾护航

优秀的客户服务团队及店铺后端的运营状况对店铺很重要，节日旺季马上就到，磨刀不误砍柴工，在旺季正式拉开帷幕前，卖家需要对“后勤”进行把关。主要表现为以下四方面。

一、确保平台能在旺季正常运转

旺季最让卖家崩溃的事情无疑是店铺网站不能正常运转。这样不仅会让此前的预热功亏一篑，也会导致营业收入迅速下降失去客源。因此，卖家在最开始选择及搭建平台时，就要格外关注平台的稳定性，确保要入驻的跨境电商平台具有全天候不间断的多语言人工客服支持、高级安全功能及行业领先的正常运行时间。

二、做客户的后盾

卖家需要组建客服团队，以解决客户在销售全过程中提出的问题。旺季时节的繁忙是必然的，但客服团队要时刻准备为客户排解疑难，提高消费体验。

三、为客户提供专业的服务

专业的客服,即使在商品销售的某一环节出了问题,也有能力挽救,为店铺赢来好评。卖家应提供电话、电子邮件和社交媒体等多渠道的客服，并确保能在 24～48 小时内回复客户提出的疑问。为了进一步提升客户体验，卖家可以考虑以下 3 点。

1. 使用由 Drift 或 iAdvize 等提供的稳定聊天工具。

2. 及时确认订单信息。

3. 提供常见问题解答。

四、礼貌回复、赢得好评

虽然“您对商品体验如何？”是一个简单的问题，却可以为卖家带来很多价值。卖家不仅能通过此问题获得客户真实的评价，还能了解到店铺需要改进的方面。独立站卖家可以考虑通过赠与客户一次性的特殊折扣或商品包邮来鼓励卖家留评。

案例解析

客户服务与管理是一个跨境店铺的软实力，优质的客户服务与管理能提高跨境店铺转化率、提高客户满意度和忠诚度，促进客户复购。要想做好客户服务与管理，跨境卖家应具备良好的服务态度，掌握与客户沟通的技巧，妥善处理和解决客户问题。

任务一　跨境电商客服的认知

任务背景

跨境电商客服在交易过程中，扮演着至关重要的角色。客服需要和客户直接沟通，客户有问题也会直接联系客服，尤其是外国客户，对客服的要求相对国内会更高。因此良好的客户服务在跨境电商运营中有着举足轻重的作用。

任务实施

跨境电商客服在跨境电商运营中至关重要，特别是外国客户，对电商销售服务质量要求很高，客服稍微处理得不好就留差评。

跨境电商客服工作的目标主要有以下 4 点。

（1）打造店铺形象。

客服是店铺形象的第一窗口。

（2）提高成交率。

客服在线能随时回复客户的疑问，让客户及时了解需要的内容，从而促成交易。

（3）提高客户回头率。

客户会倾向于选择熟悉的卖家，客服的专业服务可以提高客户复购率。

（4）为客户提供更多的服务。

可以给客户提供更多的购物建议，更完善地解答客户的疑问，更快速地对客户售后问题给予反馈。

（一）跨境客服工作范畴

1. 售前咨询

（1）创建常用回复。

首先卖家要深入了解业务知识、操作流程、回复技巧等，并建立一个全面的常用语言文档，可以在日常邮件回复中提高客服的回复效率，节省邮件编辑时间。

（2）催付提醒。

及时给下单但还未付款的客户发催付邮件，一般情况下客户收到卖家温馨提醒的邮件后会尽快付款，给客户留下了良好的印象，也大大提升了转化率。

2. 售中跟进

（1）已发货通知。

第一时间给客户发一封提醒邮件，告知客户物流渠道及物流跟踪号，有预计到达时间更佳，让客户感受到客服无比贴心的服务。

（2）未发货通知。

因特殊情况延迟发货的订单，客服应及时主动联系客户，道歉并说明情况。如遇到客户催发货应尽全力安抚情绪，尽量得到客户的理解。

3. 售后处理

（1）给客户留评。

客户确认收货后，客服应积极地给客户评价，引导客户留下好评，对于店铺评分及缩短资金回款周期都利好。

（2）建立黑名单。

店铺会遇到一些不良客户的恶意诈骗威胁或故意差评，严重者还会造成经济损失。客服在处理差评时，需筛选出这些骗子客户，建立一个黑名单库，做好记录和防范。

（3）纠纷处理。

客户收货后不满意时，就考验客服的应变能力及危机处理能力了，客服要知道客户的问题在哪，给客户满意解决，同时又要权衡利弊。

（二）客服的素养要求

1. 专业的行业和商品知识

客服人员要对自己所经营的整个行业和商品有足够的了解。无论是商品的用途、材质、尺寸，还是使用注意事项，都必须了解和熟记于心。此外，还要对不同地区之间商品规格的不同规定有清晰的认知：如在面对境内外服装尺码巨大差异的情况下，帮助境外客户推荐合适尺寸的商品；在面对境内外电器电压、电流、插头等各项规格不同的情况下，向境外客户推荐能够正常使用的电器商品。

2. 熟悉平台交易规则

客服人员要充分了解各个跨境电商平台的交易规则，不可违规操作。只有对各个平台的规则相当熟悉，才能在面对突发情况时镇定自若，妥善地解决问题，使交易有条不紊地进行下去。

此外，客服人员还要熟练掌握跨境电商平台日常交易操作，主要包括修改商品价格、付款流程、修改评价、关闭交易、处理退款申请等。

3. 与其他部门沟通协调能力

无论是将问题分类统计向上级汇报，还是与问题涉及的有关部门沟通，客服人员都扮演了重要的“交易信息提供者”的角色，要具备与其他部门协调沟通的能力。同时，管理者也要对客服人员进行培训，帮助他们处理好与各部门沟通的问题，还要让其他部门的工作人员意识到客服人员所反馈的问题对整个团队发展的重要性。

4. 诚实守信的人格

诚实守信对于个人来说，既是一个道德品质和道德信念，也是每个公民的道德责任，更是一种崇高的人格力量。对于一个企业和团队来说，它是一种形象，是一种品牌，一种信誉，更是使企业兴旺发达的基础。只有对客户诚实守信，客户才有可能会跟公司长久的合作。同样，在跟同事的相处过程中也要诚实守信，真诚对待每个人。不得有任何有损于公司和个人职业信誉的行为。在工作中要做到实事求是，诚实守信，保守商业机密，不能私自向外界提供和泄露。

（三）客服的沟通技巧

（1）礼貌用语：语言要温和、亲切、有礼貌，善于用 hello、please 等常见的礼貌用语。

（2）学会倾听：用心倾听客户的声音，并快速解决，让客户满意。

（3）不敷衍顾客：答应客户去做的事情，就一定要落实到位，并及时告知客户处理的进展。

（4）换位思考：以客户为中心，站在客户的角度思考问题。

（5）不反驳客户：用平静的语态，理智地处理因为无知、误解、信息不足而引起的异议。要不急不躁、有理有据、不卑不亢。

（四）客服交流常用的工具

卖家与客户沟通时需要使用相应的工具，在跨境电商中，常用的沟通工具包括跨境电商平台自带的聊天工具、第三方通信软件和社交媒体。

1. 跨境电商平台自带的聊天工具

Trademanager 国际版（又称“国际版阿里旺旺”，简称 TM）是阿里巴巴国际站的在线即时通信工具，也是供阿里巴巴国际站的卖家及客户在线交流的软件，拥有在线沟通、联系人管理、消息管理、登录记录查询等基本功能，客户通过 Trademanager 主动和同行业的客户交流联系，还可以直接登录 My Alibaba 操作系统。对于卖家来说不仅可以在线沟通，而且支持旺铺、网站快捷入口、定位沟通对象及文件图片互通等强大功能，方便客户与卖家更轻松地沟通。

2. 第三方通信软件

（1）Skype。

Skype 是一款即时通信软件，具有视频聊天、多人语音会议、多人聊天、传送文件、文字聊天等功能。客户可以使用 Skype 拨打手机和座机，进行语音通话，还可以发送视频、语音或文字信息，实现与他人的联系。

（2）WhatsApp。

WhatsApp Messenger（简称 WhatsApp）是一款用于智能手机之间通信的应用程序。该应用程序借助推送通知服务，让客户可以即刻接收亲友和同事发送的信息。客户可以免费从发送手机短信转为使用 WhatsApp 程序，以发送和接收文字、图片、音频文件和视频信息。

WhatsApp 使用手机号码注册，客户在注册时输入自己的手机号码，并接收一条验证短信，然后 WhatsApp 会搜索客户手机联系人中已经使用 WhatsApp 的人，并将他们自动添加到 WhatsApp 联系人名单中。

3. 社交媒体工具

对于跨境电商卖家来说，Facebook、Twitter、Linkdin、WeChat 等社交媒体，不仅是开展营销推广的有效工具，也是与客户建立联系、保持沟通的良好渠道。卖家可以通过社交软件与客户连线对话，也可以向添加自己为好友的客户推送消息。例如，Twitter 允许客户使用手机以短信的形式向自己的“Followes”（关注者）发送信息，此外，客户还可以使用 Twitter 账户绑定即时通信软件。

任务小结

该任务主要介绍跨境电商客服的工作职责、技能素养要求，培养学生具备专业的服务意识和水平，培养学生爱岗敬业、诚实守信的职业素养。

拓展练习

假设卖家在 Aliexpress 上经营一家主营假发的网店，通过数据分析，卖家发现店铺的巴西客户和俄罗斯客户数量较多，为了得到更多客户的回购、卖家将采用什么方式对这两个国客户进行店铺营销和客户沟通？

任务二　跨境电商客服工作流程

任务背景

对于跨境电商平台来说，邮件沟通是最常见，也是最广泛的营销方式之一，客户和商家通过邮件沟通商品的相关信息，并且客户下单后的订单信息也会通过邮件发送给商家，商家按照客户下单的时间，物品属性，价格等信息以邮件形式发送给仓库，仓库通过邮件依次发货。

任务实施

（一）售前咨询处理

1. 回答客户的各种问题

新客户的咨询通常会有很多问题，回答这些问题的过程就是初次磨合的过程。客户对供应商完全没有了解，需要卖家尽可能完整且详细地提供信息。很多大客户和专业客户甚至有专门给供应商填写的相关表格，这也需要认真、及时处理（注：英文对应的译文可统一在华信网上查看）。

Dear May,

Thanks for getting me back for my quotation. According to your questions, please find our reply as follows.

（1）Is it possible to do O/A 45 days?

According to our company rules, we could only do T/T or L/C at sight. I think we could make a compromise to do L/C with you.

（2）What is your main market? What about the annual turnover?

Our main market is USA, and turnover is roughly 5 million USD per year.

（3）Have you cooperated with other customers in Germany? Who are they?

Yes, we got orders from OTTO and QVC in Germany via importers in Europe.

（4）Do you have interest to do our own design items?

Absolutely! We have big interest!

（5）How many staffs in your company?

Roughly 35 in the office, and 10 inspectors.

If you have any further questions, please let me know. Thanks!

Best regards

2. 回复客户的还价

初次报价后，可能会面临多轮价格拉锯。卖家希望赢得更多的利润，客户希望买到更便宜的商品，双方需要在谈判磨合中寻找双方都能够接受的价格，以达到双赢的结果。

Dear Clair,

To be candid with you, we have no margin to reduce the pricing again.

In fact, the price is very important to win this order, but the quality counts for much more. We couldn't debase our quality level to achieve your price aim. I'm sorry!

I have discussed with our top management, and decided to proceed in below suggestions.

（1）USD 5.50/pc, with color box packaging, based on 10,000 pcs.

（2）USD 5.20/pc, with simple poly bag packaging, based on 10,000 pcs.

（3）3% will be provided as a special discount, when quantity up to 30,000 pcs.

Please inform us which way is better for you. We understand that you have to test your local market and retail price. And we're pleased to do a trial order for you with small quantity in our first business. Maybe 5000-8000 is workable for you to make a decision.

Best regards

3. 客户未付款催单

Dear Valued Customer,

Thank you for your order. We have this item in stock, if you have any query for processing the payment of the order, please feel free to contact us. After the payment is confirmed, I will process the order and ship it out as soon as possible. Thanks!

Best regards

4. 讨论样品问题

根据商业惯例，一个订单的落实，一般需要供应商准备至少两次样品，一次是产前样，一次是确认样。很多时候，订单生产完成或生产中期，还需要给客户准备大货样。这些样品都非常关键，直接影响到订单的进展和双方未来的合作，千万不可掉以轻心。

Dear Clair,

We're now doing the samples, and will finish them before this weekend.

Then, I will send you the samples for quality approval.

Best regards,
Kerry Hu

相关知识

产前样、确认样和大货样有什么区别

产前样：是生产前给客户确认的样品，可以是确认好细节后做的样品，也可以是给客户确认品质用的类似商品。

确认样：经过客户确认后的样品，生产应当完全按照确认样来做。一般情况是，至少做确认样的时候，要做两个以上，寄一个给客户确认，其他的放在公司留样。客户一旦确认，就按照手里留的样品，对照着做大货。

大货样：大货生产后，寄给客户的样品。供应商也需要多做一些留存在公司，一旦客户翻单，可以照着做。

5. 讨论包装问题

包装问题需要和客户仔细确认。寄样品时通常不会提供完整的包装，所以最后在做大货时，需要先提供准确的最终包装设计稿，给客户确认。

Dear Clair,

As per your order, the packaging is poly bag with printing, right?

However， our previous discussion is just about poly bag, without any other additional charge. If you insist on the printing on poly bag, we have to increase the unit price a little.

By the way, we could do a sticker for you, and put the right side of each poly bag, free of charge.

Please advise your decision. Thanks.

Best regards,
Kelly XU

6. 讨论颜色问题

很多订单问题都是颜色跟客户的要求有偏差，大部分客户无法接受严重的色差。若客户指定颜色，必须提供专门的色号，并根据色号提供产前样或色块给客户做最终确认，确认后才能正式安排生产。

Dear Frank,

Thanks for your kind notice! Please hereby re-confirm the color for your orders as follows:

FJ170 (blue), 3,000pcs;

FJ173 (gray), 2,500pcs;

FJ175 (scarlet), 3,500pcs;

FJ180 (orange), 2,000pcs.

If no problem, we'll send you some color pieces before mass production for approval.

Best regards

（二）售中订单处理

1. 确认发货

跨境电商物流时效比较长，在发货后，卖家需要告知对方发货信息，方便对方进行物流信息查询。

Dear Marcus,

We already dispatched it today, the tracking number is: ×××, you can track it on the website of 17track.

Please track it in about three days as our carrier updating the tracking information to the website usually every three days.

You can get it in about 6~10 days normally. Any other help need, please feel free to write back. Thanks for your patient waiting.

Best regards and have a good day.

Melody

2. 超出预计送达时间

对于超出预计送达时间的订单，卖家要第一时间联系买家，说明原因，并给予一定的补偿。

Dear Customer,

I'm sorry for making you wait for a long time. According to estimated arrival time , the item would be delivered by ×××（大约妥投时间）.We sincerely apologize for that. Is it possible that we give you 20% refund and you keep the item? We hope you can consider this solution.

Thank you for your support on us. If you still want to return, please tell us. Sincerely apologize for that.

Best regards

3. 协商更改快递公司

客户选择的是 DHL 发货，但是卖家只能用 e 邮宝发货，询问客户是否愿意接受。

Dear Valued Customer,

Thank you for your order. We are sorry that we cannot ship your item(s) via DHL at this point. We can only ship your item(s) via Postal ePacket service which usually takes 10~15 business days for delivery. Please let us know as soon as possible if we should proceed with the ePacket shipping method.

We look forward to hearing from you soon. Thank you.

Best regards

4. 协商更改物流方式

如果遇到特殊情况，需要更改物流方式，卖家需与对方协商，积极主动地沟通。

Dear Customer,

We sincerely apologize for that. It seems that there is something wrong with fulfillment, it might not be delivered before ×××（妥投时间). But the item could be fulfilled by Amazon. Is it possible that we give you the full refund of this order and also give you the 10%-off promotion code of the FBA item? So that you could receive the item by second day. If you have other better idea, please contact with us. Waiting for your reply.

Best regards

5. 客户想取消订单，但卖家已发货

如果遇到客户想取消订单但卖家已经发货的情况，卖家也需要主动与买家沟通，尽量避免退货。

Dear David,

Sorry to hear that you would like to cancel the order NO. 8220 for 2,000 sets of tableware.

We have to say sorry that it has been sent out. We can not stop the shipment. Maybe you can have put it on first and see if it is suitable after you receive the item.

The tableware may be quite suitable for you. If you don't like it, you can give it to your relatives or friends as a gift.

Sorry for the inconvenience and hope you can get it soon. Please let us know if you have any questions or concerns. Keep in touch. We will try our best to solve it for you.

Have a nice day!

Best regards

（三）售后评价处理

1. 索评邮件

亚马逊索评时间分两种情况：第一种是反馈（Feedback）建议在客户收货后的1～2天进行发信；第二种是点评（Review）建议到货日后5天发信。发索评邮件时不要一味要求好评，而是应该让客户留下客观公平的评价，如分享购物体验等。

第一封：询问邮件，询问商品质量，避免客户直接留差评。

Dear Customer,

Thanks greatly for your purchase.

We wonder if you received the item and you are satisfied with it?

If there is any problem with our products or service, please let us know. We will spare no efforts to offer our help.

Hope to hear from you soon.

Best regards

第二封：有好的回复，引导分享好的购物经验。

Dear Customer,

Thanks for your kind feedback on KNB（品牌名）.

With your consistent support, we have made great improvement both in products and service, to let more customers get items that are nice and reasonable.

As such, we invite you to share your shopping experience with other customers if this will not disturb you. We would appreciate it a lot.

If you have further questions, please feel free to let us know. We are glad to help.

Best regards

2. 移除差评

在跨境电商平台，一个差评的负面影响至少需要五个好评抵消。因为客户的误解、暂时的情绪给出的差评，会影响店铺的排名。通过解决客户问题，让客户满意后，可提出移除。

Dear Fanny,

Thank you for your purchase from our store, as per your review left, we definitely understand that you are not happy with the item which bought from us recently. We feel really sorry about that.

As a reliable seller on Amazon, our policy is committed to make our customers 100% satisfaction with our goods and service, so in this case, we do really wish there's something we can do for you.

Here we contact you because we can provide you a full refund for you, just hope you can update your review based on the full experience after we refund you, would that be OK?

Best regards

3. 询问商品销售情况

长时间未收到订单，可以主动询问客户是否有购买计划。

Hi Annie,

How are you going?

I would like to check with you about the distribution and retail status.

We haven't got your orders for 6 months. Do you have some purchasing plans or programs now?

Best regards

（四）客户日常维护

要想在跨境电商平台上有好的销售业绩，留住回头客，提高复购率是非常必要的。这就需要客服在平时要多和客户沟通，对优质客户定期维护与跟进。客户维护的主要方式分为问候客户、推广宣传两种。

1. 问候客户

（1）新年问候。

Dear Vivian,

Many thanks for your contiguous support in the past years. We wish both our business snowballing in the coming years.

May your New Year be filled with special moment, warmth, peace and happiness, the joy of covered ones near, and wishing you all the joys of New Year and a year of happiness.

Last but not least, once you have any inquiry about products in the following days, hope you could feel free to contact with us, which is much appreciated.

Yours sincerely

（2）圣诞节问候。

Dear Customer,

Merry Christmas! Wishing you all the blessings of a beautiful Christmas season. Hope things are going all right with you and your family!

Yours

（3）排灯节问候。

排灯节（Diwali）又称万灯节，是印度全国性的重大节日，通常在每年的 10—11 月期间，为期 5 天，节日期间印度普天同庆。随着印度跨境电商市场的火热，排灯节也成为印度版的“双 11”。在每年排灯节前夕，跨境电商卖家纷纷发函问候印度客户。

Dear Customer,

On the occasion of Diwali the Festival of Lights, we wish you a very Happy and prosperous Diwali to all Indian friends and clients! May God brings health and prosperity to you and your family!

Best wishes

（4）长假问候。

Hi Michael,

I'm so glad to hear that you will be on holiday to Thailand next week.

When will you come back to office? We'd like to check with you for the pending licensed order for Robert.

Have a wonderful trip and enjoy your holiday!

Victoria

（5）日常问候。

非节假日单纯的问候也必不可少，以免客户遗忘店铺。在问候时顺势向顾客介绍店铺的最新活动，或向客户介绍最新商品，可以加深客户对之前良好购买经历的印象。

Dear Flank,

It has been a long time we did not make contact. How are you doing?

What kind of product you are looking for recently? If you have any new inquiry, please let us know and we would quote you our best price.

Attached are the updated price lists for your reference. Thanks for your attention!

Yours

2. 推广宣传

（1）推荐订阅店铺。

Dear Buyer,

Thank you for showing interests in our products. In order to offer a better service and keep you updated with the latest promotions and products, please subscribe to my store. Any problem of subscribing, please refer to ×××.

Regards

（2）商品上新推荐。

Dear Sam,

Sorry to trouble you at the moment. I would like to check with you about your last order for 56 pcs screwdriver bits kit. Have you sold them out?

Now we developed a similar set, and used carbon steel instead. The price could be roughly 30% lower. We plan to do a promotion in Holland this June. Do you have interest in this set?

Best regards

（3）营销活动推荐。

Dear buyer,

As Christmas is coming, and Christmas gift has a large potential market. Many buyers bought them for resale in their own stores, and they're high profit margin products. Here is our Christmas gift link ×××（商品链接）, pleas click to check them. If you want to buy more than 10 pieces, we can also help you get a wholesale price. Thanks!

Regards

任务小结

通过对该任务的学习，大家能够掌握跨境电商平台客服售前、售中和售后邮件沟通的方法与技巧。培养学生们的实事求是、诚实守信、尽职尽责的职业素养。

拓展练习

客户 Mr. Robin 两个月前曾在卖家的店铺购买过 1 000 双运动鞋，但是没有回购。

（1）万圣节即将来临，向 Mr. Robin 表示节日的祝愿，并将店铺万圣节的营销活动——满 100 美元减 10 美元，介绍给他。

（2）Mr. Robin 在收到商品后没有评价，写信请求他对订单做出好评。

请根据以上情境，写 2 封邮件。

任务三 提升客户满意度与纠纷处理

任务背景

经调查，网络消费者普遍认为，在跨境消费过程中，商品品牌和已有评价能够提升客户对商家的信任度。根据艾媒咨询数据显示，73.8%的海淘客户会根据品牌知名度决定是否购买该商品，62.1%客户看重商品评价内容，商品质量和商家信誉也是海淘客户购买时的主要考虑因素。随着跨境电商平台及商家的不断扩张，跨境商品也日益丰富，但客户层面普遍存在对商品质量信任度不高的情况。

任务实施

（一）影响客户体验的因素

良好的客户体验不仅决定卖家是否能留住老客户，也直接影响新客户的购买决策。

1. 促使客户下单的因素

图片质量、客户评价、周边或类似商品的价格比较、客户秀、商品视频说明、及时有效的沟通等都是影响客户下单的因素。值得一提的是，第一时间解决客户疑问，客户就可以尽快下单购买。滞后的回复虽然也可以解决疑问，但在客户等待的时间里，什么都有可能发生，客户可能找到了新的卖家，也可能改变了购物决定。如果因为时差的问题不能在第一时间回复，卖家可以向客户解释。

2. 阻碍客户下单的因素

订单的退货流程是否烦琐、物流的速度快慢、支付工具是否流畅，都会影响客户下单的决定。欧美客户偏爱有退货服务的商品，若收到的商品不喜欢就可以轻松退货。然而，跨境电商的退货成本很高，客户将商品退回到中国的运费可能是卖家从中国寄出去运费的几倍之多，因此建议有能力的卖家考虑海外仓发货，降低退货成本，减少客户下单的顾虑。跨境物流速度的问题同样可以通过海外仓发货解决。在尚未使用海外仓的情况下，卖家需要合理地选择物流公司，以提高物流速度，尤其是大促期间物流容易爆仓，这时如果选择货代发货就有一定的概率被延误。

3. 可能导致中差评的因素

（1）商品图片与实物的差异。

有时为了使商品看起来比较吸引人，卖家会在图片上添加一些商品本身没有的效果，使客户有一个美好的心理预期，提高了对商品的期望。然而一旦客户收到的实物与图片差别很大，通常会在第一时间询问。卖家要积极主动地向客户解释并提供原有的图片，如果只是因为小部分修图处理造成的色差，合理的解释能赢得客户的信任，在处理过程中要表现对客户的重视，适当给予下次订单优惠和折扣。卖家应该用积极的态度解决客户的问题，然后争取好评，为了避免这类投诉和差评，上传商品图片时可以展示多角度的细节，也可以用没有处理过的图片，尽量让客户对商品有真实、全面的视觉印象。

（2）客户不会使用商品。

有些商品的功能比较复杂，客户不愿意耐心研究，与客服沟通时因语言障碍导致沟通无效，这种情况在3C卖家中比较常见。建议卖家在选品时就选择功能和操作简单的商品，说明书上的使用方法要简单直观，配上多种语言。卖家将商品状态调整在客户收到货立刻就可以打开使用，不需要充电或其他操作，否则会对客户体验产生负面影响。如果客户已经提交了差评，通过沟通发现是因为使用不当产生误解可以请客户在差评下方补充评价，卖家也可以在客户评价下方做出说明。

（4）商品质量问题。

如果仅是商品有质量问题，卖家可以要求客户提供相应的照片，根据照片给予客户适度补偿。此外还应到出货记录中查找相同时间范围内其他商品的反馈，分析库存中的商品质量，如果客户反馈的质量问题是普遍存在的，则应从供应链端优化商品质量。

（5）订单细节要求没得到满足。

有些客户在下单时会备注特别需求，如“这是为我的婚礼准备的，请不要让我失望”。这样的订单，应请出货人员特别注意质量和包装。如果有客户下单了一个单价很低的商品，但从询盘的态度上可以看出他对商品的期望很高，这种情况下为了避免差评，卖家可以考虑多花一点成本去满足这个客户的心理预期。卖家在发货之前应尽量揣摩客户的心理需求，避免一些不必要的差评。

（6）Free Shipping包邮商品还要付费的情况。

很多卖家为了吸引下单都会写上Free Shipping，但有的卖家忽略了部分国家的进口政策，美国对大于200美元申报价值的货物要收取进口关税，而加拿大和澳大利亚则对高于20美元申报价值的货物收取关税，英国、德国等欧洲国家对货物的申报价值规定是20～25美元，一旦超出将会有更多的关税产生，客户必须支付关税后才能拿到货物时，有可能会这样询问：“Why should I pay 25 pounds for the package for the goods which are Free Shipping? How could you lie to me? I am very disappointed!”（我为什么要为包邮的商品支付25英镑的包装费呢？你们怎么可以骗我？我太失望了！）

还有一些客户会因为要支付额外的费用而拒绝签收，这些都是潜在的差评和纠纷，因此，卖家在寄送价值较高的商品之前，要先与客户沟通好运费问题。

（7）信用卡账户有额外的扣款。

速卖通平台对卖家的支付不收取手续费，但客户需要了解支付的银行是否收手续费。例如，客户使用T/T转账，在通过银行支付时，银行会收取一定的手续。

（二）提升客户满意度的技巧

1. 诚实地对待客户

客户的忠诚度始终以信任为基础，欺骗性的商业行为对业务发展百害无一利。为确保与客户真诚坦白地互动，建立相互信任和顾客忠诚度，可以尝试以下方法：安排一名工作人员检查所有广告宣传，并采用透明营销和定价方式，这些简单的做法可以提高客户的满意度，并向客户表明卖家是值得保持长期联系的。

2. 真诚地为错误道歉

做生意不可能一帆风顺，营销活动、广告、客户服务及其他业务都有可能失败。当卖家为错误道歉时，将获得客户的尊重。如果错误是较为普遍的，则卖家可以公开道歉并向客户提供商品折扣或其他优惠，以表明想要弥补过错的诚意。

3. 让客户自己选择沟通交流

与客户积极地沟通交流能让客户对卖家所提供的服务感到满意，但切勿与客户太高频地交谈，会适得其反。客户希望对卖家的业务有所了解，但不需要太频繁。许多人都会使用垃圾邮件过滤器，以便自动屏蔽那些持续发送资料的公司。让客户能够自己选择想要了解的信息，才是正道。

4. 确保客户服务的质量

许多客户都需要客服帮助，无论是在店铺中寻找商品还是网购后申请退货，客户都将与客服人员交流互动。

客服经验很重要，糟糕的客服会使卖家无法吸引新客户，并影响当前客户的忠诚度。许多客户在得知客服质量不佳后，便不会再消费。

5. 获得客户的认同感

卖家所提供的商品或服务令客户满意，从而建立联系。卖家需要确认是什么吸引并留住客户，将其保持下去，这将使卖家的业务成为顾客生活中不可或缺的一部分。这种认同感让客户觉得卖家值得长期托付，从而增加客户的忠诚度和信任度。

卖家要提供优质服务，上述要点缺一不可。如果想从一个普通卖家向一个与客户建立了长期联系的优秀卖家转变，需要整体分析、评估业务，以确定自己的缺点，然后制订并实施改良计划，以提高客户的满意度。

（三）速卖通纠纷处理

在速卖通平台中，纠纷问题一旦处理不好，店铺都有可能被屏蔽。

1. 速卖通纠纷的分类

速卖通平台的纠纷可以分为有关物流问题的纠纷和有关商品问题的纠纷两种。从卖家角度看，可以将其看成处于不同物流状况下的纠纷，可以标记为已收寄的纠纷、运输过程的纠纷、已签收的纠纷。

速卖通纠纷给账号表现分带来的影响主要表现在两个方面：纠纷提起率和仲裁有责率。客户提起纠纷，卖家有 5 天的时间响应，如果在 5 天内未达成共识，卖家可以通过拒绝纠纷让其上升至平台等待仲裁，在这期间有 3 天时间等待卖家和客户双方响应，如果还未达成共识，就会由平台纠纷小组裁决。简单来说，从客户提起纠纷到纠纷完成，客户如果没有关闭纠纷，那么此纠纷会算入纠纷提起率一栏。仲裁有责率指纠纷上升至仲裁且裁决结果为卖家输，那么就计入卖家的仲裁有责率。

2. 速卖通纠纷处理原则

（1）每天查看，及时回复。

速卖通平台规定纠纷响应时间是 5 天，如果卖家超过 5 天不回应，响应超时，平台会直接退款。

（2）一切以店铺安全为前提，理智处理。

纠纷里物流原因直接决定卖家商品 DSR，商品质量纠纷直接决定货不对板纠纷提起率，卖家应理智处理，切记店铺安全第一。

（3）客服有义务将纠纷损失降到最低。

纠纷引起退款的损失，客服有义务与客户沟通，将损失降到最低。

3. 速卖通处理纠纷的回复模板

（1）正常包裹投诉物流。

投诉前提：常规时间、包裹状态正常，投诉未到货。参考模板如下。

Dear friend,

Per the checking, the parcel status that you mention is normal:

Status:

（查询结果粘贴）

You may refer to the following for the details：

（查询网址粘贴）

We are also expecting that the parcel would deliver to you early. However, shipping to your country needs about 7~30 business days, you may get the parcel about 20 days later, hope you cancel the dispute to keep waiting. We appreciate your patience.

Best regards,
Jenny

（2）特定情况包裹延迟。

投诉前提：由于旺季、气候、战争等原因造成包裹延误。参考模板如下。

Dear buyer,

Thanks for your order with us, but we are sorry to tell you that due to peak season these days, the shipping time to your country was delayed.

We will keep tracking the shipping status and keep you posted of any update.

Sorry for the inconvenience caused, we will give you 5% off to your next order for your great understanding.

Thanks!

Best regards,
Sam

（3）已发货但未更新。

如果已发货但未及时更新物流，可以参考如下模板。

Dear Valued Customer,

Really sorry for the inconvenience. We ship the package to Aliexpress Warehouse yesterday, so they need some time to deal with it, and will update the tracking information on website soon.

Here's the tracking website, you can track it by yourself.

LINK: ×××.

Really hope you can help me cancel the dispute first, if you still not see the tracking information updated, you can open dispute again.

Await your kindly reply.

Best wishes,

Sam

（4）卖家私自更改物流方式。

如果卖家私自更改了物流方式，可以参考如下模板。

Dear Valued Customer,

Sorry for the inconvenience, I just help you track the parcel, it shows delivered successfully. Since you are already my VIP customer, hope you can help me cancel the dispute. Next time we will confirm with you carefully when we need change the shipping way.

And we can give you discount coupon of $8 on each order over $80 when you buy in our store next time. If you have any problem, leave message here, we will reply you ASAP.

Best wishes,

Sam

（5）货物损坏。

货物损坏，但商品本身质量没有问题，可以参考如下模板。

Hi James,

I am so sorry for the problem. Our products are in high quality and experience three checking. It may my colleague make mistake in checking quality. We will take more attention to quality.

If you agree, we refund you ×× as compensation. Hope you cancel the dispute, it's so harmful to my store.

Thanks for your kindly understanding. Have a nice day.

Best regards,

Sam

（6）货物损坏接受纠纷退款。

对于货物损坏，卖家接收纠纷退款的情况，可以参考如下模板。

Dear Kevin,

I am so sorry to make you trouble. I will agree your dispute and give you money back. You will receive the item a few days later. I hope you can give me a favor for leaving me 5 stars of the feedback, which is very important to me. I want to give you the best products and customer service.

Please kindly understand. Thank you very much.

Best regards,

Sam

4. 速卖通纠纷处理技巧

（1）定期统计及跟踪纠纷。

（2）面对纠纷客户，可以尝试多种方式联系客户，如订单留言、站内信、电邮，SMS 等。

（3）使用第三方工具，让客户感觉到诚意，如收发后留言，发货后留言，到货提醒留言等。

（4）设置快捷短语，尽量做到旺旺全天在线并及时回复。

（5）大公司可以设定纠纷解决目标并考核，并考虑以挽回的经济损失的一部分来奖励员工。

（6）对于物流出现结构性延迟的国家，如巴西，建议卖家主动延长收货期 30 天。

（四）亚马逊纠纷处理

亚马逊对卖家的售后服务要求比较高，但还是无法避免纠纷，即 Amazon A to Z。Amazon A to Z 纠纷申诉的结果分为索赔已被拒绝（Claim Closed）、亚马逊已经提供了资金（Amazon Funded）、索赔已被撤销（Claim Withdrawn）、卖家已经提供了资金（Seller Funded）、订单已退款（Order Refunded）5 种。除亚马逊已经提供了资金外，其余几种申诉的结果都可以更改，具体根据实际订单情况和卖家如何申诉而定。

1. 顾客未收到商品

（1）后台没有跟踪号。

如果卖家发货后没有上传跟踪号（通常为小额定单），顾客投诉没有收到货物，亚马逊会自动从卖家的账户扣款给顾客，卖家没有申诉的机会。

如果卖家已经补发，但顾客没有耐心等待并发起纠纷，说没有收到新的包裹，这时卖家可以申诉，说明已经补发，希望亚马逊会考虑这种情况，更改纠纷的结果。

（2）订单带有跟踪号。

当客户发起了 Amazon A to Z，亚马逊会给卖家 3 天时间申诉，申诉时，需要填写发货日期、物流商和对应的包裹跟踪号，如图 8-1 所示。

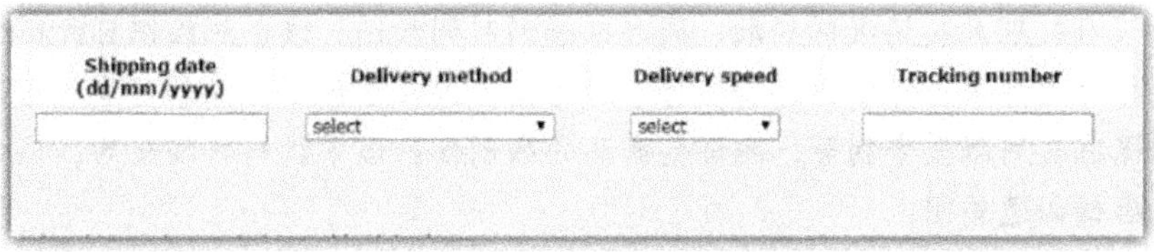

图 8-1　包裹跟踪号填写

一旦申诉，亚马逊会在 24 小时之内为回应卖家的申诉。如果包裹已经签收，亚马逊会向卖家索取客户签收包裹的证明。若遇到包裹被退回或没有显示成功签收等情况，建议卖家与客户协商是否接受重发，再向亚马逊申诉。亚马逊会酌情考虑，关闭纠纷。

2. 商品与描述不符

（1）因客户原因导致（与期望不符合、下错订单等）。

根据亚马逊的退货政策，在收到包裹的 30 天内，如果对商品不满意，客户有权利无条件把商品退回。申诉时记得要向亚马逊阐明卖家并无过错，如果包裹不是损坏或发错的，退回商品的运费应由客户承担，前提是卖家提供的退货地址必须是本地的。

（2）卖家原因导致（收到损坏、缺配件等）。

① 客户没有来信，直接投诉。

卖家应在 24 小时内联系客户并提供解决方法，让亚马逊看到卖家的诚意。如果在 3 天内客户还是没有回信，可以向亚马逊说明情况，希望可以关闭纠纷。

② 因卖家错误导致。

卖家应尽量满足客户的要求，提供最佳的解决方案。如果客户购买的是低单价商品，可以重发一个商品，虽然导致了亏损，但为了顾客满意，也是值得的。重发后，可以向亚马逊说明并提供跟踪号，告知亚马逊事情已经解决，恳请关闭纠纷。

一般情况下，亚马逊会关闭纠纷，但有时候亚马逊也会自己提供资金给客户。

如果客户买了贵重商品？这类客诉比较难处理，重发一个亏损严重，部分退款客户又不接受。对于贵重商品，要先考虑是否还有退回维修的价值，如果有，联系顾客退回应提供当地地址作为退货地址，如果没有，亚马逊会从卖家的账户扣全款返还客户。没有本地仓的卖家，也可以给客户一个付了运费后的退货单，方便客户退回。

应注意必须收到客户的退件后才可以给客户退款。退款的金额可以根据退件状态调整，一般不低于客户付款的 70%。如果收到的退件无法维修，卖家可以提供照片给亚马逊商讨能否少退些，把损失减少到最低。

亚马逊做出了纠纷的判决，但是卖家觉得处理结果不能接受，可以在纠纷页面上诉，提供相关证据。亚马逊会根据卖家的申诉给出答复，胜算要看卖家提供的证据是否有力。

纠纷会影响订单缺陷率（Order Defect Rate，ODR），亚马逊通常要求店铺 ODR 低于 1%，如果超过 1%有被关店的风险。因此，卖家收到客诉时应尽量满足客户，避免纠纷。

【情景案例】 亚马逊平台知识产权侵权纠纷

某中国企业是一家设立在苏州的大型家电企业，出口业务的主要市场为欧盟国家。其欧盟市场销售渠道众多，亚马逊平台英国站、德国站、法国站为其主要零售渠道。2021 年下半年，该企业突然接到亚马逊德国站通知，称平台接到专利权利人投诉，该企业商品涉及实用新型专利侵权，要求其在 72 小时内提交申诉材料，否则平台店铺将被关闭。

由于没有处理此类情况的经验，同时也感到时间紧迫，该企业组织自身研发人员与营销人员自行出具了一份申诉材料，将申诉的重点放在了说明商品的研发过程、涉案商品在本国保有实用新型专利等，即证实商品的原创性。该申诉材料提交后，该企业的亚马逊平台店铺仍遭关闭。

此后，该企业再将进一步完善的申诉材料、证据等提交亚马逊平台，但平台已不再回应。该企业故委托专业律师介入处理。律师介入本案后，先与第三方工程师合作，通过检索、与委托人的研发人员交流等，初步判断对于是否构成侵权尚有可争议的空间。在这一初步判定的基础上，中国律师进一步邀请柏林的德国专利法律师介入。

一方面由德国律师尝试再次联系平台，提出以涉案专利与涉案商品技术特征对比为基础的不侵权律师意见，另一方面在德国针对涉案专利提起无效请求。经多方努力，该企业最终与投诉人达成和解，恢复了平台店铺的运营。

案例解析

亚马逊平台知识产权政策具有侵权风险高、自行申诉成功机会较小、成本高的特点，整体机制较为复杂，且向发起投诉的权利人的利益倾斜。国内品牌厂商通过亚马逊平台进行出口贸易，除应当认识到知识产权侵权投诉应对难度较高，在遇到此类事件时应当寻求专业知识产权律师的介入外，更可取的是提高知识产权意识，在选品乃至于研发阶段即引入专业律师团队，进行全流程知识产权管理，从源头上降低发生知识产权纠纷的概率。

（五）阿里巴巴国际站纠纷处理

客户在交易履行过程中产生交易争议的，应自行协商解决，若双方无法协商或协商不能达成一致意见，可通过投诉平台申请阿里巴巴介入处理。其中，发起交易纠纷投诉、提出判责诉求的客户为投诉方，另一方为被投诉方。

阿里巴巴将依据投诉双方提交的相关证据材料做出不予受理、判责并关闭投诉等处理决定。任一方未在规定时间内提交证据材料、虽提交但不能充分说明其主张、或有涂改、伪造、变造证据材料情形的，阿里巴巴有权直接做出不利于该方的决定。

交易过程中需要解除买卖双方的交易误解，进而规避纠纷投诉。

1. 贸易洽谈期

可做交期约定。

（1）明确备货期的起止时间点及交货条件。例如，卖家需在客户首付款到账后的 30 个自然日内完成所有大货生产，并在客户尾款到账后的 7 个自然日内将货物装到起运港船上。

（2）与客户确认交期时，确认工厂可以真实完工的交期并加上可能会影响交期的风险时间如预备多于春节假期的备货期，而非承诺最快的交期。

可做商品约定。

（1）熟悉自己公司的商品及商品的最新功能，及时更新阿里巴巴网站商品页面的介绍。

（2）与客户沟通商品性能时约定商品的使用场景及适用范围，以规避不同使用环境带来的影响。

可做价格约定。

（1）不同的质量等级有着不同的价格，要保证客户的知情权，而非根据客户的目标价格擅自决定质量等级备货。

（2）出现价格误报的情况，应第一时间告知客户实情，与客户真诚沟通，而非临发货期擅自涨价。

（3）价格中明确约定交易条款，交易条款不能与收费项目矛盾。例如，EXW 价格则不应该另外再收运费，CIF 价格则不应该另外再收保险费等。

（4）明确约定首付款、尾款支付条款。详细的支付条款应包含且不限于下列因素：支付金额、支付币种、支付日期等。例如，买方需于中国时间 2015 年 1 月 1 日支付首付款 2 000 美元至卖方账户，并于卖家发出备货完毕通知邮件后 3 个自然日内支付尾款 5 000 美元至卖方账户。

可做物流约定。

在拿到第三方物流明确消息前，勿随意承诺客户不确定的信息。例如，勿承诺商品在发出后一定会在××天内送达客户手上等。

可做售后约定。

详细的售后条款应包含且不限于下列因素：保障时间（开始时间与期限）、保障范围、保障方式、期间客户责任、期间卖家责任、免责条款及鉴定方式。

例如，售后保障时间为：收到货后 3 年；保障范围为：×××磨损、×××损坏；保障方式为：退货维修；客户责任为：承担退货运费退回商品；卖家责任为：免费维修商品，并承担重新发货运费；免责条款为：客户人为损坏的问题不在保障范围内，是否人为损坏由指定第三方×××机构鉴定。

可做单据、证书约定。

了解主要出口对象国相关行业对本行业商品进口所需认证、检测、许可、登记等特殊要求，并在洽谈过程中提醒客户、与客户充分沟通。例如，CE 认证为欧盟国家对电子相关商品的认证。REACH 认证为欧盟国家对化学品、物品的相关检测法规。RoHS 指令为针对电子类商品的限制。EN（欧洲）、CPSIA（美国）为针对玩具类商品的监管。

2. 备货期

（1）确认颜色或款式时，最好同步到所有关联部门，如仓库、采购、船务等，保证客户的要求能够得到完整落实。

（2）打样过程中的每一个环节都做好留样；客户确认样品后，样品务必保留；建议船样留存。

（3）若需更换新工厂，要多加考察、重新打样，确认工厂的生产水平可以达到客户的要求；建议将客户的特殊要求背书，保证新工厂能获取一致信息；建议仅将生产加工外包到一个工厂，以保证商品质量的统一性。

（4）在备货期内，卖家应与客户及上游供应商之间定期沟通、汇报备货进展情况，若出现任何异常情况，及时与客户沟通。

（5）备货完成后，卖家在出货前应跟客户确认后再发货。

3. 发货后

（1）卖家应第一时间同步物流信息或海运信息给客户，并提供相关单据。

（2）当到港日（Estimated Time of Arrival，ETA）快到时，卖家应提醒客户注意收货。

（3）在客户收到货物后，卖家应第一时间主动跟进客户，了解客户对货物的反馈。

4. 发生纠纷后

（1）卖家应积极与客户沟通，以解决问题为目的，主动提供可行的解决方案。

（2）卖家应与上游供应商协商解决方案的过程，要实时同步给客户，以获得客户理解。

（3）若要求客户退货，卖家在退货前调查清楚自身是否有能力完成进口清关。

想一想

以下情况该如何解决

订单基本情况如图 8-2 所示。

订单编号：2049xxxxxxxxxxx539
卖家ID：xfxxxxxx
买家ID：jpxxxxxxxxxx
产品：香薰蜡烛
订单金额：USD 239.95（包含运费 USD 115.00）
货物状态：买家已签收

图 8-2　订单基本情况

客户投诉点：要求全额退款。

平台判责：

卖家有责（对于物流到货时间过度承诺），退款 50 美元。

卖家反诉点：

同意部分退款 50 美元。

解决方案建议：

（1）关于客户进口费用：即使贸易条款暗示客户需要承担关税，成交前也建议卖家事先提醒客户有关清关的费用，包括关税等其他杂项，避免产生误解。

（2）若承诺到货时间（Arrival Time），请务必找稳妥的物流，没有按时送达则容易引起客户投诉。一旦发生退货退款，退货费用也需要卖家承担，得不偿失。

（3）此单是商家自己的责任，他选择了一条非常慢的物流发货，且为线下物流。建议商家谨慎选择物流按时发货，优化物流模块。

任务小结

该任务主要通过一些案例让大家了解提升客户满意度的重要性，通过该任务的学习，大家能够掌握跨境电商平台的纠纷处理的流程和常见的一些方法技巧，形成实事求是、诚实守信、尽职尽责的职业素养。

拓展练习

背景资料：客户未收到货，货物在海关（海关扣关）。

（1）提起纠纷的原因。

该笔订单中客户未收到货物，包裹处于海关状态，客户提起纠纷。

（2）提起纠纷后买卖家双方做法。

客户：提起纠纷，Customs is holding my package。

卖家：拒绝纠纷，纠纷上升至仲裁。

（3）平台介入后处理。

平台介入后，邮件双方告知情况。

告知客户：包裹处于海关状态，支付关税属于客户责任，其他情况需要提供扣关文件。

According to the shipping information, it is your local customs that hold this package and delayed the delivery. Please notice that it is buyer’s duty to do normal customs clearance and pay the tax.

Since we need to check the detained reason, please confirm with your local customs and provide official documents from them to clarify the exact detained reason to Aliexpress within 7 calendar days.

告知卖家：货物位于海关，需要卖家配合清关。

目前，客户国海关已扣留了该订单的货物，因清关是客户的责任，我方将限期 7 个自然日要求客户清关，但同时卖家有配合客户清关的义务。若客户无法清关，我方会进一步要求客户提供扣关证明，以明确扣关原因。请注意，若因申报价值不符、假货仿货、缺少进口国所需证照等原因导致扣关，卖家需要承担责任。

响应期限到期后，客户未提供相关文件，平台操作款项并且关闭纠纷。

请根据以上资料，分析该如何避该类纠纷？

项目九 跨境电商独立站

◇ 学习目标 ◇

知识目标

1. 了解创建独立站的底层逻辑和基本方法。
2. 掌握优化独立站的思路和方法。

技能目标

1. 能够根据企业实际情况建独立站。
2. 能够根据数据分析结果进行独立站优化。

素质目标

1. 培养学生自主创新创业精神。
2. 强化学生大局观意识。

【情景案例】 SHEIN 独立站崛起

2008 年前后，国内掀起一股创建独立网站的潮流。2012 年，计算机科班出身的李鹏杀入跨境女装赛道，创立独立网站 Sheinside，2015 年更名为 SHEIN。SHEIN 早期有 3 个创新。

其一，使用精准营销，实现海量 SKU 对于海量消费者的分类、分型匹配。

其二，使用社交营销，通过帮助博主成长，获得了博主粉丝羊群效应的低成本流量。

其三，运营紧贴“马太效应”，汇聚流量到热销品上，采购模式突破最小生产订货量后快速投产。

SHEIN 通过自建站留存精准用户，以灵活的服装供应链进攻海外下沉市场，杀出了一条路。

案例解析

在大多数人眼中，只有开公司、办企业才叫创业，才需要创业精神的观念。独立站是卖家自己建立，规则可以自己定义，不用担心第三方平台的各种限制。独立站侧重打造品牌，注重用户体验、产品系列的组合与品牌价值提升。然而，一个全新的独立站，建站不难，难的是后续流量的获取、运营和用户转化。对于中国商家，尤其是刚刚起步的商家来说，运营独立站在流量获取、人才引入和培养、认知差距等方面也面临挑战，快速实现本土化运营、打开海外营销市场，避免水土不服是独立站运营的重点。作为创业者而言，无论选择哪种模式都需要全身心的投入，需要踏实奋进、求真务实的态度，需要坚持不懈的精神，也需要与时俱进的目光。

任务一 跨境电商独立站建站

任务背景

外贸独立站是指在网络中有独立域名和自主权的网站。简单来说独立站不依赖第三方平台的网站，如某企业的官网，由企业自己去设计和运营，这就是电商独立站。

根据欧美发达国家消费者市场购物习惯，在美国，有超过 50%的在线零售总额是在电商独立商城上完成的；在日本，有超过 60%的空间是通过独立平台完成的。这些国家的客户买东西，不仅会看商品质量，也非常在意企业的资质。下单前，会先看商品评论，然后再去搜索引擎上找品牌名，观察独立站的商品情况，或者查看有关品牌的相关报道，由此判断这个品牌的资质。如果最终认为商品评价较好，品牌值得信赖，就会考虑下单购买。欧美品牌企业有很多销售是通过独立站完成的。独立站商品相对于大众熟知的跨境电商平台上的商品而言，也有更多的自主权和更大的溢价空间。

任务实施

（一）独立站建站

独立站建站

在建立独立站前，首先要了解独立站建站的系统，目前主要分为 SaaS 类建站系统和开源类建站系统两种。

1. SaaS 建站系统

软件即服务（Software as a Service，SaaS）是一种完全创新、通过互联网提供软件的模式。服务商将应用软件统一部署在云端服务器上，客户基于 Web 来使用所需的应用软件服务，按使用的服务多少和时间长短支付费用。对于许多小型企业来说，SaaS 是享受先进技术和科学管理方法的最好途径。

SaaS 建站代表有 Shopify、Shoplazza 和店匠等。

2. 开源建站系统

开源建站系统最大的特点就是免费开放代码，即任何人都可以将其下载安装部署到自己的服务器上，只要服务器能够满足程序需要支持的运行环境即可安装，有权限对网站进行二次开发。

开源类建站代表有 Magento、Wordpress 和 WooCommerce 等。

开源建站需要有自己的 IT 团队搭建运营，服务器运维成本比较高。相比之下 SaaS 建站的运营成本要小很多。以上的相关问题都有 SaaS 的团队来解决，卖家只用管卖货就好。

相关知识

独立站的几个误区

误区一：担心使用了网站模板会有很多雷同

很多独立站都有提供免费模板，担心雷同也很正常。模板只是一个布局的框架，需要在上面做出改动，如编辑图文、导航栏信息、类目等。即便发现有和自己网站相似的网站也不用担心，因为这并不会对你的网站造成影响。

误区二：担心自己的数据被建站平台获取

如果找建站公司建站，是不是数据有暴露风险，会被放到建站公司的服务器上，没有自主权？像 Shopaimi 这样的建站平台，可以签订合作协议，相当于在帮你承担风险，平台会在网站的安全上为你保驾护航，比租借网站服务器更安全。

误区三：换系统对自己的网站更有利

已经搭建好独立站的卖家在运营了一段时间后，发现效果不太好，没有订单，更换了其他系统，结果甚至更差了，浪费了时间和金钱。运营效果不好时要做全方位的分析，例如，是不是网站流量低、商品定价太高、缺乏灵活收款方式、运费太高等。建站系统并不是影响订单量的决定因素，应该注重商品和运营的策略。

3. 独立站建站操作步骤

下面以 Shopify 为例，介绍独立站建站的步骤。

（1）店铺注册。

关于店铺注册和银行卡信息的绑卡，如图 9-1 和图 9-2 所示。很容易操作。请参照 Shopify Help Center 相关注意事项。

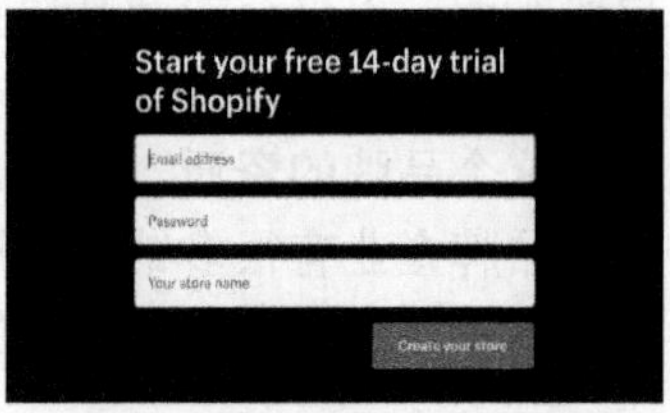

图 9-1　注册店铺

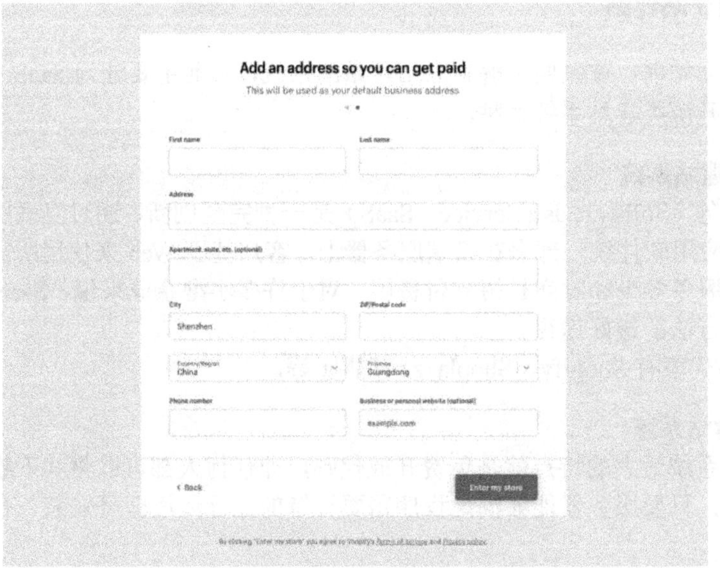

图 9-2　补充店铺信息

（2）在注册店铺以后，要进行后台设置，如图 9-3 所示。

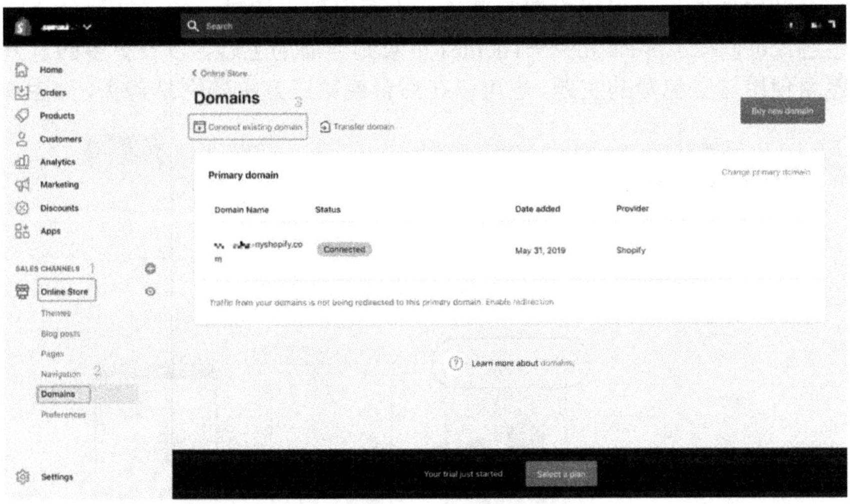

图 9-3　后台设置

相关知识

域名的选择和购买

选域名时，外贸公司有自己的中文名，英译公司名或用缩写名，还可以加上商品词或行业关键词。

域名一般规律：公司名+商品词/行业词

域名不宜过长，简短最好，方便记忆。外贸官网的后缀名一般用.com、.cn、.net，其他后缀也可以。以上 3 个比较常用，且没有太明显的网站属性偏向，如.gov 偏向政府组织，.live 偏向在线媒体等。

确定域名后，登录域名购买平台，如万网，如图 9-4 所示。输入想要的域名，查看是否可以购买。

图 9-4　域名购买网站

（3）店铺装修。

确定域名和服务器后，可以设置主题了。没有安装主题时，独立站后台会自动为卖家安装默认主题。可以在 Appearance→Themes 里看到当前的主题，以及更多的官方主题。如果卖家不愿意使用这些免费的主题，也可以在后台或第三方主题网站购买，如图 9-5 所示。

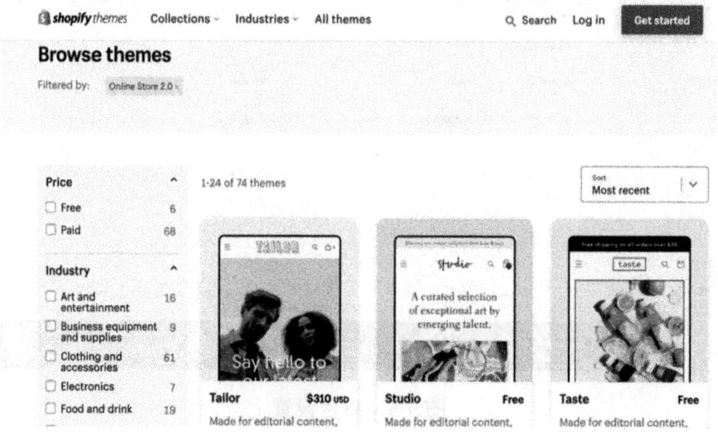

图 9-5　主题选择页面

整站的网站架构一般包括商品分类、网站顶部导航、网站底部导航 3 部分，如图 9-6 所示。

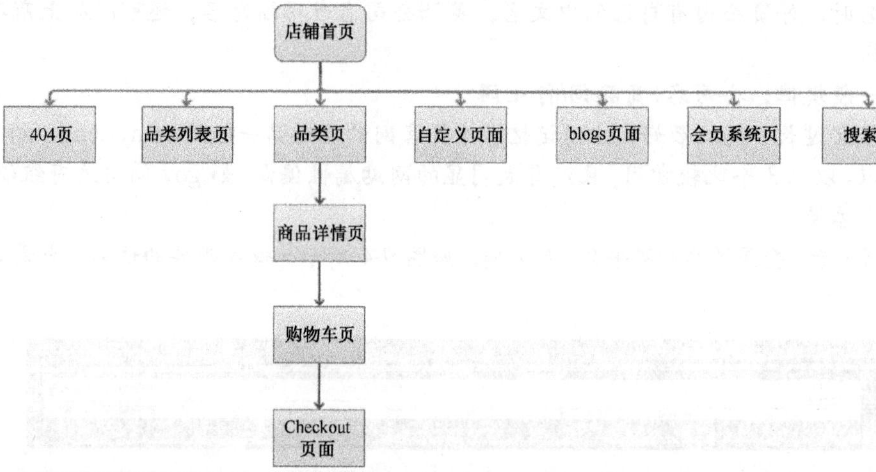

图 9-6　店铺网站结构图

① 商品分类：分类下面有二级分类，其次是三级类目。

② 网站顶部 Header 导航：通常是商品分类和售前指导。

③ 网站底部导航：一般的结构是关于店铺（关于、联系）和客户服务（退换货政策、物流追踪）两个小菜单导航。

（4）校对上线。

完成以上几个步骤的操作，一个独立站店铺基本就成形了，上线前应反复检查以下几个网站功能。

① 测试下单流程，确保购物下单流程顺畅。

② 检查全站链接，确保无坏链、无死链。
③ 测试网站的打开速度，包括请求时间和图片加载时间。
④ 文案精炼接地气，拼写无误。
⑤ 邮件订阅功能测试。
⑥ 移动端视觉效果及加载速度。

（二）Shopify 后台功能与设置

Shopify 后台主要分为两部分，最顶部蓝色的顶部栏及左侧用来控制选择的功能栏，如图 9-7 所示。顶部栏包括 3 部分：最左侧的店铺选择、中间的搜索框及右侧账户名称栏。如果同一邮箱注册的店铺即可在右侧进行切换选择店铺，而不必额外登录。

图 9-7　Shopify 后台页面

左侧栏则是 Shopify 的主功能区，主要包括以下功能，如表 9-1 所示。

表 9-1　Shopify 后台主功能一览表

功能名称	主要内容
主页	即后台主页，主要展示一些店铺销售数据，如当日流量、当日销售额、最畅销商品、当日订单等
订单	网站的所有订单都会显示在这里，收到订单后在此处给订单发货
商品	商品管理功能，可添加商品，编辑、管理商品
客户	网站所有收集到的客户信息数据管理功能，这里的客户数据包括前端订阅客户与前端购买过留下数据的客户信息
分析	Shopify 自带的网站数据分析功能，控制面板会显示网站所有的数据；报告则是对网站数据的深度分析；实时视图显示网站当前流量情况等
营销	Shopify 集成的自动营销功能，集成了 Facebook 广告、Google 广告、邮件营销等营销功能，更便捷地创建广告推广网站
折扣	创建和管理折扣码的功能
应用	Shopify App 插件功能，在此处可以搜索和安装所需要的 Shopify App，为网站添加特殊功能
在线商城	前端网站页面管理功能，在这里安装、导出、管理店铺模板

需要注意的是，在销售渠道选项中，我们还可以为店铺增加其余销售渠道，如 Facebook Shop、Messenger、Amazon 等。

（三）独立站优化

1. 网站的定位

网站定位就是确定网站的服务对象、服务内容和服务方式等。其主要是对用户、市场、商品、价格以及广告诉求的重新细分与定位，预设网站在用户心中的形象和地位。

2. 关键词分析

关键词优化前，做好分析（关键词定位）特别重要，尤其要做好关键词与网站相关性分析、关键词布置、关键词排名预测等。

3. 原创内容作支撑

网站的内容先要被搜索引擎收录，才可能会有排名，有了排名权重才会高。而想要文章有好的收录，首先得保证文章的高质量，最好能保持原创文章，并且与网站的定位相符合。

4. 保持网站稳定性

在网站的经营过程中会出现各种问题，无论如何都要保证网站的稳定性，保证用户的体验感受。

5. 确保网站的安全

相信大多数人都有这样的“遭遇”，不小心打开一个网站，计算机莫名其妙的“中毒”了。因此，想要优化一个关键词，先要确保网站的安全性，否则关键词排名因为网站安全问题被黑，就会下滑。

任务小结

对于运营独立站来说，建站只是第一步。在搭建好网站之后，卖家还要持续投入时间精力去优化网站的各个页面，这样才能保证独立站能够安全稳定顺畅地为客户服务。

拓展练习

注册 Shopify 独立站账号，并初步搭建网店。

任务二 跨境电商独立站运营

任务背景

精英团队的学生在运营亚马逊美国站后，店铺订单量不断激增，但他们很清楚，如果一直依赖第三方跨境电商平台，会对团队后续运营有一定不利影响。学生找到老师请教有什么方法可以解决这个问题，老师告诉学生可以尝试分工转型做独立站。

独立站不像其他第三方跨境电商平台有自然流量，需要做推广吸引流量。我们来了解Shoplazza独立站的情况，如图9-8所示。

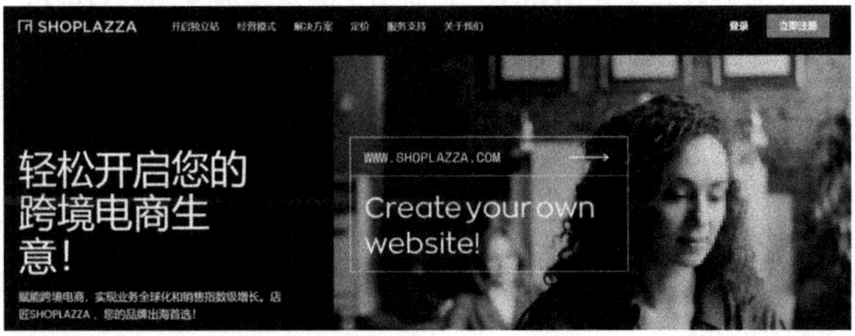

图9-8　Shoplazza页面

任务实施

（一）独立站营销推广

独立站就像一个超市面对零售商、企业去出货。

因此，其所以针对批发商在Google上的推广较多，如利用SEO优化提升自然排名和SEM竞价付费推广行方式进行营销推广。

1. Google自然搜索排名

客户查找关键词后，卖家的内容会展示在搜索结果界面，SEO做得越好搜索结果会越靠前。客户会认为卖家比较有实力，提升信任度。用时间去积累独立站的内容收录量、关键词，整个积累比同行多了，排名才能靠前。一般需要两个月左右沉淀，但对独立站卖家来说，时间越长，后面能接触到的客户质量越高，Google对网站权重也越高。

2. Shoplazza设置“推广引流”操作步骤

步骤1：登录“Shoplazza后台”，单击“应用市场的插件（ShareASale、平台导流工具、亚马逊优惠券）及营销推广”，选择“Google、Facebook”推广引流，在Google、Facebook等社交平台投放网站和商品的广告，吸引客户浏览下单，如图9-9所示。

图9-9　“营销推广”页面

步骤 2：开始付费推广后，客户输入相关的关键词，内容的排名就会靠前，在推广的这个时间段就会有较多的客户量，直到停止了广告投放，名次就会还原到 Google 的真实排名。

步骤 3：独立站面对终端零售消费者，需要先了解自己商品的客户定位，如性别、年龄段、职业等，先做归类，如终端零售用户逛社交平台更多。

关键词是输入到搜索引擎中的任何单词或短语，如“连衣裙”或“碎花连衣裙”。要根据消费者意图来区分 3 种不同类型的关键词。

（1）导航类：导航关键词是用来导航至某地的关键词。例如，在 Google 中键入单词 Amazon，则可能正在尝试导航到 Amazon 网站。

（2）事务类：试图完成一个操作时，使用事务性关键词。例如，搜索关键词“手机壳”，则有可能想要购买手机壳。

（3）信息类：信息性关键词意味着用户正在研究一个主题或问题，不一定为了购买。例如，“最流行的耳机款式是什么”。大多数企业要优先考虑事务类和信息类关键词。虽然并不是每个目标关键词都是为了购买，但了解搜索查询背后的隐含意图，对于确定页面应该包含什么内容至关重要。

相关知识

Google 相关广告投放功能集成

Google 模块相关功能在集成 Google 相关广告投放功能和服务于 Shoplazza 后台，让卖家可以实现一站式的广告投放体验，同时尽可能提升商家降低 Google 广告投放的操作难度，提升操作效率，帮助商家获得更好的投放效果。

（二）独立站物流与支付

1. Shoplazza 后台设置“物流”操作步骤

步骤 1：登录 Shoplazza，进入物流设置页面，选择物流信息，单击“开始设置”，如图 9-10 所示。

图 9-10　Shoplazza 物流

步骤 2：单击添加所需的物流商填写物流商需要的信息，如图 9-11 和图 9-12 所示。

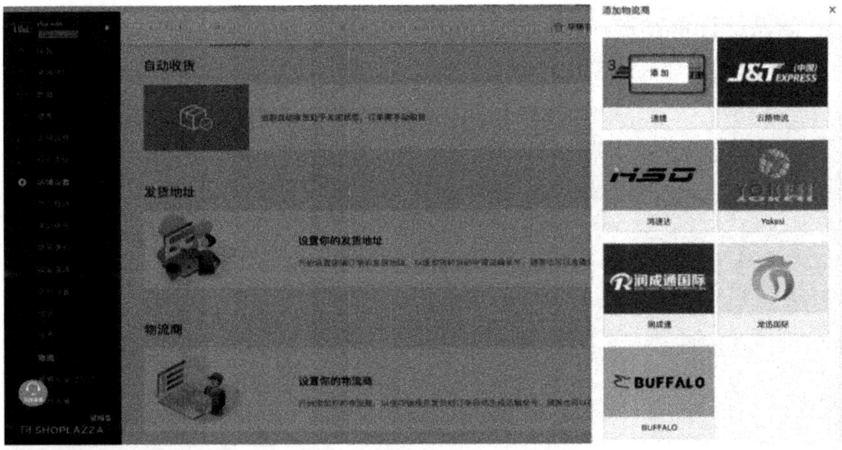

图 9-11　添加所需的物流商

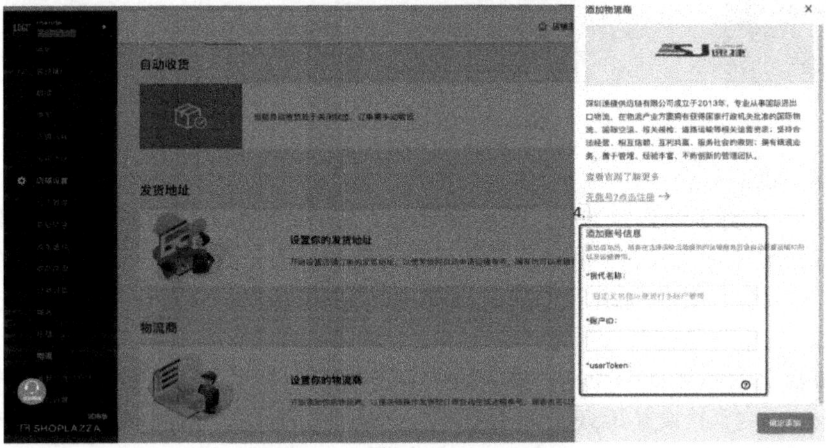

图 9-12　填写物流商需要的信息

步骤 3：物流商添加完成后，继续添加物流渠道，设置“添加的物流渠道”，如图 9-13 所示。

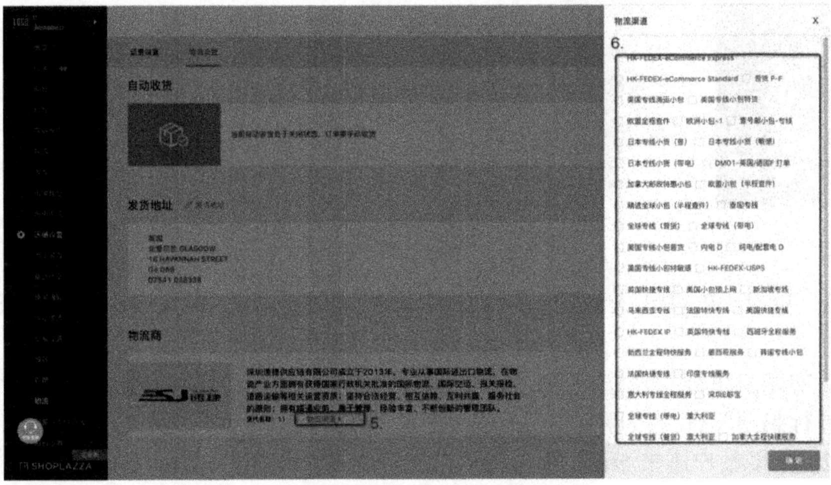

图 9-13　添加物流渠道

步骤 4：商家给订单发货，选用自动获取的方式发货时，单击“发货的物流渠道”后，系统将会自动申请运输单号，如图 9-14 所示。

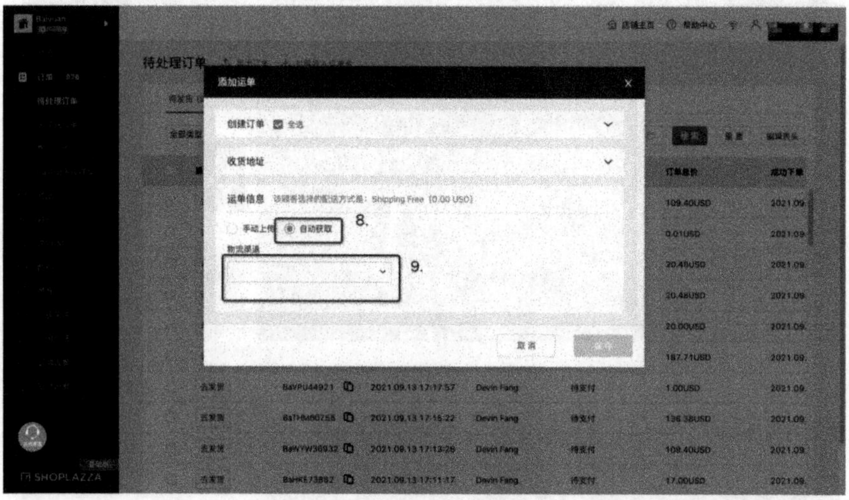

图 9-14　发货的物流渠道

2. Shoplazza 收款

Shoplazza 支持多种支付方式，需要启用至少一个收款方式，才能让客户向我们付款。在 Shoplazza 支持的第三方支付服务提供商列表中选择适合的支付方式，第三方支付服务会收取额外的佣金费用，在启动收款方式之前，需要先在账户中绑定一张信用卡或借记卡，否则无法启动用于收款的支付渠道。

Shoplazza 后台设置“PayPal 收款”操作步骤如下。

Shoplazza 后台支持设置 PayPal 为收款渠道。PayPal 有不同类型的账户，个人账户（Personal Account）、企业账户（Business Account），如图 9-15 所示。

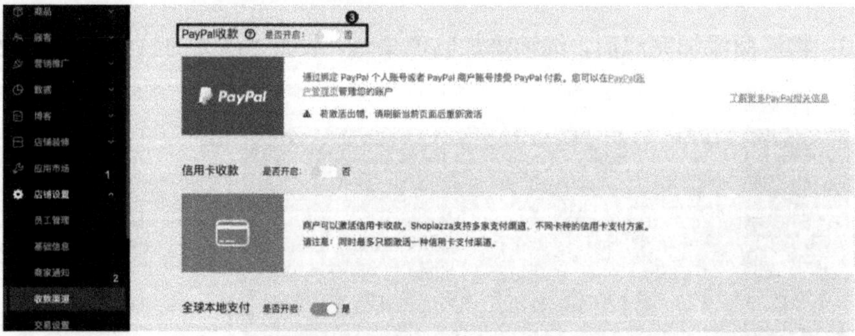

图 9-15　设置 Shoplazza 收款

步骤 1：登录“PayPal 账户后台”单击“设置”按钮，在“个人中心”查看账户邮箱是否被激活，如图 9-16 所示。

未激活的账户可能存在账户限制，如果账户出现此情况，前往 PayPal 后台个人中心，单击验证进行邮箱验证，或联系 PayPal 客服协助解决。

步骤 2：如果账户还未激活，单击激活后进入邮箱查找相关的激活邮件，在邮件中单击“单击此处激活账户”完成激活步骤，如图 9-17 所示。

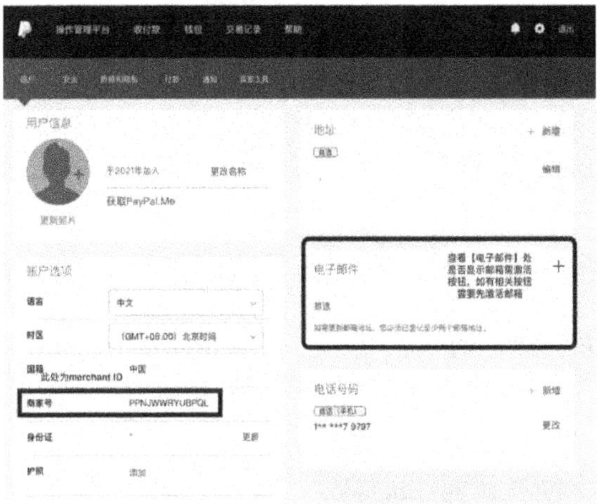

图 9-16　PayPal 个人账户注册

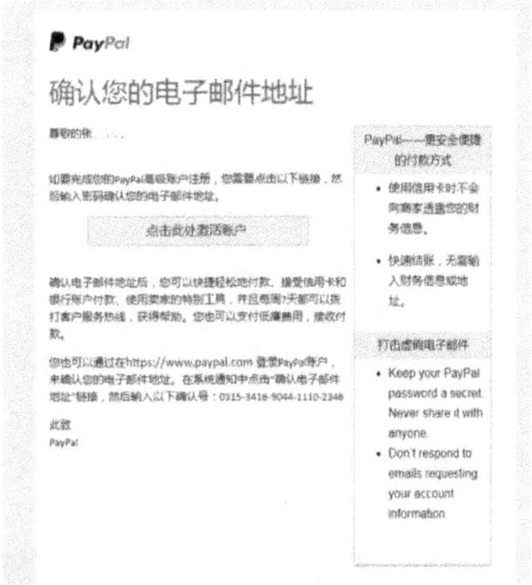

图 9-17　确认电子邮箱地址

步骤 3：PayPal 邮箱完成激活后，返回 Shoplazza 店铺管理页面，单击“PayPal 收款”按钮选择“店铺设置”→“收款渠道”→“PayPal 收款”，单击“PayPal 收款”右侧是否开启按钮，选择击“是”状态，如图 9-18 所示。

图 9-18　PayPal 收款

步骤 4：单击右侧“激活”按钮后弹出“请选择账号类型”，选择“个人账户”，如图 9-19 所示。

图 9-19　选择账户类型

步骤 5：单击“确定激活”，个人账号绑定页面将被开启，单击“创建 PayPal App”跳转至 PayPal 创建 App 页面，如图 9-20 所示。

步骤 6：进入 PayPal App 页面后单击“已创建 App name”进入对应 App 编辑页，单击右上角按钮切换至“Live”后，单击“Secret”下的“Show”按钮，获取到“ Client ID”和“Secret”复制，如图 9-21 所示。

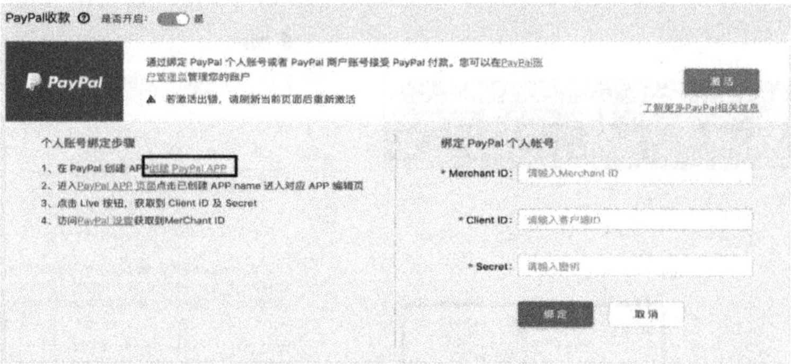

图 9-20　创建 PayPal App

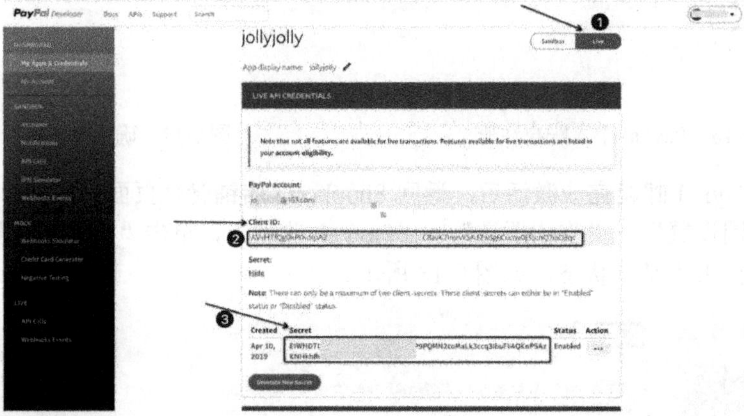

图 9-21　PayPal App 编辑

步骤 7：在“Shoplazza 收款渠道”→“PayPal 收款”个人账户绑定页面，将获取到的 Client ID、Secret、商家号（Merchant ID），复制粘贴到进对应的栏位，单击“绑定”按钮，开启个人 PayPal 账户收款，如图 9-22 所示。

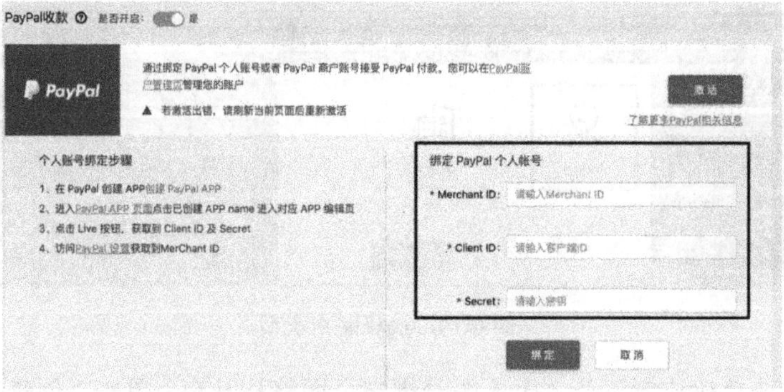

图 9-22　完成 PayPal App 个人账户绑定

相关知识

绑定注意事项

（1）在绑定过程中需要注意创建 App 的模式，选择（Live 和 Sandbox），Shopplazza 后台现阶段仅支持“Live”模式。

（2）Merchant ID 即为商家号。

（3）首次单击进入创建 App 页面无法选择模式，单击左边菜单栏再次进入。

（三）独立站客服服务

设置好订单挽留模板并开启自动发送按钮后，系统将根据设置的延迟发送时间自动给顾客发送订单挽留邮件。如果客户没有收到相关的确认邮件，可以让客户在广告邮件或垃圾邮件中查看，邮件可能被邮箱拦截，为了更好地避免这种情况发生，建议可以尝试开启高级邮件插件，具体详情可以查看“高级邮件”插件帮助文档。

Shoplazza 设置“顾客系统邮件模板”操作步骤如下。

打开 Shoplazza 后台，单击“顾客”→“顾客通知”，系统会为商家提供系统默认模板初始使用。商家可以预览相关模板信息和内容，如不喜欢或需修改，可以根据需要新建邮件模板进行自定义后使用，如图 9-23 所示。

图 9-23　顾客系统邮件模板

任务小结

运营独立站能够描绘品牌故事，表述商品价值，同时它也是优化搜索引擎、获取目标流量的工具。同时独立站通常也是由商品图片构成，文字相对较少，相比第三方跨境电商平台，独立站刚好弥补了这一点。

所以为了获得高额的收益，掌握独立站的相关操作对从事跨境电商的从业人员来讲是有必要的。

拓展练习

注册 PayPal 个人账户，并使用 Shoplazza 平台绑定 PayPal 个人账户。

附录 A　实训平台免费账号开通指引

《跨境电子商务运营实务》教材配套实训平台账号开通流程如下。

步骤 1：关注“大洋教育”公众号，留言区回复“试用账号申请”，如图 A-1 所示。

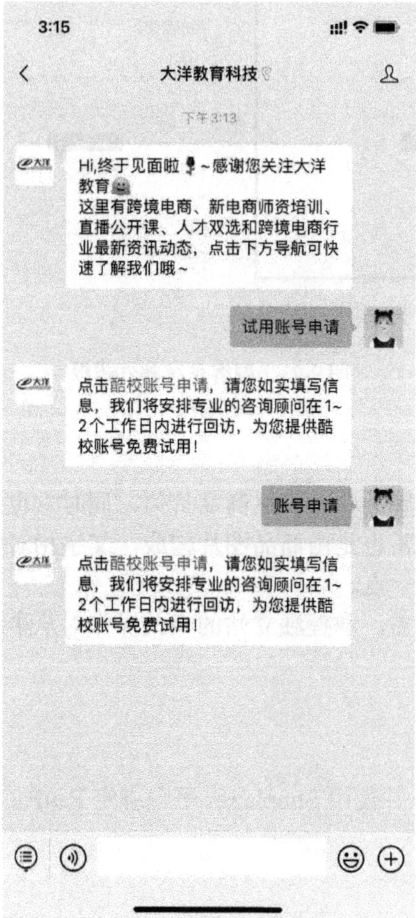

图 A-1　大洋公众号留言

步骤 2： 单击“酷校账号申请”，如实填写信息，如图 A-2 所示。

图 A-2　公众号填写账号开通信息

注意，请务必仔细核对手机号码，诉求栏里要写清需要开通的几个模拟平台。

步骤 3： 在 2 个工作日内，客服人员会联系您进行身份信息确认，核实情况后会免费开通使用账号。同时会收到平台发来的通知，内容如下。

“您的试用账号是×××，密码是：×××，请登录酷校平台网站。”

步骤 4： 使用 Google 浏览器打开酷校平台网站，使用开通的账号密码登录平台，如图 A-3 所示。

图 A-3　酷校首页

参考文献

[1] 刘永伟，滕飞. 跨境电子商务理论与实务[M]. 北京：中国人民大学出版社，2019.

[2] 王紫仪，陈瑜，张黎. 跨境电商运营实战技能[M]. 上海：复旦大学出版社，2020.

[3] 鲜军，王昂. 跨境电子商务（实训指导版 慕课版）[M]. 北京：人民邮电出版社，2021.

[4] 丁辉，赵岑岑. 跨境电商多平台运营实战基础[M]. 北京：电子工业出版社，2020.

[5] 伍蓓，王姗姗，张芮，等. 跨境电商理论与实务[M]. 北京：人民邮电出版社，2021.

[6] 邓志超，莫川川. 跨境电商基础与实务[M]. 2 版. 北京：人民邮电出版社，2021.

[7] 廖润东，肖旭，张枝军. 跨境电商 B2C 数据运营（中级）[M]. 北京：电子工业出版社，2021.

[8] 肖旭. 跨境电商实务[M]. 北京：中国人民大学出版社，2020.

[9] 叶杨翔，施星君. 跨境电子商务 B2C 实务[M]. 北京：高等教育出版社，2019.

[10] 陈碎雷. 跨境电商物流管理[M]. 北京：电子工业出版社，2018.

[11] 逯宇铎，陈璇，张斌，等. 跨境电商物流[M]. 北京：人民邮电出版社，2021.

[12] 刘敏，高田歌. 跨境电子商务沟通与客服[M]. 北京：电子工业出版社，2021.

[13] 外贸麦克. 跨境电商 Shopify 独立站运营实战[M]. 北京：电子工业出版社，2021.

[14] 徐鹏飞，王金歌. 跨境电商独立站运营——Shopify 从入门到精通[M]. 北京：电子工业出版社，2022.